KB076398

DIGITAL
RIGHTS
STORY

디지털제국에 보내는 32가지 항소이유서

디지털 권리장전

DIGITAL RIGHTS STORY

최재윤 지음

어바웃어북

디지털 신세계에 던지는 논쟁적인 질문과 해답

'오, 랭킹 36위! 대박!'

모두가 잠든 새벽, 홀로 쾌재를 불렀습니다. 5,555개가 민팅(minting. 디지털 자산을 NFT로 발행)된 NFT 프로젝트에서 최상위권 희귀 NFT를 획득한 것입니다. 뭐든 희귀할수록 가치가 커지는 세상! 필자는 다양한 프로젝트에서 원숭이, 고양이, 해골 등 별의별 이미지의 NFT를 모으기 시작했습니다. 첫째 아이가 그렇게 사달라고 조르던 포켓몬 카드는 그만 사라고 꾸짖으면서 말이지요. 제가 산 NFT의 가격이 올라가는 것을 바라보면서, 변호사 업무에 육아까지 하는 고된 일상을 잠시나마 잊을 수 있었습니다.

투자한 가상자산은 또 어떻고요. 하루에도 몇 배씩 오를 때마다 웃음이 절로 나왔습니다. 가상자산을 디파이에 예치하면 연이자율이 20퍼센트에서 많게는 수백 퍼센트까지 올라갔습니다. 수익률에 눈이 멀어 아무 의심 없이 투자금을 늘렸고, 계속 쌓여가는 이자를 보면 흥분을 가라앉힐 수가 없었습니다. 파이어족*이 머지않았다는 생각에 어깨가 들썩들썩. 부끄럽지만 불과 얼마 전까지의 제 모습입니다.

그럼 지금은요? 제가 산 NFT의 절반 이상은 프로젝트 운영진의 행방이 묘연합니다. 가상자산 시장이 얼어붙으면서 투자금액은 쪼그라들 대로 쪼그라들었습니다. 심지어 디파이에 예치한 가상자산은 아예 사라졌습니다. 어느 날 갑자

* 경제적 독립, 조기 은퇴(Financial Independence, Retire Early)'의 앞 글자를 딴 조어로, 40대 초반 전후에 은퇴를 꿈꾸는 이들을 가리키는 말.

기 사이트 자체가 폐쇄된 것입니다. 처음부터 작정하고 준비한 사기꾼한테 제대로 당한 겁니다. 고소를 하려니 운영자가 어느 나라 사람인지조차 알 길이 없습니다. 가상자산, NFT, 디파이 모두 관련 법규 하나 제대로 마련된 게 없으니 그야말로 무법지대! 맘만 먹으면 얼마든지 '먹튀'가 가능합니다. 어쨌거나 변호사인 저도 당했습니다……

핑계를 대자면 세상이 빨라도 너무 빠르게 돌아갑니다. 기술 발전 속도와 변화무쌍한 트렌드를 어떻게 따라가야 할지 도무지 모르겠습니다. 그 사이 새롭게 등장하는 비즈니스 모델과 투자 기회는 저 같은 사람들을 쥐락펴락 합니다. 그저 앞서간다는 것에 취해 제대로 알아보지도 않고 시장에 뛰어든 사람들이 적지 않습니다. 결과가 좋을 리 만무하지요.

사기당한 것 같은 억울함에 사법당국에 호소해 보지만 소용없습니다. 기술 발전 속도를 따라가지 못하는 것은 법도 마찬가지. 뻥 뚫린 법적 공백 상태를 절감하는 순간 법으로 구제 받겠다는 마음을 접게 됩니다. 그야말로 '각자도생' 해야 하는 처지입니다.

현실이 그런데도 각종 매스컴과 유튜브, SNS에서는 어찌나 "가즈아!"를 외쳐대는지…… 뭐라도 하지 않으면 혼자만 '벼락거지'될 것 같아 불안합니다. 악착같이 벌어 저축한들 내 집 마련조차 가당치 않습니다. 가상자산, NFT, 조각투자 같은 것들에 눈길이 가는 이유입니다. '빚투'나 '영끌족' 같은 신조어가 더 이상 주식과 부동산 투자에만 국한하지 않습니다.

호되게 두들겨 맞아야 정신을 차리게 되는 걸까요? NFT와 가상자산 투자에서 잃었던 돈이 값비싼 수업료였음을 느끼기까지는 그리 오랜 시간이 걸리지 않았습니다. 저의 어리석었던 경험과 그 과정에서 생긴 수많은 의문들을 궁구(窮究)하는 과정에서 이 책의 집필이 비롯되었기 때문입니다.

우선 출판사 에디터들과 여러 차례 편집회의를 거쳐 집필 방향을 확정한 뒤, 블록체인과 NFT, 메타버스, 디지털 전환, AI, 데이터 산업, 프로토콜 경제 같은 신세계에서 벌어지는 다양한 법률문제들에 천착해 핵심 주제들을 뽑았습니다. 그리고 해당 주제마다 기술적인 부분은 물론 산업적인 배경까지 자세히 분석한 뒤 법적인 쟁점을 파고들었습니다.

첫 번째 챕터에서는 디지털 환경과 플랫폼 경제 전반에서 일어나는 법적인 문제들을 다뤘습니다. 그 안에는 거대한 자본을 형성한 온라인 플랫폼이 '혁신'으로 시작해 '독점'으로 끝날 수밖에 없는 구조적인 문제들이 똬리를 틀고 있었습니다. 특히 플랫폼 노동자들이 겪는 부당노동행위와 재택근무에서 불거져 나온 노동환경의 유연성 문제가, 어떻게 고용불안 문제로 둥치되는지를 규명했습니다.

플랫폼 경제의 승자독식 이슈는 이 책의 마지막 장에서 다룬 데이터의 소유권 문제하고도 연결됩니다. 데이터가 곧 자산인 '데이터 경제시대'에서 거대 플랫폼 기업들이 향유하는 빅데이터는, 결코 하늘에서 뚝 떨어진 게 아니지요. 수많은 사람들이 모바일과 PC에서 끊임없이 반복하는 검색, 동의, 태그, 문자, 댓글, 구독 등 거의 모든 일거수일투족이 곧 데이터의 원소임을 부정할 수 없습니다. 데이터가 '나'에서 비롯하는 것이지요. 대한민국의 주권이 국민의 한 사람인 '나'로부터 나오는 것과 다르지 않습니다. 하지만 데이터 주권이나 소유권에 대해서는 어떤 법에도 명시되어 있지 않습니다. 이유가 뭘까요?

두 번째 챕터에서는 블록체인 위에서 펼쳐지는 다양한 법리 논쟁들을 다룹니다. 무엇보다 사회적으로 커다란 혼란을 초래한 테라·루나 사태에서 불거진 가상자산의 불안정한 미래를 미국과 중국, 유럽 등 세계 주요국들의 법제도를 통해 진단했습니다. 달러의 위상이 예전 같지 않은 현실을 감안하건대, 가상자산은 머지않아 기축통화의 자리를 차지할 수 있을까요?

블록체인이 기존 법리에 던지는 질문 또한 예사롭지 않습니다. NFT 세계에서 '소유권' 개념 및 '저작권' 등 재산적 가치를 어떻게 평가할 것인가? 메타버스라는 가상공간에서 헌법, 민법, 형법 등 주요 실정법의 적용은 여전히 유효한가? 프로토콜 경제의 대표 모델인 DAO는 정말로 주식회사의 미래가 될 수 있을까? 등등 하나같이 전통 법체계의 근간을 흔드는 촌철살인 질문들입니다.

세 번째 챕터에서 던진 'AI에게 인간으로서의 법적 자격, 즉 법인격을 부여할 수 있는가?'라는 논쟁적인 질문도 피해갈 수 없습니다. 로봇을 포함한 인공지능은 더 이상 인간의 보조적 혹은 대립적 노동 수단에 머무르지 않습니다. 심지어 인공지능 자체가 독립된 법적 주체가 되어 예술가 및 발명자로서의 지위를 누릴 날도 머지않았음을 직감합니다.

탈고를 하고보니 이 책에는 유독 질문이 참 많다는 생각이 듭니다. 좌충우돌 변호사가 디지털 신세계를 향해서 던지는 질문이지요. 그런데요, 수없이 많은 질문을 던지다보면 질문 안에 해답이 있음을 깨닫곤 합니다. 고백하건대 저는 그 해답을 구하기 위해 이 책을 쓰는 내내 거의 모든 밤을 하얗게 지새워야 했습니다. 물론, 파이어족을 꿈꾸며 NFT와 가상자산 투자에 잠 못 이루던 밤하고는 달랐습니다.

이 책의 집필을 잘 마무리할 수 있도록 따뜻한 격려와 배려를 아끼지 않았던 남편과 (남편 다음으로) 가장 귀한 보물인 두 아이에게 깊은 감사와 사랑의 마음을 전합니다.

_ 최재윤

CONTENTS

CHAPTER 2
블록체인 위에서 펼쳐지는 법률 오디세이

CHAPTER 4
대한민국은 데이터공화국인가, 데이터식민지인가?

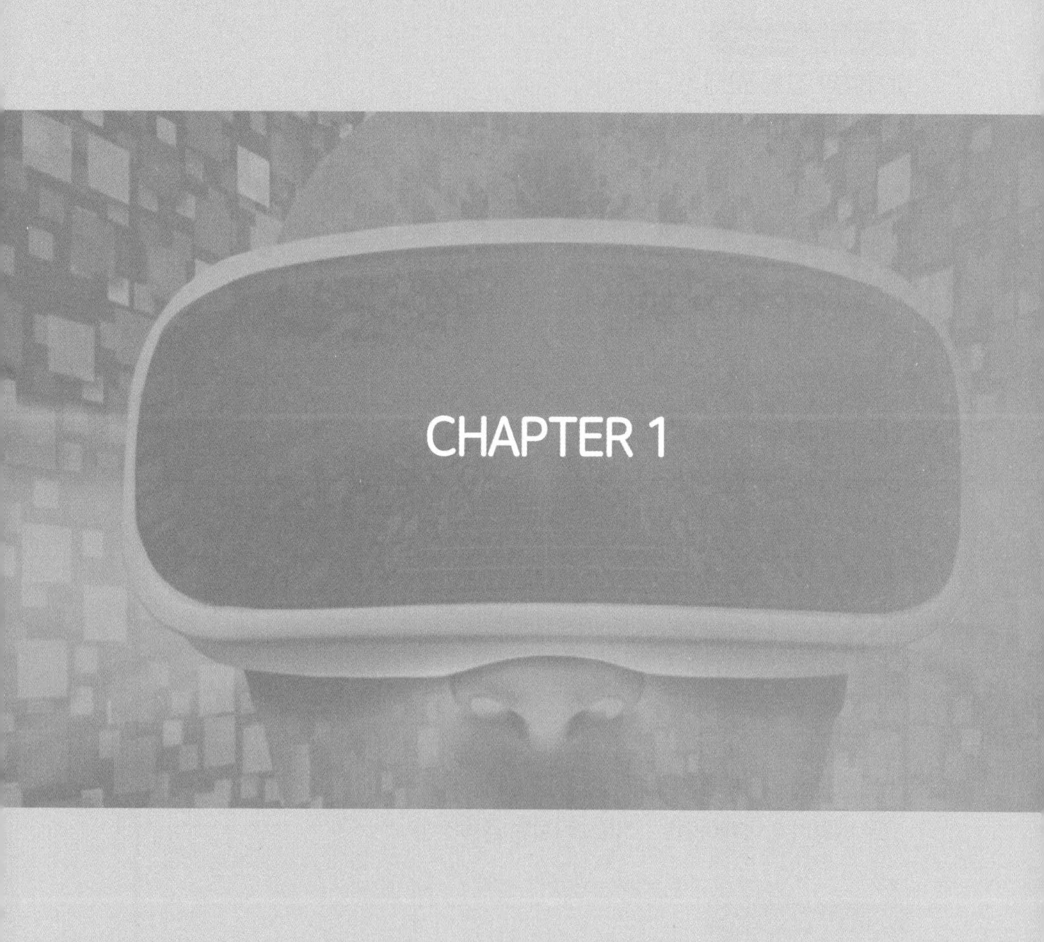
CHAPTER 1

디지털 전환,
유토피아 혹은 디스토피아

지금 플랫폼으로 '혁신'발 '독점'행 열차가 들어오고 있으니 승객께서는 한걸음 물러나 주시기 바랍니다

- 온라인 플랫폼의 빛과 그림자 -

야근하고 집에 돌아가는 길, 버스와 지하철은 끊기고 남은 것은 택시밖에 없습니다. 하지만 택시를 잡으려고 아무리 팔을 흔들어도 소용없습니다. 간신히 택시를 세웠지만 장거리가 아니라 그런지 승차 거부를 당하기 일쑤입니다. 결국 '따불!'을 외치고서야 겨우 집에 도착합니다. 저녁도 못 먹고 일한 탓에 너무 허기집니다. 혼자 사는 집에 먹을 것은 없고 방법은 야식 뿐. 그동안 모아두었던 야식 전단지들을 보면서 무엇을 시켜먹을까 고민합니다. 저번에 먹었던 족발이 괜찮았던 것 같습니다. 그렇게 족발을 선택하고는 족발집에 전화해서 배달주문을 합니다. 시간이 꽤 지난 것 같아서 족발집에 다시 전화해보니 가는 중이랍니다. 그 뒤로 한참이 지나서야 배달원이 집 초인종을 누릅니다. 빼꼼히 문을 열고 카드 결제 후 족발을 받아듭니다.

이쯤 되면 이런 생각이 들 것입니다. '아니, 웬 라떼시절 이야기인가?' 맞습니다. 다시는 돌아갈 일 없을, 그렇지만 그리 오래되지 않은 과거의 우리 일상이지요.

그럼 다시 현재로 돌아와 보겠습니다. 야근을 마치고 사무실을 나오기 전, 카카오T 앱을 열고 바로 사무실 건물 정문 앞으로 택시를 호출합니다. 사무실을 나와 대기 중이던 택시에 올라탄 뒤 배달 앱을 엽니다. 별점후기를 둘러보니 곱창볶음이 가장 별점이 높습니다. 장바구니에 담고 라이더 요청사항으로 '문 앞에 두고 벨 눌러주세요'를 선택한 다음 카카오페이로 결제합니다. 바로 카카오톡으로 배달이 시작되었다는 메시지와 함께 도착 시간까지 남은 시간을 확인합니다. 드디어 예상시간에 맞춰 초인종이 울립니다. 나가보니 곱창볶음이 현관 앞에 놓여 있습니다.

누구나 스마트폰을 켜면 바탕화면에 앱 카테고리가 가득합니다. 스마트폰은 마치 '앱 저장고' 같습니다. 스마트폰 바탕화면에서 필요한 앱을 선택한 후 터치 몇 번으로 대부분의 일을 해결할 수 있습니다. 이 모든 앱은 디지털 기술의 결실이라 해도 지나치지 않습니다. 디지털은 어느덧 우리 삶의 많은 것을 바꿔놓았습니다.

코로나19로 인한 사회적 거리두기가 시작되면서 일상에서의 '디지털 전환'이 더욱 본격화되었습니다. 사람과 사람 간 대면으로 해오던 일들이, 디지털이 연결고리가 되어 비대면으로 간편하게 이뤄지게 된 것이지요. 덕분에 우리는 시간과 비용을 아끼면서 대면으로 인한 스트레스 없이 효율적으로 원하는 바를 이룰 수 있게 되었습니다.

그런데 말입니다. 디지털로의 전환은 과연 모든 사람들에게 축복일까요? 책을 시작하며 이 뜬금없는 돌발질문을 던지게 된 이유는, 바로 '온라인 플랫폼' 때문입니다.

혁신으로 시작해서 독점으로 끝나는

우리가 주로 사용하는 애플리케이션(이하 '앱') 서비스에는 한 가지 공통점이 있습니다. 바로 '온라인 플랫폼'이라는 것입니다. '플랫폼(platform)'은 본래 기차, 지하철, 버스 등 교통수단과 승객이 만나는 승강장을 뜻하는데요. 즉, 운행서비스 제공자(버스기사 등)와 이용자(승객)를 연결시켜주는 유일한 공간이 바로 플랫폼입니다. 이것을 온라인 플랫폼 개념에 그대로 적용하면, 앱서비스를 제공하는 사람과 이용하는 사람이 온라인에서 연결되어 거래가 이뤄지는 시스템이 되는 것입니다.

혹시 우리 주위에 스마트폰 앱 가운데 카카오톡이나 네이버를 쓰지 않는 사람이 있을까요? 택시 부를 때, 음식 배달할 때, 숙박 예약할 때, 주식투자를 할 때, 돈을 송금할 때 등등 앱의 활용범위는 갈수록 다양하고 또 넓어지고 있습니다. 이미 우리의 인식 속에 뚜렷이 각인된 몇몇 온라인 플랫폼 앱이 있을 정도입니다. 이처럼 앱의 침투력이 위력적인 이유는, 플랫폼의 핵심 경쟁력이 제품과 서비스가 아닌 '네트워크 효과'에 있기 때문입니다.

'카페'와 '시장'을 비교해 보면 이해가 쉽습니다. 우리 주변에 수많은 카페가 있지만 특별히 커피가 맛있거나, 분위기가 좋거나, 혹은 인스타그램에 올리기 좋게 배경사진이 잘 나오는 등 그 카페만의 경쟁력이 있어야 소비자의 선택을 받는 데 유리합니다. 하지만 시장은 다릅니다. 시장은 파는 사람과 사는 사람이 많이 모이면 모일수록 경쟁력이 생깁니다.

예를 들어 보겠습니다. A시장이 있습니다. A시장의 운영자는 규모를 키우기 위해 파는 사람의 자릿세를 파격적으로 낮춥니다. 그러자 다양한 물건을 파는 사람들이 모입니다. A시장에 가면 없는 물건이 없고 저렴하게 살 수 있으니 물건을 구입하는 사람도 자연스럽게 늘어납니다. 그렇게 A시장은 갈수록 커져가지만 운영자는 오히려 임대료를 더욱 낮추고 거기다 마케팅 비용까지 쏟아 붓습니다. A시장은 출혈을 감수하면서도 계속해서 버티면서 몸집을 키워나갑니다. A시장이 커지면 커질수록 주변의 작은 시장이나 동네 슈퍼마켓은 도태되고 맙니다. 결국 A시장은 해당 지역에서 '독점'을 형성하게 됩니다. 경쟁자가 없어진 A시장의 운영자는 그 동안의 손실을 만회하기 위해 판매자로부터 받는 자릿세부터 올리기 시작합니다. 자릿세를 많이 낼수록 목 좋은 자리를 내줍니다. 운영자는 A시장에서 인기 있는 물건을 직접 만들어 팔기도 합니다. 그곳에 입점해 있는 상인들은 치솟는 임대료 부담과 운영자의 횡포에 견디다 못해 다른 시장으로 옮기고 싶지만 그럴 수가 없습니다. 이미 다른 시장은 모두 사라졌기 때문입니다.

여기서 '카페'가 일반 산업이라면, '시장'은 온라인 플랫폼입니다. 이처럼 온라인 플랫폼의 핵심 경쟁력인 '네트워크 효과'는 독점으로 이어질 수밖에 없고, 독점은 필연적으로 불공정 거래를 낳게 되는 것이지요.

한 걸음 더 들어가 국내 온라인 플랫폼들이 초래하는 독점적 폐해 몇 가지를 살펴보겠습니다. 현재 카카오T는 택시 호출앱 시장의 약 90%를 점유하고 있습니다. 사실상 시장을 독점하고 있는 것이지요. 승객이 카카오T로 택시를 호출하면 근처에 있는 일반택시보다 멀리 떨어져 있는 카카오T 블루 등 카카오 가맹택시가 먼저 배차된다는 이른바 '콜 몰아주기' 의혹이 불거졌고, 이에 대해 공정거래위원회(이하 '공정위')가 조사한 결과 사실로 판단되어, 제재 절차에 들어갔습니다. 카카오T는 택시 배차확률을 높이는 스마트호출 요금을 1,000원(야간 2,000원) 정액제에서 최대 5,000원까지 부과하는 탄력요금제로 변경했다가 강한 반발에 부딪쳐 철회하기도 했습니다.

배달의민족은 어떨까요? 데이터기업 모바일인덱스에 따르면, 배달의민족은 국내 배달앱 시장점유율 68.81%를 차지하는 선두 업체입니다(2022년 1월 기준). 배달의민족 입점업체는 수수료와 광고료에 더해 배달비까지 부담해야 하지만, 시장 1위 앱인 이유로 울며 겨자 먹기로 배달의민족을 이용할 수밖에 없습니다. 심지어 입점업체들은 상위 노출을 위해 광고료를 더 내야 합니다. 게다가 별점과 댓글이 입점업체의 매출에 적지 않은 영향을 미치기 때문에 별점 관리에도 신경을 곤두세워야 합니다. 일부 소비자들은 이유 없이 악성댓글을 달거나 '별점테러'를 저지르기도 합니다. 이 경우 입점업체에서는 일일이 사과를 하고 댓글을 내려달라고 부탁하는 등 과도한 감정 소모에 시달리게 됩니다.

이는 배달의민족만의 문제가 아닙니다. 사회문제로까지 불거졌던 '새우튀김 갑질사건'은 개념 없는 소비자와 대형 온라인 플랫폼 기업으로부터 소상공인들이 얼마나 부당한 대우를 받고 있는지를 보여주는 단적인 예입니다. 한 소비자가 쿠팡이츠 앱으로 주문한 새우튀김 3개 중 1개가 색깔이 이상하다며 입점업체에 전화하여 항의와 환불을 요구하고 쿠팡이츠 앱에 '개념 없는 사장'이라는 댓글과 함께 별점 1점을 남깁니다. 상황은 여기서 그치지 않습니다. 소비자의 항의 전화와 플랫폼 사업자로부터의 사과 재촉이 계속되는 과정에서 입점업체 담당자가 급작스러운 뇌출혈로 쓰러져 목숨을 잃고 맙니다.

네이버의 경우, 검색을 통한 쇼핑·동영상 서비스를 운영하며 상품 우선 노출 방식(알고리즘)을 자사의 '네이버쇼핑' 등에 유리하게 임의로 조정했다고 하여 공정위로부터 시정명령과 함께 과징금 267억 원을 부과 받은 일도 있습니다. 네이버가 부당하게 검색결과 노출 순위를 조정해 '검색결과가 객관적'이라고 믿는 소비자를 기만하고 오픈마켓 시장과 동영상 플랫폼 시장의 경쟁을 왜곡했다는 게 공정위의 판단이었습니다.

쿠팡은 자체브랜드(PB) 상품이 다른 납품업체 상품보다 우선 노출되도록 검색 알고리즘을 조작했다는 의혹과 함께 직원을 동원해 자체 브랜드 상품에 허위 리뷰를 작성하는 방식으로 노출 순위를 높이고 소비자 구매를 유도했다는 의혹을 받고 있고, 역시 공정위로부터 조사가 진행 중입니다.

카카오는 카카오톡뿐만 아니라 카카오모빌리티, 카카오뱅크, 카카오헤어샵, 카카오웹툰 등 다양한 분야로 플랫폼 사업을 공격적으로 확장하고 있습니다. 현재 보유하고 있는 계열사만 해도 100개가 넘습니다. 그동안 카카오가 얼마나 문어발식 사업 확장을 하고, 독점적 지위를 누려왔는지에 대해서는 2022년 10월 16일에 터진 카카오 서비스 '먹통' 사태를 통해 전 국민이 그 현실을 몸소 깨닫게 되었습니다.

아마존 저격수가 발포한 Killing Sentence

온라인 플랫폼의 독점적 폐해는 비단 우리나라에만 있는 게 아닙니다. 미국과 유럽연합(EU) 등에서도 온라인 플랫폼 규제에 대한 논의가 활발하게 이뤄지고 있습니다.

미국은 하원의 반독점 소위원회에서 GAFA, 즉 온라인 플랫폼 공룡기업인 Google, Apple, Facebook(현 Meta), Amazon의 '반독점법' 위반 혐의에 대한 조사보고서를 발표하고 법률 제정을 권고한 바 있습니다. 이에 따라 2021년 6월경 미 하원은 플랫폼의 자사제품 우대 및 차별적 취급 금지, 플랫폼 사업자의 자사제품 판매 제한 등을 내용으로 하는 반독점 패키지 법안을 발의하였고, 이후 법제사법위원회도 통과되었습니다.

우리나라도 공정위에서 '온라인 플랫폼 중개거래의 공정화에 관한 법률'(이하 '온플법') 제정안을 마련하여 입법예고 했습니다. '온플법'은 국내 시장을 대상으로 영업하는 일정 규모 이상 플랫폼 사업자에 대하여, ① 필수 기재사항을 명시한 계약서 작성·교부 의무, ② 계약 내용 변경 및 서비스 제한·중지·종료 시 사전통지의무를 부과하고, ③ 기존 '공정거래법'에서의 거래상 지위 남용행위 금지 조항을 플랫폼 산업의 특성에 맞게 구체화하여 적용하는 것을 주요 골자로 합니다. 공정위는 2021년까지 '온플법'의 국회 통과를 시도했지만 아직 계류 중입니다. 이에 대해 IT업계는 '온플법'이 IT산업 발전을 저해할 뿐 만 아니라 기존의 '전자상거래법', '대규모유통업법' 등과 내용이 겹쳐 '이중규제'라고 비판합니다. 더욱이 현 정부의 자율규제 원칙 하에 '온플법'의 국회 통과는 순조롭지 않아 보입니다.

독점과 혁신은 '양날의 검'과 같습니다. 독점을 막으려다 혁신까지 저해한다는 우려의 목소리가 여기저기서 들려옵니다. 법학자들은 온라인 플랫폼의 독점과 혁신 논쟁이야말로 4차 산업혁명이 가져온 경제법 분야의 가장 중요한 논쟁거리 가운데 하나라고 설파합니다. 쉽지 않은 문제입니다.

앞에서 제기했던 돌발질문을 한 번 더 던지겠습니다. 디지털의 산물인 온라인 플랫폼은 진정 모든 이에게 축복일까요?

'아마존 저격수'로 유명한 리나 칸(Lina Khan) 미국 연방거래위원회(FTC) 위원장이 예일대 로스쿨 재학시절 발표해 화제를 모았던 논문 〈아마존 반독점의 역설 : Amazon's Antitrust Paradox〉의 한 구절이 어쩌면 이 돌발질문에 대한 가장 적절할 답변이지 않을까 싶습니다.

"플랫폼 기업은 소비자에게는 공짜로 서비스를 제공하거나 다양한 할인혜택을 제공하지만, 이를 토대로 구축한 시장점유율을 바탕으로 소비자로부터는 데이터를, 판매업체로부터는 과도한 수수료 등을 착취하고 있다."

‘아마존 저격수’로 유명한
리나 칸 미국 연방거래위원회
위원장의 캐리커처.

"플랫폼 기업은 소비자에게는 공짜로
서비스를 제공하거나 다양한 할인 혜택을 제공하지만,
이를 토대로 구축한 시장점유율을 바탕으로
소비자로부터는 데이터를,
판매업체로부터는 과도한 수수료 등을 착취하고 있다."

_ 리나 칸의 논문 <아마존 반독점의 역설 : Amazon's Antitrust Paradox> 중에서

전문직 분야로 파고드는 온라인 플랫폼의 허와 실

앞에서 설명한 플랫폼의 특성과 구조를 변호사 업계에 대입해보겠습니다. 변호사 소개(또는 중개) 플랫폼 또한 처음에는 무료 또는 저렴한 비용으로 광고해 준다는 파격적 제안을 하며 법률서비스 제공자인 변호사의 플랫폼 가입을 유도합니다. 그리고 마케팅에 비용을 쏟아 부으면서 적극적으로 광고합니다. 플랫폼에 대한 인지도가 높아지면서 이용자들이 늘어나고 플랫폼 내에서 변호사와 이용자들 사이에 사건 수임 등이 이뤄집니다. 어느 정도 그 시장에서 독과점이 형성되면서 해당 플랫폼에 대한 변호사들의 의존도가 높아졌을 때, 플랫폼은 그동안 몸집 키우기와 마케팅에 투입된 막대한 비용 손실을 만회하기 위해 변호사를 상대로 광고비를 받기 시작합니다. 그리고 광고비는 점점 비싸집니다. 광고비를 더 주면 상위 노출을 해 줍니다. 광고비 부담이 커지는 변호사는 수임료를 올리게 되는데, 이는 결국 의뢰인에게 부담이 전가될 수밖에 없는 구조를 낳습니다.

한편, 플랫폼에 의존하게 되는 변호사는 의뢰인에게 어필하기 위해서 더욱 자극적으로 자신을 광고하게 됩니다. 그러나 허위·과장 광고에 대해 플랫폼이 파악하고 통제할 권한이 없습니다. 또한 일반인의 입장에서는 상위 노출된 변호사가 실력 있는 변호사로 생각될 수 있지만, 단지 광고비를 더 낸 변호사에 불과합니다. 의뢰인은 자신이 정확한 정보를 토대로 변호사를 선택하는 것으로 알지만 실은 그게 아닐 가능성이 높은 것입니다. 과연 플랫폼은 의뢰인이 변호사를 선택하는데 얼마나 도움이 될까요?

대한변호사협회가 공공 플랫폼인 변호사정보센터 '나의 변호사' 서비스를 만든 이유가 여기에 있습니다. 국민은 정확한 정보를 통해서 변호사를 선택할 수 있고, 변호사는 광고비 부담과 플랫폼 종속에서 자유로울 수 있도록 하기 위함입니다.

의료계는 어떨까요? 2022년 초 미용의료 정보 플랫폼 '강남언니'를 운영한 대표가 환자 알선 혐의로 1심에서 징역형의 집행유예 선고를 받은 사건이 있었습니다. 2022년 6월에는 '강남언니'를 통해 환자를 소개 받고 수수료를 지급한 의사에게 300만 원의 벌금형이 선고되기도 했습니다. 현행 '의료법'은 영리를 목적으로 환자를 의료기관 등에 소개·알선·유인하는 행위를 금지하고 있습니다. 해당 법 조항의 취지는 환자의 어려운 처지를 악용해서 영리 추구 목적으로 환자 유치를 둘러싸고 금품수수 등의 비리가 발생하는 것을 막고, 또 의료인 사이의 불필요한 과당경쟁에 따른 의료서비스의 질 저하 등의 폐해를 방지하기 위함입니다. '강남언니'는 법을 위반하여 앱 가입자에게 입점 병원 시술 상품 쿠폰을 판매하는 방식으로 병원에 환자를 소개·알선해 주고, 그 대가로 상당액의 수수료를 받아온 것입니다.

의료계에서는 성형외과나 피부과가 특히 경쟁이 심각한데요. 경쟁이 치열해질수록 환자 유치를 위해 플랫폼에 대가를 주면서 점차 플랫폼에 의존하게 되는 병원이 늘게 되고, 자연스레 플랫폼의 영향력이 커지는 악순환이 이어지는 것이지요. 이러한 상황에서 과연 환자들이 받게 될 의료서비스의 질이 보장될 수 있을까요?

법률시장이나 의료시장 같은 공공성이 강조되는 분야까지 플랫폼이 자유롭게 진출하는 것은 위험해 보입니다. 사기업은 기본적으로 '영리 추구'가 목적이기 때문에 사기업이 운영하는 플랫폼 역시 공공성보다는 영리 추구 관점에서 법률시장과 의료시장을 재편하게 될 가능성이 높기 때문입니다. 법률과 의료 서비스 분야의 경우 기존 일반 온라인 플랫폼 규제와는 다른 관점에서 플랫폼 허용 여부부터 숙고해야 하는 이유입니다.

'배달의민족'을 먹여 살리는 '배 다른 민족' 이야기

- 1차 산업혁명 시대의 노동법과 4차 산업혁명 시대의 플랫폼 노동자들 -

'배달의민족' 라이더, '쿠팡' 플렉스, '카카오' 대리, '타다' 드라이버. 이들의 공통점은 뭘까요? 바로 온라인 플랫폼을 통해 이용자에게 서비스를 제공하는 '플랫폼 노동자'라는 것이지요.

집에서 배달 앱으로 야식을 시키면 바로 예상 도착시간이 카톡으로 오고, 그 예상시간 내에 야식이 도착합니다. 당장 내일 급하게 필요한 물건을 쇼핑 앱으로 저녁에 주문해도 다음날 새벽에 도착해 있습니다. 이렇듯 서비스 이용자가 간편하게 온라인 플랫폼인 배달 앱이나 쇼핑 앱으로 음식이나 물건을 주문하면, 배송기사는 이 주문을 받아서 이용자의 집까지 해당 상품을 배송합니다.

플랫폼 노동자는 배송기사뿐만 아니라 대리운전 노동자, 가사서비스 노동자 등 참 다양합니다. 플랫폼 노동자의 유형은 플랫폼의 수만큼이나 천차만별입니다. 플랫폼의 사용이 일상화된 것입니다. 이처럼 플랫폼은 누구나 손쉽게 이용할 수 있는 만큼 우리 생활 깊숙이 들어와 있습니다. 그런데이 시스템을 가만히 들여다보면 결코 가볍지 않은 문제들이 산재해 있음을 알 수 있습니다. 여기서는 그 중에서도 특히 플랫폼 노동관계에서 발생하는 문제들을 살펴보겠습니다.

그런데요, 혹시 내가 플랫폼 노동자도 아닌데 그들의 문제를 알 필요가 있을까, 생각할 수도 있겠습니다. 하지만 플랫폼 노동자 중에 다수를 차지하는 택배기사들이 총파업에 들어갔을 때 일상생활 뿐 아니라 비즈니스에서 불편을 호소했던 이들이 적지 않았던 기억이 납니다. 이로 인해 당장 초래되는 불편이나 피해 때문에 무조건 택배기사를 비난하는 것보다는 도대체 무엇이 문제인지 한 걸음 더 들어가 관심을 갖고 들여다 볼 필요가 있겠습니다.

노동자야, 개인사업자야?

플랫폼 중에는 단순히 서비스의 공급자와 수요자가 만나는 '디지털 공간', 말 그대로 '플랫폼' 역할만 하는 유형이 있습니다. '크몽'이나 '탈잉', '숨고'가 대표적인 예입니다. 이 경우 서비스 제공자는 개인사업자, 이른바 '프리랜서'로 볼 수 있겠습니다.

반면 플랫폼이 서비스의 공급자와 수요자를 매칭시키는 역할을 넘어서 서비스 제공 절차와 방법, 시간, 보수 등에 대해 일정한 통제를 하는 유형도 있습니다. 플랫폼 노동문제는 대체로 여기서 제기됩니다. 그런데 이 경우에도 대부분의 플랫폼 노동자는 개인사업자로서의 지위를 갖습니다. 바로 이 점이 갈등의 원인으로 지목됩니다. 플랫폼 노동자는, 비록 형식은 개인사업자라 하더라도, 노동법상의 노동권을 보장해달라며 끊임없이 호소하고 있기 때문입니다.

문제의 본질을 이해하려면 간단하게나마 역사적 배경을 들여다 볼 필요가 있습니다. 현재의 노동법은 19세기 초 노동자의 삶을 개선하기 위해 만들어진 '공장법'에서 비롯되었습니다. 공장법은, 전통 제조업 중심의 공장제에서의 노동관계를 전제로 하다 보니, 공장을 운영하는 기업(사용자)과 노동을 제공하는 노동자 이렇게 두 당사자의 존재가 뚜렷합니다. 그리고 공장에서 몇 시까지 노동할지가 정해진 시·공간적 구속을 강하게 받는 '전속적 노동'을 전제로 합니다.

산업혁명은 1차에서 2차, 3차를 거쳐 이제 4차가 급속도로 진행 중인데, 현재 노동법의 틀은 1차 산업혁명 당시 만들어진 '공장법'의 기본 구조 그대로입니다. 그렇게 노동법이 사회 변화를 따라가지 못하면서 발생하는 문제 중 대표적인 것이 바로 플랫폼 노동문제인 것이지요.

플랫폼 노동은 전통적인 노동과는 다른 몇 가지 중요한 특징이 있습니다. 중국음식점에 고용된 배달원과 플랫폼을 통해 중국음식점 요리를 배달하는 플랫폼 노동자를 비교해보겠습니다. 전자는 근로계약을 체결하여 고용된 기간 동안 배달 업무를 수행합니다. 업무수행 장소와 시기가 명확히 정해져 있고, 배달 업무가 없을 때는 작업장인 식당에서 대기합니다. 반면 후자는 누구에게도 고용되지 않고 개인사업자로서 플랫폼으로 접수되는 각각의 배달 중에서 자신이 수락한 업무를 수행합니다.

중국음식점에 고용된 배달원은 식당 사장의 업무 지시를 받지만, 플랫폼 노동자는 배달 업무가 할당되어도 수락 여부는 본인이 선택할 수 있고, 앱에서 일방적으로 탈퇴할 수도 있습니다. 일정 부분 플랫폼의 통제를 받긴 하지만 직접적으로 업무 지시를 하는 사람이 없습니다. 이런 이유로 플랫폼 노동은 현재의 노동법 체계를 적용하는 데 한계가 있는 것입니다.

그렇다고 플랫폼 노동을 노동법의 적용을 받지 않는 것으로 간단히 결론

지을 수 있을까요? 플랫폼 기업이 노동법상의 사용자가 아닌 단순히 노동을 '중개'할 뿐이라고 볼 수 있을까요?

그렇지 않습니다. 플랫폼은 서비스의 공급자와 수요자를 매칭하기도 하지만, 그 역할을 넘어서 서비스 제공 절차와 방법, 시간, 보수 등에 대해 일정한 통제를 가하기 때문입니다. 이 경우 플랫폼 노동자는 회사에 소속되어 일하는 노동자의 성격도 띄게 되는 것입니다. 하지만 이렇게 '노동자성'이 인정될 수 있는 요소가 있음에도 불구하고 노동법상의 보호를 받기가 어려운 게 현실입니다. 플랫폼 노동자는 말 그대로 노동자인 것 같지만 앞에서 언급했듯이 그들의 법적 지위는 개인사업자이기 때문입니다. 참 애매하기 이를 데 없습니다.

'우버' 드라이버에 대한 프랑스, 영국, 미국의 입장

그렇다면 다른 나라에서는 플랫폼 노동자를 법적으로 어떻게 보호할까요? 승객과 운전기사를 모바일 앱으로 연결하는 운송 플랫폼 '우버(Uber)' 노동자에 대한 프랑스와 영국, 미국의 판결을 각각 살펴보겠습니다.

2020년 3월, 프랑스 대법원은 우버의 운전기사를 노동자성이 있는 임금노동자라고 판결했습니다. 이를 판단하는 기준으로 플랫폼과 운전기사 사이의 '종속적 관계'를 들었습니다. 즉, 운전기사가 플랫폼에 접근하는 순간 우버가 구성한 시스템에서 일하고, 본인만의 고객 풀을 구축하거나 요금을 자유롭게 책정할 수 없으며, 업무수행 기간과 조건을 결정할 수 없다는 점을 이유로 우버 운전기사의 노동자로서의 지위를 인정한 것입니다. 또 운전자가 자신에 맞게 경로를 선택하거나 승차 여부를 결정할 수 없고, 드라이버가 세 번 운행을 거부할 경우 일시적으로 플랫폼 접속을 막고 있는 점 등도 근거로 들었습니다.

영국은 어떨까요? 2021년 1월, 영국 대법원은 만장일치로 우버 운전기사가 자영업자가 아닌 노동자의 대우를 받아야 한다고 결정했습니다. 법원은 우버가 임금과 계약조건을 정할 뿐 아니라 노동 규율도 감시하며 업무 계약 연장과 종결권을 결정하는 권한을 가진다는 점을 지적했습니다. 이 판결로 영국 내 우버 기사들은 노동법에 따라 최저임금을 보장 받고 휴일수당도 받을 수 있게 되었습니다.

'우버의 고향' 미국 캘리포니아에서는 2019년 일명 'AB5 법안'이 통과됐습니다. 이 법은, 모든 일하는 사람은 '노동자'로 추정하고 노동법상의 권리를 보장해야 한다고 명시하고 있습니다. 그리고 노동자로 인정하지 않으려면 그 사람이 자기 사업을 하는 자영업자라는 점을 사용자가 입증하도록 했습니다.

그런데요, 자신들에게 큰 부담이 될 법안에 플랫폼 기업들이 가만히 있을 리가 없습니다. 우버를 비롯한 플랫폼 기업들은 운수, 배달 노동자들에게 노동법을 적용하지 않고, 민간상해보험 가입과 의료비 지원 등 일부만 보장하는 '주민발의법안 22호'를 입법청원해 주민투표에 부쳤습니다. 이

우버 등 운송 플랫폼 운전기사의 노동권 보장이 프랑스, 영국을 비롯해 전 세계적으로 확산되고 있다.

법안을 통과시키기 위해 플랫폼 기업들이 쏟아 부은 금액은 자그마치 2억 500만 달러에 달했습니다. 그 결과 2020년 11월 캘리포니아 주민 과반수 이상의 찬성으로 법안이 통과되었습니다. 그러자 우버의 주가가 치솟았습니다.

하지만, 다음 해 8월 캘리포니아 주 고등법원은 '주민발의법안 22호'를 위헌이라고 결정했습니다. '주민발의법안 22호'가 플랫폼 노동자에게 산재보험을 비롯해 노동법상 권리를 부여하려는 의회의 입법권을 침해한다는 것이 이유였습니다.

'타다' 드라이버에 대한 우리나라의 입장

우리나라의 상황은 어떨까요? 2020년 5월, 중앙노동위원회는 모빌리티 플랫폼 '타다' 드라이버로 일한 A씨가 타다의 모회사를 상대로 제기한 부당해고 구제 재심신청 사건에서 A씨를 '근로기준법'상 '노동자(근로자)*'라고 판단했습니다. 이는 '타다 드라이버를 프리랜서로 봐야 한다'라는 서울지방노동위원회의 초심을 뒤집은 결과였습니다.

그런데 이러한 중노위의 재심판정은 2022년 7월에 또 다시 뒤집혔습니다. 타다 드라이버가 '근로기준법'상 '노동자'가 아니라는 서울행정법원의 판결이 내려진 것입니다. 앞서 중노위는 타다의 모회사가 플랫폼을 통해 타다 드라이버에 대한 근태관리를 하는 등 사용자로서 실질적인 지휘 · 감

---

* 실정법에서는 대개 '노동자'가 아닌 '근로자'로 명시하지만, '근로(勤勞)'의 사전적 의미는 '부지런히 일하다'라는 뜻으로 사용자 관점에서 바라보는 가치를 내포하고 있다. 따라서 이 책에서는 가치중립적인 표현인 '노동자'로 표기하도록 한다.

독을 하였다고 판단했습니다. 반면 서울행정법원은 플랫폼 노동자의 보호 필요성은 인정하면서도 실질적 지휘 · 감독 없이, 근태관리 등이 플랫폼서비스의 질 향상을 위해 이루어진 것에 불과하다고 본 것입니다. 공유경제 질서에 따라 출현하는 다양한 형태의 사적 계약관계를 존중할 필요가 있다고도 했습니다. 물론 앞으로 항소심과 대법원을 거치면서 법원의 판단이 어떻게 뒤집힐지는 알 수 없습니다.

2019년에는 대리운전기사, 택배기사를 '노동조합 및 노동관계조정법'(이하 '노조법')상 노동자로 인정하는 법원 판결도 나왔습니다. 이로써 대리운전기사, 택배기사도 단결권 · 단체교섭권 · 단체행동권 등 노동 3권을 인정 받게 된 것입니다. 서울시는 오토바이 배달원들의 노동조합인 '라이더유니온'의 노조 설립을 승인했습니다. 배달 플랫폼 소속 배달원들을 노조 설립을 할 수 있는 노동자로 본 것입니다.

한편, '노조법'상 노동자라고 해서 '근로기준법'상 노동자로 인정 받는 것은 아닙니다. 퇴직금이나 해고의 제한 등 일반 노동자와 같은 권리까지 보장 받기 위해서는 '근로기준법'상 노동자로 인정되어야 합니다. 뭔가 이상합니다. 어떤 법에서는 노동자로 인정하고, 어떤 법에서는 노동자로 인정하지 않으니 말입니다. 법은 복잡한 이해관계 속에서 만들어지기 때문에 그 맥락을 파악하는 것이 결코 쉽지 않습니다.

아무튼 플랫폼 노동자를 보호하기 위한 법규의 개정은 계속되고 있습니다. 그동안 배달원은 산재보험이 꼭 필요함에도 가입 권리가 법적으로 보장되지 않았습니다. '산업재해보상보험법'(이하 '산재보험법')에 따르면 산재보험에 가입하기 위해서는 하나의 회사에서 주로 일해야 하는 '전속성' 요건을 충족해야만 합니다. 그런데 대다수의 플랫폼 노동자들은 한 사업장에 근무하기보다는, 점심에는 '쿠팡이츠', 오후에는 '배달의민족', 저녁에는

'요기요'에서 일하기 때문에 전속성 요건이 발목을 잡았습니다.

그러다 2021년 9월, 2개 이상의 플랫폼이나 거래처에서 일감을 받는 플랫폼 노동자도 산재보험에 가입해 혜택을 받을 수 있도록 전속성 요건을 폐지한 '산재보험법 일부개정법률안'이 2022년 5월 29일 국회 본회의를 통과했고, 개정법은 2023년 7월 1일부터 시행될 예정입니다. 이를 통해 플랫폼 노동자도 산재보험에 가입할 수 있을 것으로 기대됩니다.

'예외적' 노동자라는 비애

플랫폼 노동자를 보호하기 위한 다양한 법안이 발의되고 있고, 노사 간 자율적 합의로 인한 진전도 보이는 점은 그나마 다행스런 일입니다. 사실 플랫폼과 플랫폼 노동자를 노동관계법상 사용자와 노동자로 보고 노동관계법을 적용한다면 문제는 간단히 해결될 것입니다. 그러나 플랫폼과 플랫폼 노동자의 고용 형태는 천차만별이기 때문에 일률적으로 적용할 수 없다는 점에서 문제 해결이 쉽지 않은 것입니다. 특정 플랫폼 노동자에 대해 노동자성을 인정하는 판결이 나왔다고 하더라도 다른 플랫폼 노동자까지 노동자성이 인정된다고 판단할 수 없는 이유입니다.

플랫폼 노동을 둘러싼 문제 해결을 위해 국회는 플랫폼 노동자를 기존 고용 형태와 달리 별도로 규정하는 법안을 검토하고 있습니다. 노동법 사각지대에 있는 플랫폼 노동에 대한 최소한의 보호조치를 마련하기 위함이지요. 플랫폼 노동자의 노동 3권은 보장하지 못하더라도 공정한 계약, 산재보험, 공제조합 등 최소한의 권리를 보장하겠다는 것이 입법 취지입니다. 해당 법안은 '플랫폼 종사자 보호 및 지원 등에 관한 법률'(이하 '플랫폼종사자법')로 2021년 3월에 발의되어 현재 국회에 계류 중입니다.

그런데 노동계는 이 법안에 대해 환영이 아닌 우려를 표하고 있습니다. 왜일까요? 플랫폼 노동자를 기존 노동법 체계로 수용하는 것이 세계적인 흐름인데 반해, 이 법안은 플랫폼 노동자를 기존 노동법상 권리를 모두 보장 받는 '온전한 노동자'가 아닌 특별법으로 일부 보호하는 '예외적 노동자'로 취급하기 때문입니다. 이에 대해 플랫폼 노동자들 사이에서는, "기껏 '배달의민족'을 먹여 살렸더니 결국 '배 다른 민족' 취급 받고 있다"는 조소 섞인 불만들이 터져 나옵니다.

'플랫폼종사자법'은 플랫폼 노동자를 위한 특별법이다 보니 플랫폼을 통해 일감을 얻는다는 이유만으로 노동법상 노동자가 아닌 것으로 분류될 여지도 있습니다. 이 법이 통과되면 플랫폼에서 일감을 얻는 노동자들은 '플랫폼종사자법'이 아닌 '근로기준법' 등의 보호를 받기 위해 여전히 지난한 싸움을 이어가야만 합니다.

코로나19 이후 사회 전반에 걸쳐 디지털 전환 및 비대면이 가속화되는 가운데 온라인 플랫폼은 더욱 다양해지고 방대해질 전망입니다. 하지만 온라인 플랫폼 산업의 지속가능한 성장을 위해서는 산업의 핵심 구성원인 플랫폼 노동자에 대한 법적 보호가 함께 이뤄져야만 합니다.

그렇습니다. 19세기 공장법에 기반한 현재의 노동법이라는 '그릇'이 모든 형태의 노동을 담을 수 없음을 직시해야만 합니다. 기업들은 4차 산업혁명 시대에 걸 맞는 신사업을 계속 해나갈 것이고, 이로써 노동의 모습도 빠르게 변할 것입니다. 새로운 형태의 노동을 모두 담을 수 있는 새 '그릇'을 빚어야 할 때가 바로 지금인 이유입니다.

플랫폼 노동을 기존 노동법상 권리를 모두 보장하는
'온전한 노동'으로 보는 게 세계적 흐름인 데 반해,
한국에서는 여전히 특별법으로 일부만 보호하는
'예외적 노동'으로 취급한다.
플랫폼 노동자들 사이에서 조소 섞인 불만이
터져 나올 수밖에 없는 이유다.

"기껏 '배달의민족'을 먹여 살렸더니,
결국 '배 다른 민족' 취급 받고 있다!"

참을 수 없는 디지털 의사표시의 가벼움

- 디지털 자본주의가 보내온 불공정한 의사표시 -

혹시 '정보 본능'이란 말을 들어보셨나요? '정보 본능'이라…… 딱히 뭐라 개념을 정의하기가 모호합니다. 하지만 가만히 생각해보면 그리 어려운 말도 아닙니다.

그렇습니다. 이미 인류는 꽤 오래 전부터 더욱 멀리, 더욱 빠르게, 그리고 더욱 많은 정보를 전달하기 위해 부단히 노력해 왔습니다. 노력의 결실은 정보통신 기술이 비약적으로 발전한 21세기 들어 폭발합니다. 이는 곧 의사소통과 정보를 향한 인간의 욕망, 즉 '정보 본능'이 가져온 결과라 하겠습니다. 인류의 역사에서 의사소통과 정보의 전달이 어떻게 진화해 왔는지를 돌이켜보면 '정보 본능'이라는 조어가 그리 생소하지만은 않습니다.

고대의 가장 대표적인 원거리 의사표시 수단은 횃불과 연기였습니다. 멀리 떨어진 사람들에게 최대한 빠르게 정보를 전달하기 위해서는 높은 산봉우리에 올라가야만 했지요. 그곳에 봉수대를 설치하고 낮에는 연기, 밤에는 횃불을 활용하여 멀리 떨어진 사람들에게 긴급한 소식을 타전할 수 있었습니다. 그런데 횃불과 연기는 비나 눈이 오면 무용지물이었습니다. 날씨의 영향을 많이 받는 문제가 있었던 것입니다.

북이나 나팔을 이용하기도 했습니다. 역사를 배경으로 한 전쟁영화에서 적진과 대치 중 공격을 시작할 때 거대한 나팔소리가 돌격 신호로 쓰이는 것을 보셨을 텐데요. 하지만 이 역시 더욱 멀리, 다양한 정보를 전달하는 데는 한계가 있었습니다.

이를 보완하는 방식으로 파발(擺撥)이 등장합니다. 긴급하게 공문을 보내기 위해 역참(驛站)을 거점으로 설치하고, 파발마를 두어 문서를 몸에 지닌 파발꾼을 태우고 역참 사이를 신속하게 이동시킵니다. 역참마다 파발마를 갈아타면서 빠른 속도를 유지할 수 있었는데요. 이는 곧 현대 우편제도의 원시적인 기원을 이룹니다.

이러한 원거리 의사표시 수단들은 대부분 국가적 필요에 따라 관리·운영되어 왔습니다. 일반 사람들 간의 원거리 의사표시는 우편제도로 인해 비로소 보편화되었지요. 아울러 철도와 비행기 등 운송수단의 발전은 우편제도의 안착에 크게 기여했습니다. 그러나 이 또한 서신을 전달하는 운송수단의 속도에 따라 의사표시의 전달 속도가 결정되는 한계가 있었습니다.

인간은 갈수록 빠른 원거리 의사소통 수단을 욕망하게 되었습니다. 그 과정에서 문자와 사진 전송에 이용되는 기술인 팩스로 대표되는 '전신', 그리고 음성을 전기신호로 바꿔 먼 곳으로 전송하고 그 신호를 다시 음성으로 재생하여 원거리 간 통화를 가능하게 한 '전화'가 발명됩니다. 이로써 원거리에서도 즉시 의사소통이 가능해졌지만, 문제는 사무실이나 집 등 전화기가 설치된 특정장소에서만 가능하다는 것! 사람들은 어디서든 자신이 원할 때 의사소통을 하기를 원했고, 결국 휴대폰으로 대표되는 이동통신

서비스가 생겨나게 된 것입니다.

중요한 것은, 이동통신의 진화가 의사소통 기능에만 국한하지 않았다는 사실입니다. 스마트폰이라는 작은 기기는 인터넷과 이동통신의 운명적인 만남을 통해 세상을 뒤바꿔놓습니다. 인간은 디지털 기술을 통해 소통의 욕망을 뛰어넘어 정보를 포획하는 욕구까지도 실현합니다. 스마트폰만 손에 쥐면 못할 게 없는 '초연결 시대'에 진입하게 된 것이지요.

당신은 오늘도 단골 카페에서 계약을 체결했습니다!

법률가인 필자가 의사소통과 정보의 역사를 장황하게 말씀 드린 이유는, 여기에 법률행위 가운데 하나인 '의사표시'의 문제가 담겨 있기 때문입니다. 의사표시를 하지 않고 살아가는 사람은 세상에 거의 없을 텐데요. 누구나 하루에도 수백 번씩 의사표시를 하지만 그 안에 어떤 법적 의미가 담겨있는지 알아내기란 쉽지 않을 뿐더러, 또 모든 의사표시마다 법적 의미를 새길 필요도 없겠습니다. 하지만, '계약(contract)'이란 법률행위를 할 때는 상황이 달라집니다.

가만히 생각해보면 우리의 삶은 크고 작은 계약행위의 연속이라 해도 과언이 아닙니다. 계약 과정에서의 의사표시를 구체적으로 살펴보면 수긍이 갑니다. 계약을 체결하기 위해서는 당사자 간 청약과 승낙의 의사표시가 필요한데요. 우리가 거의 매일 습관처럼 사마시는 커피를 예로 들어보겠습니다.

카페에 들어가면 다양한 커피 종류와 금액이 메뉴판에 안내되어 있습니다. 이는 카페 주인이 나를 포함한 고객에게 청약의 의사표시를 한 것으로 볼 수 있습니다. 다시 말해서 '아이스 아메리카노 3,000원에 판매합니다. 사시겠어요?'라는 의사표시입니다. 내가 메뉴판을 보고 아이스 아메리카노를 선택한 후 카운터에서 신용카드를 내미는 것은 '청약에 승낙합니다'라는 의사표시입니다. 이렇게 청약과 승낙의 의사표시를 통해 아이스 아메리카노 구매 계약이 성립하는 것이지요.

이처럼 대면으로 이뤄지는 계약상의 의사표시는 별 문제가 없습니다. 그 자리에서 청약과 승낙의 의사표시가 바로 이뤄지니까요. 그런데 원거리 의사표시라면 얘기가 복잡해지기 시작합니다. 여기서 '민법'이 규정하는 '발신주의'와 '도달주의'라는 개념이 등장합니다.

다른 예를 들어 보겠습니다. 내가 충주에서 사과 농장을 하는 A에게 '사과 15kg을 15만 원에 사고 싶다'는 내용의 편지를 우편으로 보냈습니다. A는 이 편지를 받고 '제안한 조건에 팔겠다'는 답신을 역시 우편으로 보냈습니다. 그런데 중간에서 A의 답신을 나에게 배달하던 우편배달원이 편지를 분실한 나머지 결국 나에게 A의 답신이 도착하지 않았습니다. 이 경우 나와 A 사이의 사과 판매 계약은 성립할까요? 나의 청약의 의사표시가 A에게 도달했고, A의 승낙의 의사표시는 발송은 됐지만 나에게 도달하지 않았습니다.

'도달주의'는 A가 한 승낙의 의사가 나에게 도달했을 때, '발신주의'는 A가 승낙의 의사를 나에게 표시했을 때 각각 계약이 성립합니다. 그러니까 위 사례에서 '발신주의'에 따르면 계약이 성립되어 계약의 내용대로 당사자 간 이행할 의무가 생기지만, '도달주의'에 따르면 계약은 성립되지 않는 것입니다.

'민법'은 의사표시의 효력 발생 시기에 대하여 '도달주의'를 원칙으로 하지만, 우편과 같이 원거리에서 이뤄지는 의사표시의 경우에는 예외적으로

'발신주의'를 채택하고 있습니다. 따라서 원거리에서 행해진 나와 A 사이의 사과 판매 계약은 발신주의에 따라 성립한 것이 됩니다.

그런데 좀 이상합니다. '아니, 요즘 누가 우편으로 계약을 체결해?' 전 세계 어디에서도 인터넷만 연결하면 발신과 도달 간 시차 발생 없이 즉시 계약 체결이 가능한데 말입니다. 그렇습니다. 지금처럼 인터넷 사용이 일상화된 초연결 사회에서 '민법'이 규정한 의사표시의 효력 발생 시기는 새로운 국면을 맞게 되었습니다. 인터넷이 없던 시절에 제정된 '민법'이 정한 발신주의와 도달주의를 그대로 적용할 경우, 불합리한 결과가 초래되는 이유입니다.

열어보지 않은 이메일의 책임 공방

정보통신 기술이 발달하지 못했던 과거에는 멀리 있는 사람들에게 '즉시' 의사표시를 하지 못해서 불편했습니다. 반면, 현대인들은 다양한 의사표시로 가득한 이메일의 홍수 속에서 살아갑니다. 그러다 보니 이메일을 일일이 확인하지 못하거나 자신도 모르게 스팸함에 보관되어 있던 걸 뒤늦게 발견하기도 합니다. 여기서 드는 의문점! '내가 열어보지 않은 이메일도 받은 것만으로 의사표시의 효력이 발생할까?' 결론부터 말해서, 원칙적으로 그렇습니다.

예를 들어보겠습니다. 재택근무 중 회사에서 내가 사용하는 이메일로 갑자기 해고통지를 받았습니다. 그런데 일이 바빠서 해고통지 이메일이 온지도 모르고 있었습니다. 이 경우 회사의 해고통지 의사표시는 내 메일함에 수신되었을 때 효력이 생길까요? 원칙적으로 그렇습니다. '전자문서 및 전

이메일의 홍수 속에서 이메일을 일일이 확인하지 못하는 경우가 다반사다. 심지어 업무상 중요한 이메일이 자신도 모르게 스팸함에 보관되어 있는 걸 뒤늦게 발견할 때도 적지 않다. 이 경우 내가 열어보지 않은 이메일도 받은 것만으로 의사표시의 효력이 발생할까?

자거래 기본법'(이하 : '전자문서법')은 '도달주의'를 원칙으로 하면서, 수신자가 관리하는 이메일 주소로 전자문서가 입력된 때 전자문서가 도달된 것으로 추정한다고 규정하고 있습니다. 수신인이 전자문서가 도달된 사실을 알지 못한 때도 마찬가지입니다. 그런데 만약 회사가 해고통지 메일을 보냈는데 내 이메일에서 내가 사용하는 이메일 시스템이 자동으로 나도 모르게 스팸함으로 보내는 바람에 확인할 수 없었다면? 그 때는 내가 스팸함에 이메일이 들어간 것을 알고 그 이메일을 현실적으로 열어볼 수 있었을 때부터 효력이 발생한다 하겠습니다.

물론 '근로기준법'은 해고사유와 해고시기를 '서면'으로 통지하라고 규정하고 있기 때문에, 서면으로 통지해야만 해고의 효력이 발생합니다. 반면 '전자서명법'은 종이문서보다 HWP한글, MS워드, PDF 등의 파일로 업무가 오가고, 이메일, 카카오톡 등으로 의사소통이 이뤄지는 현실을 반영합니다. 즉, '특별한 규정이 있는 경우를 제외하고는 전자적 형태로 되어 있다는 이유로 문서로서의 효력이 부인되지 아니한다'라고 규정합니다. 원칙적으로 전자문서도 종이문서와 같은 효력을 갖는다는 것이지요. 그렇기 때문에 법에서 정한 내용을 모두 포함하였다는 전제 하에, 이메일로 해고 통지를 하는 것도 서면 통지를 한 것과 동일한 효력을 갖게 되는 것입니다.

한편, 이메일을 전송한 것만으로 의사표시 효력이 발생하도록 하면 일방에 불리하기 때문에 예외적으로 취급하는 경우도 있습니다. '상법'에서는 보험료가 연체되면 보험회사는 상당기간을 정하여 보험계약자에게 최고(=독촉을 통지하는 일)하고, 그 기간에도 보험료를 내지 않으면 계약을 해지할 수 있다고 규정하고 있는데요. 이에 따라 연체된 보험료 납부 최고를 이메일로 하였을 때, 그 이메일 내용을 보험계약자가 실제로 확인하지 않았다면 최고의 효력이 발생했다고 보지 않습니다. 보험계약자가 메일을 확인하지 못하고 있는 사이 상당기간이 지나서 보험계약이 해지되어 버리면 보험계약자에게는 예상치 못한 손해가 발생하니까요. 따라서 보험회사로서는 보험계약자가 이메일을 열어보지 않은 것까지 확인해서 직접 전화하거나 등기우편 등으로 알려줘야 합니다. 그렇게 보험계약자 본인이 연체된 보험료 납부 독촉사실과 언제까지 납부를 하지 않으면 보험계약이 해지된다는 내용을 실제로 확인했음에도 불구하고 보험료를 납부하지 않아야 비로소 보험계약이 해지되는 것이지요.

놓치기 쉬운 의사표시 중에는 '약관'도 있습니다. 앱을 다운 받아 회원가입을 할 때 약관을 꼼꼼히 읽어보는 경우는 드뭅니다. 그저 기계적으로 '동의란'을 클릭하고 넘기는 게 다반사지요. 하지만 그 가벼운 '동의란' 클릭이 약관 전체를 승낙한다는 무거운 의미를 지닌다는 것을 실제로 체감하기가 쉽지 않습니다. 대부분의 약관은, 내용이 지나치게 많은 대신 글씨는 깨알 같아서 도저히 읽어볼 엄두가 나지 않습니다. 나에게 불리한 내용이 있더라도 사정은 다르지 않습니다. 그렇기 때문에 공정거래위원회(이하 '공정위')에서는 약관이 소비자에게 불리한지 여부를 심사합니다.

공정위는 2021년 초에 온라인동영상 서비스(OTT) 플랫폼 사업자의 서비스 이용약관을 심사해서 불공정 약관 조항을 시정하도록 한 바 있습니다. 문제가 되는 것 중에는 유료서비스 요금 및 내용을 변경할 때, 고객 고지 또는 동의 없이 사업자가 임의로 수시 변경할 수 있도록 하는 약관 조항이 있었습니다. 구독서비스를 결제한 이후 매달 고객이 알아채지 못하는 사이 서비스 요금이 인상될 수 있었던, 고객에게 명백히 불리한 조항이었지요. 이에 공정위에서는 가격을 인상할 때 고객이 사전에 동의하지 않으면 구독이 갱신되지 않도록 시정조치를 내렸습니다. 서비스의 중요한 내용을 바꿀 경우 사전 고지 또는 통지하도록 약관을 변경시킨 것입니다.

가벼운 클릭이 결코 가볍지 않은 이유

더욱 멀리, 더욱 빠르게, 더욱 많은 정보를 전달하고픈 인간의 욕망은 끝이 없어 보입니다. 최근에는 한 걸음 더 나아가 얼마나 간편하게 필요한 정보를 습득하여 의사를 전달하는가로 기술 발전이 모아지고 있습니다. 이를테면 우리는 이미 스마트폰에 설치된 앱을 통해서 쇼핑도 하고, 보험 가입도 하며, 심지어 통장 개설이나 송금은 물론 주식투자도 합니다. 다양한 계약들이 터치 몇 번으로 체결되는 것입니다. 이 모든 게 쉽고 간편합니다. 심지어 이용자가 하는 말과 그 의도를 파악하는 인공지능 시스템이 개발되어 대신 계약을 체결해 주기도 합니다. 아마존의 '알렉사'와 같은 인공지능 비서가 여기에 해당합니다. '알렉사'는 이용자를 대신해 물건을 주문하는 일 등을 수행합니다.

알렉사가 '그리 똑똑하지 않았던' 2017년 초에 벌어진 일입니다. 미국의 6살 어린이가 '알렉사'에게 장난감과 쿠키를 사달라고 말한 주문결제가 승인되어, 한화로 18만 원 상당의 인형의 집 장난감과 1.8kg의 쿠키가 배달된 일이 있었습니다. 여기에 더해, 이 사건을 다룬 뉴스에서 "알렉사 나에게 인형의 집을 선물해줘"라는 아나운서의 마무리 발언을 알렉사가 주문으로 인식하여 결제를 진행한 해프닝까지 벌어졌습니다. 당시 아마존은 주문을 취소하고 환불처리해 줬지만, 이 에피소드는 법률가들에게 디지털 환경에서 '의사와 표시가 일치하지 않는 경우 법적인 책임을 누구에게 물을 것인가?'라는 중요한 질문을 던졌습니다.

인공지능 비서 시스템상의 문제가 명백하다면 서비스 제공자가, 이용자의 과실임이 분명하다면 이용자가 각각 책임지면 될 일이지만, 문제는 누구의 책임으로 돌리기 어려운 애매한 상황이 적지 않게 일어난다는 점입니다. 무엇보다도 인공지능 알고리즘이 불공정거래를 유도할 가능성을 배제할 수가 없습니다. 이를테면 알렉사를 이용해 주문할 경우, 아마존을 통해서만 물품 구매가 이뤄지도록 하는 식입니다. 불공정한 인공지능 알고리즘을 감독할 수 있는 제도적 장치가 반드시 필요한 이유입니다.

디지털 환경에서 발생하는 수많은 계약 혹은 의사표시가 얼마나 자주 우리의 의도와 달리 체결되거나 전달되고 있는지, 또 이로 인해 얼마나 많은 손해가 발생하는지를 곰곰이 따져볼수록, 가벼운 클릭(터치) 한 번이 결코 가볍지만은 않음을 되새기게 됩니다. 디지털과 자본주의가 결탁한 세상이 우리에게 보내온 불공정한 의사표시입니다.

미국의 6살 어린이가 아마존의 인공지능 비서
'알렉사'에게 장난감과 쿠키를 사달라고 말한 주문결제가 승인되어,
한화로 18만 원 상당의 장난감과 1.8kg의 쿠키가 배달된 일이 있었다.
대수롭지 않아 보이는 이 에피소드는,

법률가들에게 디지털 환경에서
'의사와 표시가 일치하지 않는 경우
법적인 책임을 누구에게 물을 것인가?'라는
중요한 질문을 던졌다.

개미들이여, 지금 당장 온라인 주주총회를 사수하라!

- 원격 주주총회에 관한 소심한 입법청원 -

코로나19가 한창이던 2020년 9월경 미국의 전기차 회사 테슬라는 '배터리 데이' 행사를 겸한 정기 주주총회를 열었습니다. 사전 추첨으로 선발된 주주 240명은 캘리포니아주 프리몬트 공장 주차장에서 테슬라 자동차에 탑승한 채 비대면으로 주주총회에 참여했습니다. 일론 머스크(Elon Musk)가 등장하자 주주들은 자동차 경적을 울리며 반겼습니다.

현장에 오지 못한 주주들은 유튜브 생중계를 통해 주주총회에 참여했습니다. 글로벌 기업 테슬라에는 '서학 개미'뿐만 아니라 수많은 '동학 개미'도 올라타 있습니다. 로이터 통신은 이날 온라인 생중계 접속자가 27만 명을 기록했다고 전했습니다.

당시 테슬라의 주주총회는 원래 7월로 예정되어 있었지만 코로나19 확산 여파로 두 달이 연기된 것이었습니다. 테슬라는 사회적 거리두기를 고려해 소수의 주주는 '드라이브인(drive-in)' 방식으로, 대다수 주주들은 원격으로 주주총회에 참여할 수 있도록 했습니다.

미국 캘리포니아에서 멀리 떨어진 대한민국에 사는 동학 개미인 필자도 테슬라의 주주총회를 지켜보았습니다. 우리 삶과 관련된 많은 활동이 비대면으로 전환되고 있음을 새삼 느끼며, 온라인 생중계로 개인 투자자들도 장소에 구애 받지 않고 기업의 의사결정 과정을 지켜볼 수 있다는 것이 반가웠습니다.

대기업들이 연 온라인 주주총회가 합법적이었던 까닭

매년 3월은 기업들의 정기 주주총회 시즌입니다. 코로나19 확산세가 한창이던 시기에는 대규모 모임이 금지되었지만 정기 주주총회는 '상법'상 공적 모임으로 분류되기 때문에 특정 인원 이상 사적 모임이 금지되더라도 개최할 수 있습니다. 우리 정부는 2021년 1월에 방역수칙을 준수할 경우 주주총회를 개최할 수 있도록 하는 지침을 마련했습니다.

하지만 코로나19가 걷잡을 수 없이 확산되었던 시기에는 주주총회가 열려도 골머리깨나 아팠을 것입니다. 많은 주주를 한자리에 모을 경우 일일이 체온을 측정하고 마스크를 제대로 썼는지 확인해야 하는 것에서부터, 만일 주주총회를 통해 확진자가 나올 경우 법적 책임을 어디에 물어야 할지까지 적지 않은 논란이 예상되었기 때문입니다.

이쯤 되면 당연히 '도대체 지금이 어느 시대인데…… 이제 구글밋(Google Meet)이나 줌(Zoom)으로 원격 화상 주주총회를 하면 되지 않을까?'하는 생각이 들 것입니다. 전 세계인이 지켜본 테슬라의 원격 주주총회처럼 말입니다.

우리나라에서도 미국처럼 원격 주주총회가 가능할까요? 결론부터 말하

당시 주주총회에 참석해
사업 설명 중인 테슬라 CEO
일론 머스크.

코로나19가 한창이던 2020년 9월에 열린 테슬라의 '배터리데이' 행사를 겸한 정기 주주총회. 사전 추첨으로 선발된 주주 240명이 미국 캘리포니아 주 프리몬트 공장 주차장에서 테슬라 자동차에 탑승한 채 비대면으로 현장에서 주주총회에 참여했다. 현장에 오지 못한 주주들은 유튜브 생중계를 통해 주주총회에 참여했는데, 로이터 통신은 이날 온라인 생중계 접속자가 27만 명을 기록했다고 전했다.

면 우리나라에서는 현행법상 아직 원격 주주총회는 불가능합니다. 관련 법률을 살펴보겠습니다. '상법' 제364조에서는 "총회는 정관에 다른 정함이 없으면 본점 소재지 또는 이에 인접한 지에 소집하여야 한다"라고 규정하고 있습니다. 즉, 주주총회를 특정 '물리적 장소'에서 열어야 한다고 '상법'이 명문으로 규정하고 있는 것입니다.

그런데요, 코로나19가 한창이던 2020년에 SK텔레콤이 국내 기업 최초로, 또 2021년에는 삼성전자와 현대자동차 등이 온라인 주주총회를 개최한 적이 있습니다. 현행법상 원격 주주총회는 불가능한데 기업들은 어떻게 온라인 주주총회를 열 수 있었던 걸까요?

엄밀히 말하면 기업들이 개최한 온라인 주주총회는 원격 주주총회라고 볼 수 없습니다. 온라인만으로 진행하는 버츄얼(virtual) 방식이 아닌, 현장 주주총회와 온라인 생중계를 병행하는 하이브리드(hybrid) 방식이기 때문입니다. 만약 기업들이 온라인만으로 주주총회를 열었다면 '상법' 위반으로 해당 주주총회에서 결의한 안건들이 효력상 문제가 되었을 가능성이 큽니다.

그래서 당시 몇몇 국내 기업들은 특정한 장소에서 주주총회를 개최하여 '상법'을 준수하고, 이를 온라인으로 생중계함으로써 보다 많은 주주가 주주총회 진행 과정을 지켜볼 수 있도록 한 것입니다. 다시 말해 아직 완전한 온라인 방식의 주주총회는 개최할 수 없지만, 오프라인 개최와 온라인 방식을 병행하고 '전자투표제도'를 운영하는 방식으로 주주총회를 개최하는 것이 그나마 '상법'의 범위 내에서 가장 온라인 주주총회에 가까운 진행 방식인 셈입니다.

자, 그러면 한 걸음 더 들어가 주주총회 안건에 대한 투표 진행 방식을 살펴보겠습니다. 총회 현장에 있는 주주는 안건에 대한 정보와 세부 논의 사항을 듣고 그 자리에서 투표에 참여하게 됩니다. 그러나 온라인 생중계로 참여한 주주들은 어떨까요? 마찬가지로 생중계되는 논의 내용들을 듣고 그 자리에서 투표에 참여할 수 있을까요? 안타깝게도 그렇지 못합니다. 전자투표 플랫폼서비스를 통해서 주주총회 개최 10일 전부터 회의 전날까지 의안별로 전자투표를 하게 됩니다. 즉, 미리 의결권 행사를 마친 상태에서 인터넷으로 주주총회 생중계를 보는 것입니다.

전자투표를 마친 이후에는 자신의 결정을 철회하거나 변경할 수 없습니다. '상법'에서 이를 허용하지 않기 때문에 온라인으로 주주총회를 지켜보는 과정에서 자신의 입장이 바뀌었더라도 그것으로 그만입니다. 한마디로 '낙장불입'이지요. 이를테면 주주총회 과정에서 사전에 자신이 취했던 전자투표 결정이 잘못되었다고 판단되어도 이를 철회할 방도가 없습니다.

한편, 주주총회와는 달리 이사회의 개최는 원격으로도 가능합니다. '상법' 제391조 제2항에서는, "정관에서 달리 정하는 경우를 제외하고 이사회는 이사의 전부 또는 일부가 직접 회의에 출석하지 아니하고 모든 이사가 음성을 동시에 송·수신하는 원격통신수단에 의하여 결의에 참가하는 것을 허용할 수 있다. 이 경우 당해 이사는 이사회에 직접 출석한 것으로 본다"라고 규정하고 있습니다.

그런데 말입니다. 법이라는 게 참 모호할 때가 많습니다. 대한민국의 법률은 당연히 한글로 쓰여 있기 때문에 한글을 깨우친 사람이라면 누구에게라도 의미 전달이 정확할 것 같지만, 실은 그렇지 않은 경우가 적지 않습니다. 법률가들 사이에서는 법 조항의 해석을 둘러싸고 심각한 다툼을 벌이기도 합니다.

주주총회에 관한 '상법' 제364조 규정을 다시 한 번 살펴보겠습니다.

"총회는 정관에 다른 정함이 없으면 본점 소재지 또는 이에 인접한 지에 소집하여야 한다."

법 조항 안에는 어디에도 원격 주주총회를 금지한다는 말이 없습니다. 하지만 '온라인만'으로 주주총회를 허용한다는 내용 또한 어디에도 없습니다. 여기서부터는 법 조항에 대한 해석의 영역입니다. '상법' 제391조에서 원격 이사회 근거규정을 별도로 둔 것을 보았을 때, 주주총회에 관한 '상법' 제364조는 이른바 '열거주의'를 취하고 있다고 보아야 합니다. 법에 명문으로 '열거'하지 않는 것은 허용하지 않는다는 태도입니다. 이를테면 '상법'에서 '원격 주주총회'를 명시적으로 '열거'하고 있지 않기 때문에 '원격 주주총회'를 허용하지 않는다는 것이지요. '원격 주주총회'를 허용하려면 '상법' 제391조 이사회 규정에서처럼 '음성을 동시에 송·수신하는 원격통신수단에 의하여 결의에 참가하는 것을 허용할 수 있다'라고 명시하고 있어야 한다는 것입니다. 결국 원격 주주총회가 적법한 효력을 가지려면, 국회에서 '상법'의 해당 조항을 개정하는 것 말고는 방법이 없겠습니다.

물론 디지털이 모든 세상사에 있어서 정답은 아닐 것입니다. 그럼에도 불구하고 디지털로의 전환이 거스를 수 없는 시대의 흐름임을 부정할 수는 없습니다. 학생들은 이미 줌으로 원격 수업을 받고 있고, 많은 직장인이 재택근무를 하고 있으며, 한시적이지만 병원에서 비대면 진료를 허용했습니다. 그리고 국내 유수의 기업들이 현행 '상법'에 어긋나지 않는 선에서 온라인 주주총회와 전자투표를 병행하겠다고 밝혔고, 앞으로도 이러한 온라인 주주총회가 더욱 활성화될 것으로 보입니다.

이런 때에 기업이 주주총회를 화상으로 개최할 수 있도록 하는 법적 근거를 마련하고 기술적 준비를 갖추는 것이야말로 더 이상 미룰 수 없는 갈급한 일이라 하겠습니다. 다행히 최근 국회와 정부부처에서 비대면이 일상화되는 시대를 대비한 다양한 법안이 발의되고 있다고 합니다. 원격 주주총회뿐 아니라 국회의 셧다운을 대비한 원격 의회 도입 등에 대한 논의도 이어지고 있습니다.

버츄얼 주주총회의 법적 근거가 마련되면 어떤 변화가 일어날까요? 우선 기업은 코로나19와 같은 팬데믹 상황 속에서도 중요한 의사결정을 신속하게 진행할 수 있습니다. 또 전 세계 주주들이 공간의 제약 없이 온라인상에서 주주총회에 참여할 수 있습니다. 필자와 같은 '개미'가 여유롭게 커피 한 잔을 앞에 두고 화상 주주총회를 지켜보며 의결권을 행사할 날이 머지않아 다가올 것을 기대해 봅니다.

정기 주주총회를 생략하는 스타트업 기업들, 법적으로 괜찮을까?

매년 3월은 '정기 주주총회 시즌'입니다. 대다수 기업들은 정기 주주총회 준비에 분주한 반면, 자본 규모가 작은 벤처·스타트업 기업 중에는 정기 주주총회를 열지 않고 그냥 넘기는 경우가 비일비재합니다. 그런데요, 당장 문제가 발생하지 않는다고 해서 쉽게 넘길 일이 아닙니다.

'상법' 제365조 제1항에서는 정기 주주총회를 매년 1회 일정한 시기에 소집해야 할 의무를 규정하고 있는데요. 이러한 의무 규정을 위반하여 정기 주주총회를 소집하지 않은 경우, 대표이사는 500만 원 이하의 과태료를 부과 받을 수 있습니다.

또한 대표이사가 정기 주주총회 소집을 하지 않는 것은, '상법'이 정한 대표이사로서 해야 할 임무를 다하지 않은 것이 명백하기 때문에, 경우에 따라서는 주주들이 대표이사의 해임까지 요구할 수 있습니다.

정기 주주총회에서는 전 회계연도 재무제표의 승인에 관한 결의가 이뤄지는데요. 정기 주주총회가 개최되지 않는다면, 이익잉여금처분계산서의 승인이 이뤄지지 않기 때문에 회사가 주주들에게 배당을 할 수 없게 됩니다. 그럼에도 불구하고 정기 주주총회 개최 없이 임의로 주주들에게 배당을 했다면 대표이사 등에게 업무상 배임죄가 성립될 수 있음을 반드시 기억해둬야 합니다. 그러니 아무리 자본 규모가 작은 스타트업 기업이라도 정기 주주총회는 반드시 챙겨야 합니다.

금융거래 보호를 위해 당신의 눈에 건배를

- 생체인식에 얽힌 디지털 에피소드 -

아무리 '금쪽같은 내 새끼'라도 부모의 신용카드를 허락 없이 쓰는 건 불법입니다. 만약 이 일로 문제가 불거질 경우 신용카드 명의자인 부모, 몰래 쓴 자녀, 그리고 사업자 가운데 누가 법적 책임을 져야 할까요? 자녀가 엄마의 개인정보로 쇼핑몰 앱에 회원가입을 한 뒤 엄마 명의 신용카드로 몰래 옷을 구매한 경우를 예로 들어보겠습니다.

먼저 이 거래행위의 당사자부터 따져보면, 쇼핑몰 앱을 운영하는 회사와 엄마라고 할 수 있습니다. 카드로 물건을 산 자녀가 왜 거래행위의 당사자가 아니냐고요? 회사로서는 실제로 옷을 구입하여 신용카드로 결제한 행위자가 자녀인지 알 길이 없습니다. 그저 가입된 회원과 결제된 신용카드의 명의자인 엄마를 계약의 당사자라고 여길 수밖에요. 정작 엄마는 이러한 일이 벌어지고 있다는 걸 까맣게 모르고 있을지라도 말입니다.

자, 여기서 조금은 생소한 법률용어가 등장합니다. 엄마의 카드를 몰래 사용해서 옷을 구입한 자녀는 '무권대리인'일 가능성이 있습니다. 무권대리인(無權代理人)이란 '대리권이 없으면서 대리인이라 칭하고 대리권을 행사하는 사람'을 뜻합니다. 엄마 명의 카드를 '대신' 사용해 옷을 구입한다는 것에 대해 엄마 허락을 받지 못했으니 자녀는 무권대리인이 될 수 있는 것이지요.

'민법'상 무권대리인의 계약은 원칙적으로 무효입니다. 그러니까 무권대리인인 자녀가 엄마 몰래 회사와 체결한 옷 구매 계약은 효력이 발생하지 않습니다. 이 경우 이미 체결된 계약이 없던 일이 되어버림으로써 회사는 피해를 입게 되는데, '민법'은 이를 대비해서 무권대리인에게 계약상 책임을 지도록 하고 있습니다. 그렇다면 자녀는 결국 회사에 옷값을 다시 지불하는 등의 책임을 져야 할까요? 아마 그런 일은 일어나지 않을 것입니다. 엄마는 자녀가 몰래 옷을 샀다는 것을 카드 사용명세를 통해 뒤늦게 알게 되겠지만 잔소리로 그칠 것이기 때문입니다. 즉, 엄마가 '민법'상 무권대리 법리를 들어 자녀의 행위를 무효라고 주장함으로써 회사가 무권대리인인 자녀에게 책임을 묻는 일은 발생하지 않을 것입니다. 결국 자녀의 무권대리 행위에 대해 엄마가 별말 없이 넘어감으로써 무효가 될 뻔한 계약에 효력이 발생하게 됩니다. 이렇게 자녀가 엄마 몰래 옷을 사는 일 정도는 모른 척 눈감아 줄 수 있지만, 이 무권대리 행위를 다른 금융거래로 확장하면 일이 심각해집니다.

불법행위까지 디지털로 전환되는 웃픈 세상

2015년경 금융위원회는 비대면 인증을 이용한 실명확인방식을 허용했습니다. 이로써 휴대폰만 있으면 터치 몇 번으로 계좌를 만들고, 하루 24시간 어디서나 간편하게 대출을 받을 수 있게 되었습니다.

은행들은 비대면 금융거래의 비중을 큰 폭으로 늘리고 있는데요. 비대면 금융거래가 증가할수록 직원과 점포 수가 줄어들어 인건비 절감 효과를 누릴 수 있습니다. 실제로 코로나19가 터지면서 시중은행의 비대면 금융거래는 더욱 가파르게 증가했습니다. 은행권에 따르면, 2021년 6월 기준 은행의 주요 금융상품인 예·적금과 신용대출의 비대면 비중이 무려 70~80%에 달하는 것으로 나타났습니다.

문제는 금융거래가 간편해질수록 앞에서 살펴본 무권대리 행위도 쉬워진다는 것입니다. 비밀번호만 알아내면 어디서나 쉽게 금융거래를 할 수 있는데요. 비대면 금융거래의 허점을 노린 보안사고가 급증하고 있는 것은 금융권에서의 무권대리 행위가 심각해졌음을 방증합니다.

코로나19가 한창이던 2020년 6월경, 수많은 가입자를 보유한 한 온라인 금융 사이트에서 이용자의 동의 없이 938만 원이 결제되는 사고가 발생했습니다. 이용자도 모르는 사이 온라인 결제가 일어난 것입니다. 이 부정결제는 모바일이 아닌 웹사이트에서 발생했습니다. 계좌 비밀번호와 휴대폰 정보를 모두 확인하는 앱과 달리, 웹사이트는 이름과 생년월일, 전화번호 등의 개인정보와 숫자 비밀번호만 입력하면 되므로 여러모로 사고에 취약할 수밖에 없습니다. 당시 금융회사는 피해 고객에게 즉시 돈을 환급한 뒤 이상결제 감지시스템을 더욱 강화하겠다는 입장을 밝히는 선에서 사태를 수습했습니다.

이후 대형 금융회사의 비대면서비스마저 속수무책 뚫리는 일이 벌어졌습니다. 비대면 금융거래의 허점을 이용해 타인의 명의를 도용하여 은행과 보험사에서 1억1,400만 원을 대출 받은 사건입니다. 가해자 A는 피해자의 운전면허증 정보를 알아내 사진만 바꿔 넣은 위조신분증을 만든 뒤 피해자 명의로 휴대폰을 개통하고, 이를 공인인증서 발급과 대출 등에 도용했습니다. 본인 명의 휴대폰 인증 등을 간단히 통과한 것입니다. A는 인터넷전문은행 등에서 비대면으로 계좌 6개를 개설해 대출금을 빼가기까지 했습니다.

이 금융사고에 '무권대리' 법리를 적용해 보겠습니다. A는 피해자의 동의 없이 비대면으로 피해자의 명의로 대출을 받았습니다. 이 대출 계약의 당사자는 계약 명의자인 피해자와 은행이지만, 무권대리이기 때문에 계약은 무효가 될 수 있습니다. 그렇게 되면 다행히 피해자는 가해자 A가 무단으로 받은 대출을 갚을 의무가 없어집니다.

그러나 문제는 '전자문서 및 전자거래 기본법'(이하 '전자거래법')상 전자거래의 안전성과 신뢰성 확보를 위한 특별 규정이 마련되어 있다는 것입니다. 아무리 A가 위조신분증 등으로 피해자 명의 공인인증서를 무단으로 발급 받았다고 하더라도 비대면 전자문서로 이뤄진 대출계약서에서 은행이 공인인증서를 통해 피해자가 본인인 것으로 확인한 이상 은행은 피해자 본인의 의사에 기한 것이라고 믿을 수밖에 없다는 것입니다. 그러니 피해자 명의로 체결된 대출계약은 유효가 되는 것입니다. 피해자로서는 억울하기 짝이 없습니다.

최근 금융권에서는 대면으로 해오던 업무를 비대면으로 간편하고 신속하게 처리하는 디지털 전환이 대대적으로 이뤄지고 있습니다. 이로 인해 무권대리까지 덩달아 별다른 제재 없이 디지털로 전환(!)되는 일들이 벌어지고 있는 것입니다.

이와 관련하여 DGB대구은행의 사례는 주목할 만합니다. DGB대구은행은 2020년 5월 '안면인식기술 활용 비대면 계좌개설 서비스'로 금융위원회에서 혁신금융 서비스 지정을 받았습니다. 이를 통해 비대면 금융거래시 먼저 신분증 진위 확인시스템을 통해 주민등록증과 운전면허증 사진의 위·변조를 확인합니다. 문제가 없으면 고객이 앱에서 셀카로 찍은 사진과 대조하여 사진 속 인물과 서비스를 실제 이용하는 사람이 일치하는지 다시 한 번 확인합니다. 신분증 사진 위조를 원천적으로 차단하는 방식입니다.

20년 전 스필버그의 상상력에 경이를

2002년에 나온 스티븐 스필버그(Steven Spielberg)가 연출한 〈마이너리티 리포트〉란 영화에서는 홍채 인증 장면이 등장합니다. 영화 속 배경은 2054년인데요. 이 미래사회에서는 홍채로 개인의 신원을 판별합니다. 인간의 생체인 눈이 곧 신분증이 된 셈이지요. 당시 영화를 볼 때만 해도 홍채인식이란 기술이 참 신기했는데 어느덧 우리는 영화 속의 세계에 살고 있습니다. 지문인식과 함께 홍채인식이 실제로 사용되고 있으니 말입니다.

현재 사용되고 있는 주요 생체인식 기술로는 지문, 얼굴, 정맥, 홍채, 음성 등이 있습니다. 현재 금융권에서는 손바닥 정맥을 등록하면 카드나 통장 없이 전국 ATM기 어디서든 입·출금이 가능하도록 하거나 목소리 톤과 억양 등 100개 이상의 특징을 분석해 고객을 식별하는 기술을 도입하고 있습니다.

신한은행은 얼굴인식만으로 결제가 가능한 '페이스페이(Face Pay)' 서비스를 선보였습니다. 무인등록기에 결제카드와 얼굴 정보를 최초 1회 등록 후, 페이스페이 가맹점에서 얼굴인식만으로 결제하는 방식입니다. 이 과정에서 얼굴의 특징점을 디지털 정보로 추출해 인공지능(AI) 알고리즘을 통해 본인을 확인하는 안면인식 기술이 활용됐습니다. 이제는 현금은커녕 신용카드나 휴대폰 없이도 '나'라는 것이 확인만 되면 은행 거래 뿐 아니라 필요한 물건을 살 수도 있게 된 것입니다.

철없던 시절 부모의 카드로 몰래 옷을 사거나 게임 아이템을 결제하는 '무권대리 행위'는 머지않아 옛 이야기가 될 것입니다. 결제하려면 부모의 생체정보가 반드시 필요하기 때문에 부모의 허락 없이는 결제가 어려워지기 때문입니다. 또한 타인의 신분증을 위조하거나 개인정보를 무단으로 사용해 불법으로 금융거래를 하는 것도 불가능에 가까워질 전망입니다. 전문가들은 생체인식 기술이 더욱 발달하면서 금융거래의 간편성과 안전성 두 마리 토끼를 잡는 날이 머지않았다고 관측합니다. 20년 전 스필버그의 상상력이 현실이 된 것입니다.

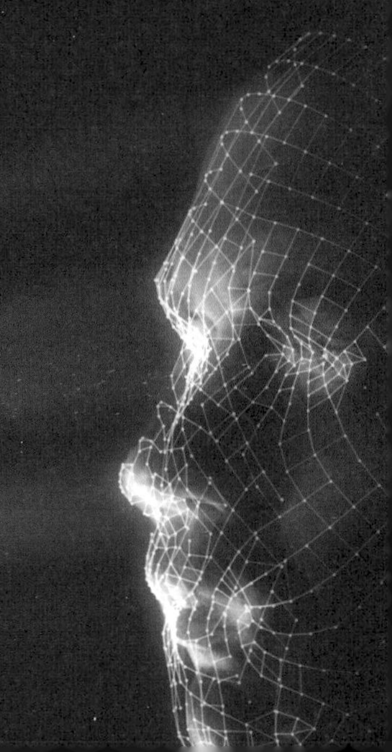

안면인식에 대한 중국과 미국의 서로 다른 민낯

코로나19가 안면인식 기술 발전을 앞당기는 계기가 되었음을 부인할 사람은 없을 것입니다. 특히 안면인식 기술은 금융업계에서 두드러집니다. 상용화에 들어간 은행권과 카드회사에 이어 증권사들도 안면인식을 통한 금융거래 서비스를 준비 중입니다.

안면인식 기술은 금융권에 그치지 않을 전망입니다. 외신에 따르면 러시아의 침공으로 위기에 처한 우크라이나에서는 전사자의 신원을 안면인식 기술로 확인한다고 합니다. 우크라이나인에게 안면인식이란 깊은 슬픔을 확인하는 부고장 같은 것인지도 모르겠습니다.

아무튼 안면인식으로 금융권에서 초래되는 다양한 불법행위를 예방할 수 있게 된 건 다행스런 일입니다. 하지만 안면인식에는 적지 않은 정보인권 침해 소지가 담겨 있음을 지적하지 않을 수 없습니다.

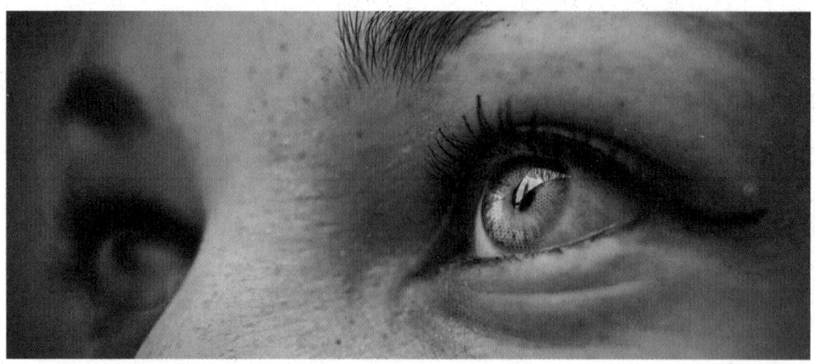

안면인식 발전은 개인의 생체정보 데이터를 얼마나 많이 축적해 놓았느냐가 관건입니다. 이런 이유로 안면인식이 하나의 성장 산업으로 가장 돋보이는 곳은 중국입니다. 중국의 안면인식 기업들은 14억 중국인의 생체인식 데이터베이스를 활용할 수 있는 특권을 누립니다. 정보인권의 사각지대인 중국이기에 가능한 일입니다. 이를 비판하는 목소리가 중국에서 제기되어 화제가 되기도 했는데요. 칭화대 교수로 재직 중인 법학자 라오둥옌(勞東燕)은 자신의 SNS를 통해 중국의 안면인식은 14억 중국인에게 채운 '전자 팔찌'와 다르지 않다고 일갈했습니다. 그의 글은 업로드된 지 2시간도 지나지 않아 삭제되었습니다.

한편, 다인종 국가인 미국에서는 안면인식 기술 확산이 마냥 달갑지만은 않습니다. 다양한 인종에 따라 안면인식 기술이 다르게 적용될 경우 자칫 인종차별 논란에 휩싸일 수 있기 때문입니다. 개인의 정보인권에 민감한 미국의 사회 분위기도 안면인식 기술 발전에 긍정적이라고 할 수 없습니다.

현재 진행 중인 구글의 '생체정보보호법(Biometric Information Privacy Act, BIPA)' 위반 관련 재판은 안면인식에 대한 미국의 현실을 그대로 투영합니다. 지난 2016년경 구글 포토 앱 이용자 5명이 안면인식 과정에서 얼굴의 유사성에 따라 그룹화하는 기능이 일리노이 주의 '생체정보보호법'에 위배된다며 구글에 소를 제기했습니다. 공방 끝에 구글은 결국 2022년 4월경 1억 달러(약 1,270억 원)의 배상금 지급 합의안을 일리노이 주 법원에 제출했습니다.

2008년 일리노이 주에서 공포된 '생체정보보호법'은, 기업이 개인의 안면·지문·홍채 등 생체정보를 사용·수집할 경우 당사자에게 사용 목적 및 보관 기간 등을 설명하고 사전 동의를 얻는 것을 의무화하고 있는데, 구글이 이 법을 어긴 것입니다.

아프니까 원격의료다?!

- 비대면 진료와 디지털 헬스케어에 관한 오해와 진실 -

'아프면 병원에 가.' 주변에서 흔히 듣는 말입니다. 그런데 이 말을 곱씹어 보면, 이렇게 이해할 수도 있겠습니다. '아파도 병원에 가지 않으면 의사에게 치료 받을 수 없어!'

그렇습니다. 실제로 '의료법'에서는, '의사 등 의료인은 병·의원과 같은 의료기관 내에서만 의료업을 할 수 있다'고 명시적으로 규정하고 있습니다. 이 법 조항에는 이른바 '원격의료'를 금지한다는 의미가 담겨 있습니다. 환자의 상태를 직접 관찰하지 않고 진료를 함으로써 의료의 질이 낮아지고, 적정한 진료를 받을 환자의 권리가 침해되는 것을 방지하는 데 해당 법 조항의 취지가 있습니다. 그런데요, 원격의료를 원칙적으로 금지한 '의료법'이 조금씩 흔들리는 듯합니다. 바로 코로나19 때문입니다.

원격의료가 코로나19를 기화로 사회적 화두가 된 건 사실이지만, 의료계에서는 2000년 초부터 꾸준히 논의되어 왔습니다. 이해관계자들 간의 팽팽한 입장 차이를 보이며 도입이 미뤄져 온 것이지요. 그러다 2020년 2월,

코로나19 팬데믹이 터지자 정부에서는 환자가 의료기관을 직접 방문하지 않고도 전화 상담으로 처방을 받을 수 있도록 조치를 취한 것입니다. 원격의료 중에서 비대면 진료가 한시적으로 허용된 것이지요. 국민이 의료기관을 직접 방문하면서 바이러스에 감염되는 위험을 막기 위한 조치였습니다. 같은 해 12월에는 '감염병의 예방 및 관리에 관한 법률'에 감염병 위기 경보가 '심각' 단계 이상인 경우에 비대면 진료를 허용하는 조항이 신설되기도 했습니다.

한편, 비대면 진료가 허용된 2020년 2월 24일부터 2022년 1월 5일까지 총 1만3,252개 의료기관에서 352만3,451건의 비대면 상담·처방이 이뤄졌습니다. 다행히 의료사고는 없었습니다. 이러한 분위기 속에서 '닥터나우', '굿닥' 등 다양한 비대면 진료 플랫폼서비스가 출현했습니다. 특히 비대면 진료와 처방약 배송서비스를 제공하는 '닥터나우'는 2020년 12월 서비스 개시 이후 현재까지 앱 다운로드 수만 100만 회를 넘은 것으로 알려졌습니다. 비대면 진료를 찾는 사람들이 그만큼 많았음을 방증합니다.

물론 비대면 진료는 한시적으로 허용되었기 때문에 이러한 플랫폼 또한 임시적으로만 운영이 가능합니다. 비대면 진료 허용시기가 끝나면 더 이상 합법적으로 서비스를 제공할 수 없습니다. 국회에 비대면 진료를 허용하는 내용의 '의료법' 일부 개정 법률안이 여럿 발의되어 있기는 합니다. 각 법률안의 구체적인 내용은 차이가 있지만, 큰 틀에서는 비대면 진료를 대면 진료의 보완 개념으로 다룹니다. 즉, 그 대상을 섬·벽지 등 의료기관 접근성이 떨어지는 지역에 거주하는 환자 및 1회 이상 대면 진료를 받은 만성 질환자와 같이 주기적 관리가 필요한 자 등으로 한정하고 있습니다. 따라서 법안이 통과되면 한시적이었던 비대면 진료 플랫폼서비스가 허용될 수 있지만, 서비스 내용은 축소될 가능성이 높습니다.

미국, 중국, 일본도 원격의료 허용, 그런데 우리는 왜?

외국의 경우가 궁금합니다. 우리 주변에 원격의료*가 시행되고 있는 나라들이 있습니다. 중국이 대표적입니다. 중국의 모바일 헬스케어 기업 DXY는 온라인 병원을 운영하고 있습니다. 중국 전체 의사의 70%에 달하는 200여만 명이 이 회사에 소속돼 모바일 메신저를 통해 유료로 환자를 진료합니다. 이 서비스를 이용하는 고객은 3,000만 명이 넘는다고 하니 어마어마하지요. 중국 정부는 2016년 원격의료를 전면(!) 허용했습니다. 이후 알리바바, 텐센트 등 빅테크들이 뛰어들어 다양한 헬스케어 서비스를 내놓고 있습니다. 알리바바 계열 앤트파이낸셜의 알리페이는 원격으로 약사와 상담하고 의약품을 배송 받을 수 있는 온라인 약국시스템인 '미래약국'을 운영합니다. 헬스케어업체 핑안굿닥터가 2018년 6월 선보인 무인 병원 '1분 진료소'는 의료용 인공지능(AI)과 스마트 약품 자판기로 구성됐습니다. 3m^2 넓이의 무인 진찰실에서 환자가 AI에게 증상을 말하면 원격지에 있는 의사가 추가 문진해 진단을 내리고 약을 처방합니다. 옆의 자판기에서 약을 바로 구매할 수 있는데, 미처 비치해놓지 못한 약은 앱(응용 프로그램)으로 주문하면 1시간 안에 집으로 배송됩니다.

중국에서는 원격의료 시장이 폭발적으로 성장하면서 부작용도 나타났습니다. 의사 확인을 거치지 않은 약 처방, 환자의 과거 병원 진료 기록을 확인하지 않고 환자가 직접 기재한 정보만 보고 비대면 약 처방을 내리는 등 편법 사례가 늘어난 것입니다. 당연히 오진 사례도 증가했습니다.

---

* 원격의료 및 유사 개념은 서비스마다 구체적인 내용에 차이가 있다. 여기에서는 가장 포괄적인 의미인 '원격의료'로 용어를 통일하여 사용한다. 자세한 것은 73쪽 [Digital Legal Box] 참조.

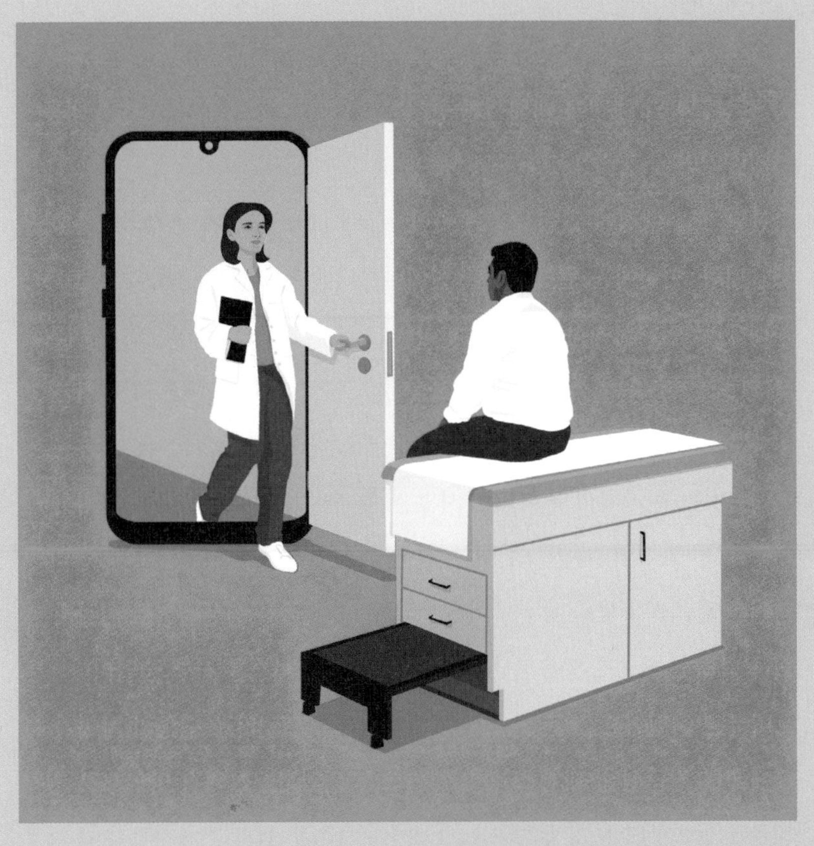

'아프면 병원에 가.' 주변에서 흔히 듣는 말이다.
그런데 이 말을 곱씹어 보면, 이렇게 이해할 수도 있겠다.

'아파도 병원에 가지 않으면 의사에게 치료 받을 수 없어!'

여기에는 원격의료를 원칙적으로 금지하는
우리 '의료법'의 태도가 담겨있다. 그런데 이상하다.

**중국도, 미국도, 심지어 일본도 허용한다는 원격의료를
왜 우리나라는 법으로 막고 있을까?**

이에 대해 중국 정부는 '인터넷 진료 관리·감독 세칙(안)'을 마련했습니다. 온라인 플랫폼에 등록된 의료종사자 실명제를 시행하고, 흔한 질병이나 만성질환의 재진에 대해서만 원격진료가 가능하도록 하는 등의 내용이 담겼습니다.

한편, 보건행정에 있어서 보수적인 일본도 2015년경에 원격의료를 허용했습니다. 이전에는 원격의료를 섬이나 산간벽지에만 적용하다가 2015년부터 전국 어디서에서든 만성질환자 및 재진자 이상을 대상으로 원격의료를 할 수 있도록 법적 규제를 없앴습니다. 그러다가 2020년 4월부터는 초진 환자에 대해서도 원격의료를 허용한 것입니다.

네이버는 한국에서 원격의료 사업을 할 수 없기 때문에 일본 자회사 라인을 기반으로 2019년부터 일본 현지에서 원격의료 사업에 나섰습니다. 라인 애플리케이션을 이용해 진료 예약뿐만 아니라 영상통화로 의사와 직접 상담하고 진료도 받을 수 있는 '라인 닥터' 서비스를 시행 중입니다.

미국은 어떨까요? 미국은 영토가 넓고 지역별로 의료 수준의 차이가 큰 탓에 의료접근성 문제가 늘 심각하게 대두되었고, 그 해결 방안으로 원격의료를 일찍부터 도입했습니다. 지역마다 차이는 있지만 재진환자 및 전문의가 부족한 지역 등으로 한정해서 예외적으로 원격의료를 운영해왔지요. 이후 코로나19가 발발하면서 원격의료를 한시적으로 확대하는 방안을 추진 중에 있습니다.

비용효율과 경제성에 앞서 따져봐야 할 가치

외국의 사례들을 살펴보니 의문이 커집니다. 중국과 일본, 미국도 원격의료를 허용하는 데 우리는 왜 법으로 막고 있는 걸까요? 실제로 원격의료는 이로운 점이 적지 않습니다. 그 가운데 의료서비스의 접근성이 높다는 것은 가장 큰 미덕이라 할 수 있지요. 공간적 제약이 없기 때문에 잠깐의 진료를 받기 위해 병원을 찾아갈 필요 없이 휴대폰 앱으로 진료를 받을 수 있습니다. 특히 병원이 부족한 지역민들이나 지속적인 관리가 필요한 만성질환자들에게 원격의료는 매우 유용합니다.

그런데요, 원격의료가 안고 있는 여러 문제점 역시 숙고해볼 필요가 있습니다. 실제로 대한의사협회는 비대면 진료 플랫폼서비스가 활성화되는 것에 우려를 표합니다. 무엇보다 의료의 본질이라 할 수 있는 '환자 대면 원칙'이 훼손될 경우 국민 건강에 위해를 초래할 가능성이 높다는 겁니다. 의료서비스는 비용효율 및 경제성 보다 국민의 건강과 생명을 최우선으로 해야 한다는 것이지요. 국내 의료 환경의 특수성을 고려하지 않고 외국과 단순 비교하는 것도 무리가 있다고 주장합니다.

필자 역시 지금 당장은 원격의료 도입에 신중을 기할 필요가 있다는 입장입니다. 원격의료가 대면 진료와 대동소이한 수준의 의료적 판단을 내릴 수 있는 기술이 확보되었는지부터 꼼꼼하게 따져봐야겠습니다. 실제로 의료 현장에서는 원격으로 환자의 증상을 제대로 파악하는 데 한계가 있고, 이로 인해 잘못된 처방이 나갈 수 있다는 우려의 목소리가 큽니다. 이 경우 전문의약품 남용 문제를 걱정하지 않을 수 없습니다. 의료쇼핑 문제도 심각해질 수 있습니다. 원격의료는 접근성이 쉬워서 같은 진료를 불필요하게 여러 병원에서 보게 되면 건강보험 재정에 악영향을 초래하게 됩니다. 이뿐만이 아닙니다. 원격의료로 인한 의료사고에 대한 책임 소재를 어떻게 다뤄야 할지, 환자 개인정보 유출 위험 등 복잡한 문제들이 산재해 있습니다. 따라서 원격의료를 시행하더라도 대면 진료를 원칙으로 하고, 원격의료는 보완 수단으로 예외적인 경우에만 시행할 필요가 있겠습니다.

'의료법'만 고치면 될까? '약사법' 개정도 만만치 않다!

원격의료는 단지 '의료법'만 개정한다고 해서 도입할 수 있는 게 아닙니다. 즉, 원격의료와 함께 '약사법'상의 '약 배송' 문제를 함께 해결해야 합니다. 원격의료가 가능한데 처방 받은 약은 직접 약국에 가서 받아야 한다면, 원격의료의 취지가 무색해집니다. 우리나라는 코로나19로 한시적으로 비대면 진료가 허용되기 전까지는 원격의료뿐만 아니라 약 배송 서비스 모두 법으로 금지했습니다. '약사법'상 의약품을 약국에서만 판매할 수 있도록 하고 있고, 약사는 의약품을 조제하면 복약지도를 하도록 되어 있는데, 이는 약사와 환자의 대면 거래를 전제로 합니다.

정부는 지난 2020년 2월경 팬데믹 상황에서 비대면 진료와 함께 약 배송서비스를 한시적으로 허용한 바 있습니다. 비대면 진료를 한 의사가 이메일 등으로 환자가 지정하는 약국에 처방전을 발송하면 약사는 환자에게 유선 또는 서면으로 복약지도를 하고 조제한 의약품을 '환자와 약사가 협의한 방식'으로 교부할 수 있도록 한 것입니다. '환자와 약사가 협의한 방식'이라는 문구로 인해서 예외적이고 한시적으로 의약품 약 배송서비스 제공이 가능해진 것입니다. 따라서 비대면 진료의 허용시기가 종료되면, 의약품 배송서비스 또한 법의 테두리 내에서 허용될 수 없습니다. 결국 '약사법'을 개정하지 않고는 해결할 수 없는 문제이지요.

'약사법' 개정 역시 찬반 논쟁이 뜨거운 것은 원격의료와 다르지 않습니다. 원격의료를 허용하자는 입장에서는 당연히 약 배송서비스 도입을 함께 주장합니다. 시간과 장소에 구애 받지 않을 뿐 아니라 섬이나 산간 지역처럼 접근성이 떨어지는 곳에 거주하는 사람들을 감안하건대 원격의료와 약 배송서비스를 함께 허용해야 한다는 것이지요.

반대하는 입장에서는, 무엇보다 의약품 관리와 책임 소재를 분명히 하기가 현실적으로 어려운 점을 지적합니다. 이 경우 의약품 불법 거래와 오·남용 문제가 심각해질 수 있음을 강조합니다.

디지털 약, 그거 먹는 거야?

일각에서는 우리나라처럼 원격의료를 전면 허용하지 않는 것이 시대적 흐름에 맞지 않는다고 비판합니다. 심지어 관련 기술과 산업의 발전을 가로막는다는 주장도 제기됩니다. 일리 있는 비판과 주장입니다. 하지만, 반드시 그렇지만은 않음을 다음 사례를 들어 말씀드리겠습니다.

'디지털 헬스케어'라는 게 있습니다. 코로나19로 사회적 거리두기가 지속됨에 따라 병원에 가지 않고 집에서 스스로 건강관리를 하는 사람들이 늘어나면서, 자신의 건강을 직접 모니터링할 수 있는 헬스케어 기기에 대한 수요가 높아졌는데요. 이를테면 스마트워치는 대표적인 디지털 헬스케어 기기라 할 수 있습니다. 요즘 MZ세대의 패션 아이템이기도 한 스마트워치에는 혈압, 심박, 혈당 등을 체크할 수 있는 헬스케어 기능이 탑재되어 있는데요. 심박 수에 이상이 감지되면 경고 메시지를 보냅니다. 이 기기는 심근경색 등 심장질환을 앓고 있는 사람들에게 유용해 보입니다.

이처럼 스마트워치에 대한 인기가 높아지면서 좀 더 전문적인 헬스케어용 웨어러블(wearable) 기기도 주목을 끕니다. 이를테면 건강 증진과 개선을 위해 신체에 착용하여 생체신호 측정과 모니터링을 하는 제품들이 여기에 해당됩니다.

그런데 이러한 기기들을 통해 측정한 데이터를 기반으로 환자 상태에 따라 의사가 환자에게 내원을 안내하는 것이 '의료법'상 불법은 아닌지 논란이 된 적이 있었습니다. 실제로 기업으로서는 많은 비용을 들여 기술 연구개발에 성공하더라도 법 해석에 따라 해당 기술이 불법 판정을 받으면 큰 손해를 입을 수 있기 때문에 사업을 키우기가 쉽지 않았습니다.

사실 우리나라는 원격의료만큼 디지털 헬스케어에 대한 규제도 상당히 까다롭습니다. 이러한 상황에서 꽤 유의미한 사례가 있었습니다. 국내 디지털 헬스케어 기업 휴이노에서 개발한 스마트워치인 '메모워치'가 정보통신기술(ICT) 규제 샌드박스(214쪽 참조) 실증특례사업 1호 과제로 선정되

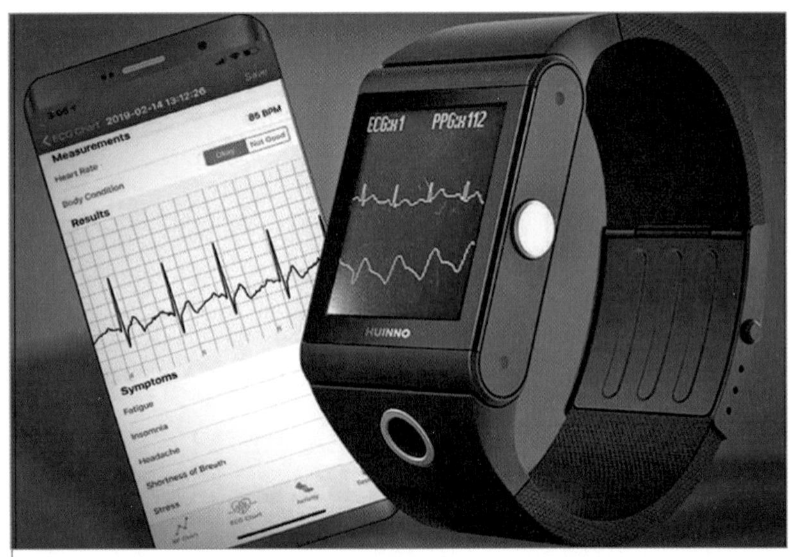

국내 최초로 허가 받은 웨어러블 의료기기 '메모워치'. 사용자가 시계처럼 착용하면서 심전도를 측정할 수 있는 국내 최초 웨어러블 의료기기로, 정보통신기술(ICT) 규제 샌드박스 실증특례사업 1호 과제로 선정되었다. 보건복지부는 의사가 환자 데이터를 모니터링하다가 병원에 내원하라고 단순히 안내하는 것은 현행 '의료법' 위반이 아니라고 해석했다.

면서, 국내 최초로 웨어러블 의료기기 허가를 받게 된 것입니다. 보건복지부는, 의사가 환자 데이터를 모니터링하다가 병원에 내원하라고 단순히 안내하는 것은 현행 '의료법' 위반이 아니라고 유권해석을 내렸습니다. '메모워치'는 사용자가 시계처럼 착용하면서 심전도를 측정할 수 있는 의료기기인데요. 물론 시계형 심전도 장치를 착용한 환자에게서 전송 받은 심전도 데이터를 토대로 의사가 진단이나 처방을 내리는 것까지는 현행 '의료법'상 허용되지 않습니다. 다만, 이를 활용해 내원을 통보하거나 1·2차 의료기관으로 전원을 안내하는 것까지는 문제가 없다고 본 것입니다.

'디지털 치료제'도 눈길을 끄는 아이템입니다. 치료제라고 하니 먹는 약물인가 싶지만 그렇지 않습니다. 의약품처럼 질병을 치료하고 건강을 향상시키는 소프트웨어이지요. 이 신개념 '디지털 약'은 스마트폰 앱, 게임, VR, 챗봇, AI 등 다양한 형태로 개발되고 있는데요. 도대체 어떤 병을 고칠 수 있는지 궁금합니다.

당뇨, 수면장애, 우울증, 심혈관 질환, 치매, 발달장애, ADHD 등 디지털 치료제가 활용되는 질환은 참 다양합니다. 그중 하나를 소개하면, 공중을 떠다니는 쟁반 모양의 보드를 타고 경주로를 달리는 게임 '인데버 알엑스'가 있습니다. 미국 식품의약국(FDA)은 2020년 6월경 한 게임업체가 만든 이 게임 소프트웨어를 아동의 주의력 개선 효과가 있는 것으로 판단해 ADHD 디지털 치료기기로 승인한 바 있습니다. 이밖에 외상 후 스트레스 장애 극복에 도움을 주는 VR, 불면증 치료 효과가 있는 스마트폰 앱 디지털 치료제도 있습니다. 우리나라에서는 아직 허가 받은 디지털 치료제가 없지만, 2019년 뉴냅스가 개발한 뇌 손상 후 발생한 시야장애를 치료하는 '뉴냅비전'이 국내에서 처음으로 임상 승인을 받았습니다. 이를 기화로 정부당국은 디지털 치료기기를 심사하고 허가하는 가이드라인을 제정하는 등 제도적 여건을 마련하고 있습니다.

원격의료, 과연 누구를 위한 것일까?

현행 법체계상 원격의료를 당장 전면 허용하는 것은 어렵겠습니다. 그럼에도 불구하고 디지털 헬스케어는 점점 더 우리 일상으로 스며들고 있습니다. 원격진료도 마찬가지입니다. 아직 난제들이 적지 않지만 코로나19로 비대면 진료를 경험해 본 이상, 다시 완전한 대면 진료서비스로 돌아가기는 어렵습니다.

원격의료와 디지털 헬스케어는 질병 치료 중심의 의료서비스보다는 '예방 의료' 분야에서 발전할 가능성이 높습니다. 우리나라의 경우 전 국민을 대상으로 하는 대표적인 예방 의료라 할 수 있는 건강검진 서비스가 활성화된 만큼 국민 개개인의 건강 정보 데이터 축적에 매우 유리합니다. 즉, 원격의료와 디지털 헬스케어가 발전할 수 있는 기반이 마련된 것입니다. 원격의료의 경우 예방 의료 중심으로 패러다임을 전환한다면 질병 치료 중심의 기존 의료체계와 상충하는 부분을 최소화할 수 있을 것입니다. 원격의료를 무조건 반대하거나 전면 허용을 주장하는 게 아니라 단계적으로 신중하게 접근해야만 하는 이유입니다.

남은 것은 법제도를 어떻게 현실적인 부작용 없이 고쳐나갈 것이냐에 달렸습니다. 각 이해관계자들의 일방적인 주장이나 국회의 정치적 계산에 따른 입법행위는 원격의료에 대한 사회적 합의를 더욱 멀어지게 합니다. 이때 '누구를 위한 의료인가?'라는 질문은 문제의 본질을 곧추세웁니다.

원격의료 vs. 비대면 진료 vs. 원격진료

원격의료에 대한 합리적 논의를 위해 유사 용어를 구별할 필요가 있습니다.

우선 원격진료는 병원 진료실에서 의사가 환자를 진료하는 행위를 통신 기술을 통해 말 그대로 '원격'으로 진행하는 경우를 의미합니다. 화상, 전화, 메시지 등으로 이뤄지며, 환자가 스마트폰, 웨어러블 디바이스로 측정한 데이터를 바탕으로 의사의 처방을 받을 수도 있습니다.

팬데믹 사태에 정부가 한시적으로 허용한 비대면 진료는 원격진료와 거의 유사하지만, 진료의 질을 보장하기 위해서 유·무선 전화, 화상통신을 활용한 상담 및 처방만 가능하고, 문자메시지와 메신저만을 이용한 진료는 허용되지 않는다는 점에서 차이가 있습니다.

한편, 원격의료는 원격진료를 포함하는 개념입니다. 대표적으로 '원격 환자 모니터링(의료인이 환자의 질병 상태를 지속적으로 모니터링하고 상담·교육 등 관리)'은 원격진료에는 포함되지 않지만, 원격의료에 포함됩니다.

| 원격의료의 개념 |

헬스케어(건강관리)

- 원격의료(의료진 수행)
  - 원격진료(ICT가 결합)
    - 전화 진료
    - 화상 진료
    - 채팅 진료
    - 2차 소견
    - 데이터 분석
    - 온디맨드 처방
  - 원격 환자모니터링
  - 원격 자문
  - 원격 수술
  - 원격 재활 등

자료 : 187회 한림원탁토론회 발표 보고서

재택근무가 당신의 영혼을 잠식한다면?

- 노동 환경 '유연성'에 대한 심각한 오해 -

팬데믹 이후 사회적 거리두기에 따른 재택근무자의 숫자가 무려 50만 명을 넘어섰습니다. 전 세계적으로 백신 접종이 확대되면서 일부 기업이 사무실 복귀를 추진하기도 했지만, 델타, 오미크론 변이 등으로 재택근무가 연장되어 온 것이지요. 이제 사회적 거리두기는 해제되었지만, 근무 형태의 다양화는 거스를 수 없는 사회적 흐름이 되고 있습니다.

'유연한' 근무에 대해 노동자와 기업의 선호도는 대체로 높은 편입니다. 그러나 모든 일에는 명과 암이 있듯 재택근무가 갈등의 불씨가 되기도 합니다. 회사와 갈등을 겪는 노동자의 경우, 처음에는 출·퇴근에 쓰던 에너지를 아끼고 감염의 위험도 피할 수 있어서 재택근무를 반겼지만, 회사가 근태관리를 빌미로 과도한 감시를 하다 보니 차라리 내근이 낫다고 말합니다.

사실 회사의 직원 감시는 어제오늘 일이 아닙니다. 스마트폰 등 정보기기 사용으로 인한 노동인권 침해 논란이 코로나19 이전부터 제기되어 왔지요. 생산성을 높인다는 목적으로 직장 내에 CCTV를 설치하거나, 실시간으로 직원의 위치를 추적할 수 있는 특정 앱을 내려 받게 해 감시하는 경우도 적지 않기 때문입니다. 심지어 감시와 통제로 인한 스트레스로 만성 적응 장애가 발생하여 법원이 이를 업무상 재해로 인정한 사례도 있습니다.

화장실 갈 때도 보고하라?!

특히 회사에서 일의 효율성을 위해 설치를 강요하는 업무용 앱은 직원들을 불안하게 합니다. 앱을 통해 나의 개인정보가 자신도 모르게 얼마나 수집되고 이용되는지 알 수 없고, 일거수일투족을 감시당할 우려가 있기 때문이지요.

2017년에 이러한 이유로 회사 업무용 앱 설치를 거부한 직원이 회사가 정직 · 전보라는 징계처분을 내린 일로 소송을 제기한 사례가 있었습니다. 이 직원은 회사의 징계처분은 무효이며 부당 전보에 따른 임금 차액을 지급하라고 요구했습니다. 법원은 어떤 판단을 내렸을까요?

법원은 회사의 업무지시가 노동자의 '개인정보자기결정권'을 침해할 만큼 중요하지 않다며 직원의 손을 들어 주었습니다. 이는 노동자(직원)가 회사에 개인정보자기결정권의 보장을 요구할 수 있다는 점에서 매우 중요한 선례가 되었습니다. 법원은 판결문에서, 기업의 감시 활동이 전자장비와 결합해 확대되면서 노동자의 인격권과 사생활이 침해될 수 있음을 지적했습니다. 그리고 국가인권위원회는 사회 전반적으로 이러한 문제들이 커지는 상황에서 노동자의 정보인권을 보호할 제도를 개선하도록 고용노동부에 권고하기도 했습니다.

사실 재택근무는 우리나라 국민에게는 그다지 익숙하지 않은 게 사실입니다. 재택근무는 프리랜서여야 가능한 것으로 생각해 왔지요. 그러다 코로나19가 걷잡을 수 없이 확산되면서 재택근무가 갑작스레 도입된 것입니다. 기업들은 업무 현장 곳곳에서 예기치 못한 변화에 대응하느라 분주했습니다. 이 과정에서 직원의 근태를 주시하는 회사의 관리와 감시를 넘나드는 아슬아슬한 줄타기가 이어져온 것입니다.

기업 입장에서는 직원들이 제대로 일을 하는지 항상 의심스러웠던 모양입니다. 재택근무로 인해 직접 일하는 모습을 볼 수가 없으니 직원들의 근태를 관리하는 것이 회사로서는 큰 고민이었을 것입니다. 회사의 의심과 고민은 결국 '전자노동 감시시대'를 여는 촉매제가 되고 말았습니다.

"화장실 갈 때도 보고하라."

코로나19로 재택근무를 도입한 한 대형 콜센터에서 나온 문제의 공지입니다. 방역을 위해 재택근무를 도입했는데 3분 이상 자리를 비우면 모니터 색깔이 변하고 즉각 관리자에게 쪽지나 전화가 날아옵니다. 그러다 보니 직원들은 마음 놓고 화장실도 가지 못하는 지경에 놓였습니다.

대형 콜센터에서와 비슷한 일들이 재택근무 현장에서 비일비재하게 발생하고 있습니다. 재택근무를 하는 모습을 볼 수 있도록 카메라를 켜놓고 근무하라, 일정 시간마다 화면을 캡처해서 보내라, 일주일이나 한 달 단위로 쓰던 업무일지를 매일 작성해서 보고하라 등등 회사의 요구 사항이 갈수록 커져갑니다. 심지어 회사는 직원들에게 위치정보나 마우스의 움직임을 감지하는 프로그램을 설치하도록 강요하기도 합니다.

회사로서는 어쩔 수 없다는 입장입니다. 일부 직원들이 재택근무 시행 이후 여행지에서 일을 하거나, 업무시간 중에 쇼핑 등 개인적인 일을 보는 예가 적지 않아서 제대로 일을 하고 있는지 확인이 필요하다는 것입니다.

하지만 이제 재택근무가 보편적인 형태로 완전히 자리 잡게 된다면 업무시간의 양으로 성과를 측정하는 사고방식에 전환이 필요하다는 게 전문가들의 일반적인 견해입니다. 괜히 마우스를 더 열심히 움직이고 필요 없는 메일을 발송하며 '일하는 척'하는 분위기를 조성하는 것보다, 직원들의 인권을 최대한 보장하면서도 실질적으로 업무 성과를 극대화할 방법을 진지하게 고민해야 한다는 것이지요.

집 말고 카페도 재택근무지에 포함될까?

코로나19 델타변이 확산세가 한창이던 2020년 9월 고용노동부는 재택근무 매뉴얼을 발표했습니다. 재택근무를 하면서 기업과 노동자 모두 근태관리와 성과평가, 비용처리 등을 어떻게 해야 할지 기준이 모호할 때가 적지 않았고, 이에 따라 정부 차원에서 기준을 마련한 것입니다.

매뉴얼에는 '집 말고 카페에서 일해도 될까?', '재택근무 중 음료수를 사러 갔다가 넘어진 경우 산재 신청을 할 수 있을까?', '재택근무 중 야근 수당을 받을 수 있을까?'와 같이 기업과 노동자 모두 궁금할 만한 법적 쟁점과 질의응답 등이 담겨 있습니다. 그 가운데 법률 현장에서 많은 이들이 궁금해 하는 사항 두어 가지를 살펴보도록 하겠습니다.

첫째, 회사가 근태 관리를 목적으로 GPS를 설치할 수 있을까요?

요즘은 직원들이 제대로 일하고 있는지 확인할 수 있는 프로그램도 있다는데요. 프로그램에 재택근무지 GPS 정보를 미리 입력하면, 해당 위치의 100m 이내에서만 출·퇴근이 인증되는 방식입니다. 하지만 이렇게 회사가 근태관리를 목적으로 직원의 동의 없이 위치 추적을 하는 것은 법으로 금지됩니다. '위치정보의 보호 및 이용 등에 관한 법률'은 정보주체의 동의를 얻지 않은 위치정보 수집을 금지하고 있습니다.

만약 재택근무자의 위치정보를 수집하고자 한다면, 사전에 수집 목적과 항목, 정보 보유기간, 동의 거부권 등을 고지하고 직원의 동의를 받아야 합니다. 이때 직원에게 동의를 강요할 수 없으며, 거부 의사를 밝힌 노동자를 징계해서도 안 됩니다.

둘째, 집이 아닌 커피숍 등에서 일해도 될까요?

재택근무를 할 때 집에서 일하다 보면 갑갑할 때가 있습니다. 잔잔한 음악과 적당한 소음이 오히려 집중력을 높여 업무 효율이 오르기도 합니다. 그런데 화상회의를 하던 중 직원이 커피숍에 있다는 걸 알게 된 상사가 마음대로 근무지를 이탈했다고 화를 낸다면? 솔직히 황당할 수 있습니다. 노트북과 휴대폰만 있으면 어디에서든 일할 수 있는 온택트 시대에 꼭 집에서만 일해야 한다는 게 고리타분하게 느껴지기까지 합니다.

하지만 재택근무지는 원칙적으로 사업주가 승인하거나 사전에 지정한 장소에 한정됩니다. 업무시간 중에 근무 장소를 임의로 벗어나는 것은 취업규칙 등에 위반된다는 것이지요. 일을 빨리 끝냈다고 업무시간 안에 개인 용무를 보거나 외출하는 것 역시 마찬가지입니다.

또한, 재택근무 기간 중 사전 승인 없이 임의로 근무지를 바꿔 업무를 진행했다면 이는 징계의 대상이 될 수 있습니다. 물론 회사와 노동자가 사전에 서로 합의했다면 자택 이외에 카페를 비롯한 다른 장소를 재택근무지로 추가할 수 있겠습니다.

'유연성'이란 이름의 '불안함'

재택근무에 대한 기업들의 인식은 비교적 긍정적인 편입니다. 막연히 직원 관리가 어려울 것이라고 예상했는데 생산성에서 별 차이가 없고, 오히려 경영비용을 절감하는 이점이 있기 때문입니다.

재택근무에 대한 직원들의 반응도 겉으로는 나쁘지 않은 듯합니다. 세계경제포럼(WEF)이 세계 29개국 노동자를 대상으로 조사한 결과에 따르면, 응답자의 64%가 재택근무를 포함한 '유연한' 업무 환경에서 생산성이 더 높았다고 밝혔습니다. 하지만, 현실을 들여다보면 그렇지만은 않음을 깨닫게 됩니다. 특히 '유연한'이라는 말에 담긴 함의를 뜯어보면 불편한 현실을 직시하게 되지요. 재택근무시 업무 환경의 '유연성'에서 '노동시장의 유연성'이란 말이 아른거리는 이유입니다.

'노동시장의 유연성'이란, 경기 상승이나 침체 등 노동 수요의 변화를 가져오는 외부 환경 변화에 대응하여 인적자원이 신속·효율적으로 배분 또는 재배분되는 노동시장 구조를 가리킵니다. 쉽게 말해서 기업의 입장에서 노동인력 및 노동시간 조절 등의 방법으로 노동 투입량을 얼마나 자유롭게 늘리거나 줄일 수 있느냐를 의미합니다.

기업은 노동시장의 유연성이 높은 환경을 선호하는 반면, 노동자는 정반대일 수밖에 없습니다. 노동자로서는 무엇보다도 직업의 안정성 보장이 중요하니까요. 현실은 어떨까요? 전 세계적으로 미래에 대한 불확실성이 커지는 한편, 온라인 소비가 확산되면서 기업들이 무인화와 자동화 투자를 확대하는 추세입니다. 그러다 보니 기업으로서는 노동력 절감의 방향으로 노동시장의 유연성을 추구할 수밖에 없습니다.

이러한 상황 속에서 재택근무 또한 노동력 절감의 수단으로 활용되고 있음은 움직일 수 없는 사실입니다. 2021년 3월 서울시 여성가족재단이 재택근무 경험이 있는 여성 712명을 대상으로 재택근무 실태를 조사한 결과를 발표했는데요. 응답자 중 33.9%가 해고·실업에 대한 불안감을 느낀 것으로 파악됐습니다. 또 재택근무 장기화로 고용 형태가 변화(9.2%)한 것으로 나타났는데, 그 가운데 대부분이 비정규직화되었고, 일부는 사직하거나 사직권유를 받았다고 답했습니다.

실제로 엄격한 해고 절차의 우회수단으로 재택근무가 활용되기도 합니다. 재택근무로 돌리고 나서 원치 않는 일을 시키면서 자진사직을 유도하거나 비정규직으로 근로계약서를 다시 쓰는 방식 등으로 말이지요. 겉으로 봐서는 적법해 보이기 때문에 힘없는 노동자 입장에서는 속수무책으로 당하기 일쑤입니다. 그러다 보니 재택근무 통보를 받으면 덜컥 겁부터 난다는 노동자들이 적지 않습니다. 이처럼 재택근무가 보편화될수록 노동자 입장에서는 내가 직장에서 안정적으로 일할 수 있을지 불안해질 수밖에 없는 것입니다.

1980년대 독일의 예술영화 중에 '불안은 영혼을 잠식시킨다'라는 제목이 있습니다. 라이너 베르너 파스빈더(Rainer Werner Fassbinder)라는 감독이 만든 작품으로, 일반인에게는 다소 생소하지만 영화광들에게는 꽤 유명한 걸작이지요. 영화의 내용이야 이 글의 주제인 재택근무와 노동 유연성하고는 아무런 관계가 없습니다. 하지만, 인간의 영혼을 잠식시키는 불안함이라는 영화의 제목은 이 글에 소환할 만큼 퍽 인상적입니다. 파스빈더 감독은 영화를 통해, '인간의 불안한 감정은 어디서 비롯되는가?'라는 질문을 던집니다. 인간의 마음속에서 생성된 불안은 어느 순간 사회제도가 만들어놓은 불신에 터 잡아 인간의 삶을 옥죕니다.

바이러스로부터의 안전과 업무 효율 등에서 시작된 재택근무는 노동자보다는 대체로 기업의 입장에서 운영되고 있는 것이 사실입니다. 재택근무가 기업의 감시 속에서 노동자의 불안을 증폭시켜 그들의 영혼을 잠식시키는 방식으로 작동되고 있는 건 아닐까요? 재택근무로 힘을 얻게 된 '노동 환경의 유연성'이 '고용 불안'이란 말로 등치될 수도 있음을 고민해 볼 때입니다.

바이러스로부터의 안전과 업무 효율 등에서 시작된 재택근무는 노동자보다는 대체로 기업의 입장에서 운영되고 있는 것이 사실이다. 재택근무가 기업의 감시 속에서 노동자의 불안을 증폭시켜 그들의 영혼을 잠식시키는 방식으로 작동되고 있는 건 아닐까?

재택근무로 힘을 얻게 된 '노동 환경의 유연성'이 '고용 불안'이란 말로 등치될 수도 있음을 고민해 볼 때다.

사이버 공간의 뒷담화, 그 내밀함의 위험성 혹은 위법성

-'블라인드 앱'이라는 블랙홀에 빠진 법리-

직장생활을 하다보면 상사나 동료들과 갈등이 생기는 경우가 부지기수입니다. 하지만 매일 얼굴 보며 지내는 사람들이기에 그때그때마다 대놓고 싫은 소리를 할 수도 없습니다. 속으로 꾹꾹 눌러 참고만 있자니 스트레스가 폭발해 화병이라도 날 지경입니다. 결국 저녁에 한잔하면서 가까운 동료들을 붙들고 하소연을 늘어놓습니다. 하지만 그것도 한두 번이지요. 아무리 가까운 동료들이라 해도 시도 때도 없이 남의 불평과 불만을 들어줄 사람이 얼마나 있겠습니까?

요즘은 이런 직장생활의 애환을 익명의 공간에서 활발하게 나눕니다. 바로 직장인들의 익명 커뮤니티 '블라인드 앱'(이하 '블라인드')입니다. 블라인드는 자신의 의견을 표출하면서도 그로 인해 불이익을 받을 염려가 적습니다. 직장인들마다 블라인드에 머무는 시간이 늘어나는 이유가 여기에 있습니다.

이 익명의 대나무 숲은 자신의 회사 계정을 인증해야 이용할 수 있습니다. 블라인드에는 특정 회사 채널, 그룹사 채널, 업계 채널 등이 마련되어 있습니다. 이용자들은 회사에서 겪는 고충을 털어놓는 것을 넘어서 회사 또는 업계의 따끈따끈한 정보나 분위기를 공유하고, 사내 부조리까지 꼬집습니다.

'악의적', '반인권적'인데도 처벌이 어렵다! 도대체 왜?

블라인드는 '익명성'이 보장되는 커뮤니티입니다. 부당하지만 과거에는 소리 소문 없이 묻혔을 문제들이 '익명의 힘'으로 세상에 드러나고 사회적으로 큰 반향을 불러일으키기도 합니다. 대한항공의 '땅콩 회항'과 '물컵 갑질', 두산인프라코어의 '신입사원 명퇴', 금호아시아나의 '미투' 등이 블라인드를 통해서 수면 위로 떠올랐습니다.

2021년경 사회적으로 큰 파장을 일으켰던 LH 직원의 글도 블라인드에서 나온 것입니다. LH의 일부 직원들이 경기 광명과 시흥이 신도시로 지정되기 전에 투기 목적으로 해당 지역의 토지를 매입했다는 의혹이 불거졌을 때, 블라인드에 직원이 작성한 것으로 추정되는 글들이 올라왔습니다. "차명으로 투기하면서 정년까지 꿀 빨면서 다니련다", "꼬우면 이직하라" 등의 글들은 삽시간에 온라인을 통해 퍼졌고, 온 국민의 공분을 샀습니다.

여론이 악화되자 LH는 블라인드에 해당 글을 올린 작성자들을 명예훼손, 모욕, 업무방해 등의 혐의로 관할 경찰서에 고발조치 했습니다. 작성자가 LH 직원임이 밝혀질 경우 파면하겠다며 으름장을 놓았지만 오히려 여론을 더욱 악화시키는 결과를 초래했습니다.

이처럼 크고 작은 문제들이 익명의 커뮤니티를 통해 불거지다 보니 기업들에게 블라인드는 '눈엣가시'이자 두려움의 대상이 되었습니다.

기업들은 결국 블라인드를 통해 내부의 안 좋은 소식이나 직원들의 불만, 그 밖에 사내동정 등을 주의 깊게 관찰하지 않으면 안되었습니다. 블라인드에는 여론을 형성해 사내정치에 이용하거나 직장 동료와 상사, 경영진을 인신공격하는 글들이 게시되기도 합니다. 그로 인해 누군가는 근거 없이 누명을 쓰고, 조직 내 갈등이 빚어지며, 회사의 명예가 실추되는 등 심각한 문제가 초래되기도 합니다. 기업으로서는 직원들의 블라인드 이용이 못마땅할 수밖에 없습니다.

블라인드 커뮤니티에는 회사가 직원들의 블라인드 이용 여부를 사찰한다는 글이 심심찮게 발견되곤 합니다. 실제로 사회적으로 이슈가 되었던 내용들을 살펴보면, '직원들의 스마트폰을 불시점검해서 블라인드 설치 유무를 파악한 사례', '의심 가는 직원을 회의실로 불러서 블라인드에서 자신이 쓴 글을 확인해서 보여 달라고 요구한 사례', '출근시 소지품 검사를 빙자해 휴대폰에 블라인드가 깔려있는지 확인한 사례', '블라인드에 가입할 경우 사용된 회사 메일 계정 인증 날짜를 불시에 확인한 사례' 등이 있습니다.

그런데요, 우리는 특정 회사에 소속된 직원이기 이전에 표현의 자유 및 사생활의 비밀과 자유를 비롯한 기본권을 보장 받는 하나의 인격체입니다. 이러한 기본권은 '헌법'에 명시되어 있습니다. 그렇기에 회사가 블라인드에 글을 올린 직원을 찾아내는 조치는 명백한 인권 침해로서 위법행위에 해당합니다. 이와 관련한 기업의 위법행위와 그에 대한 법리 해석을 좀 더 구체적으로 살펴보겠습니다.

첫째, 회사에서 소지품 검사 명목으로 직원의 휴대폰을 열어 블라인드

유무를 확인하는 행위는 명백히 불법입니다. 이는 '헌법'이 보장하는 표현의 자유 및 사생활의 비밀을 침해하는 위헌임이 분명합니다. 그런데요, 이 경우 실제로 형사상 처벌하는 범죄가 성립하지는 않습니다. 다시 말해 '정보통신망 이용촉진 및 정보보호 등에 관한 법률'(이하 '정보통신망법')상 비밀침해죄에 해당하지 않는다는 것입니다. 다만, 직원의 휴대폰 속 블라인드를 열어서 직원이 쓴 글까지 확인한 경우라면 '정보통신망법'상 비밀침해죄에 해당할 가능성이 있습니다.

헌법상 기본권을 침해하는 반인권행위인데 형사처벌이 어렵다? 잘못된 행동인데 죄가 되지 않는다? 뭔가 좀 이상합니다. 그런데요, '형법'에는 '죄형법정주의'라는 게 있습니다. 말 그대로 죄와 형벌은 반드시 법률로 정해야 한다는 원칙인데요. 즉, 어떤 행위가 아무리 '악의적'이고 '반인권적'이라 하더라도 그 행위가 법률에서 범죄라고 명시하고 있지 않으면 처벌할 수 없습니다. '정보통신망법'에 명시된 조항으로는 '직원의 휴대폰을 여는 것'에 대해서는 처벌할 수 없습니다. '휴대폰을 열어서 그 내용을 열람하는 것'이어야 비로소 처벌할 수 있습니다.

물론 '정보통신망법'을 근거로 처벌할 수는 없더라도 직장 내 괴롭힘 행위에는 해당될 수 있습니다. 그러나 직장 내 괴롭힘 행위로 인정되더라도 그에 대한 회사의 적절한 조치 의무가 생길 뿐 형사처벌 규정은 없기 때문에 행위자를 처벌할 수 없다는 결론은 동일합니다.

둘째, 회사가 직원이 블라인드에 가입할 때 사용된 회사 메일 계정 인증 날짜를 확인할 목적으로 직원의 업무용 이메일을 동의 없이 열어보는 경우는 어떨까요? 이는 직장 내 괴롭힘 행위에 해당될 뿐만 아니라 '정보통신망법'상 비밀침해죄가 성립될 여지가 큽니다. '직원의 업무용 이메일 비

'뒷담화'는 인간관계에서
하나의 소통 방식인 만큼 존중 받아야 마땅하다.
사이버 공간에서의 뒷담화라 할 수 있는 '블라인드'도 다르지 않다.
'블라인드'에서도 표현의 자유와 사생활의 비밀 보장은 유효하다.
다만 이 은밀한 공간이 타인의 명예와 인격을
훼손하는 온상이 되는 것은 위험천만한 일이다.

'익명성'이란 마스크에 가려진 내밀함의 속성은
법률마저 블랙홀로 빠트리곤 한다.

밀번호를 풀거나 관리자 권한으로 열어보는 것', '직원이 부재중일 때 이미 로그인되어 있는 이메일을 동의 없이 열람하는 경우'도 마찬가지입니다. 이때 회사는 입사할 때 '회사 PC 모니터링 동의서'를 받았으니 문제가 없다고 반박할 수도 있겠습니다. 하지만 직원의 동의서가 상시 감시 목적으로 회사 이메일을 모니터링하는 것까지 동의한 것은 아닐 터. 회사의 행위가 정당화되기는 어렵습니다.

'익명성'이라는 마스크에 숨은 사람들

한편, 블라인드의 위력은 기업뿐 아니라 직원들에게도 적지 않은 부담으로 작용합니다. 명예훼손이나 모욕적인 글로 인한 피해 사례가 꾸준히 증가하고 있기 때문입니다. 그렇다면 내 명예를 훼손한 익명의 사용자를 고소해서 처벌 받도록 할 수 있을까요? 결론부터 말하면, 어렵습니다. 글을 쓴 사람이 누구인지 특정할 수 없거나, 누구인지 100% 심증이 가더라도 물증을 확보할 수 없어서 범죄 혐의를 입증할 수 없기 때문입니다. 도대체 왜 그럴까요?

블라인드는 사용자의 실명, 휴대폰 번호, IP 주소, 기기 고윳값 등을 수집·저장하지 않습니다. 게다가 최초 가입 인증 과정에서 입력한 이메일은 암호화해서 복호화(암호화된 정보를 원래대로 되돌리는 것)가 불가능한 형태로 저장하기 때문에 사용자의 정보를 알아낼 수가 없습니다. 확실한 심증을 가지고 특정인을 고소하더라도 수사기관에서 물증을 확보할 수 없는 이유입니다.

이러한 블라인드의 위력은 바로 '익명성'에서 비롯합니다. 블라인드 이용자들은 계급장 떼고 속 시원하게 하고 싶은 말을 하는 블라인드야말로 사내문화를 개선하는 효과가 있다고 말합니다. 하지만 근거 없이 타인을 비난하거나 명예훼손을 일삼는 글들이 적지 않게 게시되는 점은 심각한 문제가 아닐 수 없습니다.

익명성 악용의 문제는 텔레그램, 유튜브, 페이스북, 인스타그램 등 외국 기업이 운영하는 SNS에서도 빈번하게 발생합니다. 명예훼손이나 모욕을 당한 피해자가 분명히 존재하지만, 해당 기업들은 표현의 자유를 이유로 국내 수사기관의 가해자를 특정할 수 있는 정보 제공 요청에 좀처럼 협조하지 않는 게 현실입니다.

'익명성'은 종종 마스크에 비유되곤 합니다. 바이러스로 인해 마스크를 쓰는 일이 달갑지 않지만, 때로는 얼굴의 절반 이상을 가리는 마스크가 편할 때도 있습니다. 맨얼굴이 부끄럽지 않고, 억지로 표정관리를 할 필요도 없습니다. 사람들을 덜 의식해도 되는 상태가 묘한 해방감을 준다고 할까요. 사이버 공간에서 자신의 정체를 가리고 글을 쓰는 것 역시 '익명성'이란 마스크로 얼굴을 가리는 것과 비슷합니다.

이 '익명성의 미덕'이 부담 없이 고민을 털어놓고 우리 사회에 꼭 필요한 내부 고발과 비윤리적인 행태를 폭로할 수 있는 창구로 작용하려면, 자신이 올린 게시글이 허위는 아닌지 또는 타인의 명예를 훼손하거나 조직에 피해를 가져다주는 것은 아닌지 꼼꼼하게 따져보는 자정능력이 요구됩니다. 그래야만 익명의 소통 공간이 표현의 자유를 보장 받고 건강한 공감대를 형성하는 장이 될 수 있습니다.

야누스의 얼굴 CCTV, 전자감시 시대의 서글픈 초상

- 음지를 비추는 렌즈 속 법률 분쟁들 -

지난 2019년경 아이돌보미 김씨가 14개월 된 영아를 학대한 사건이 벌어졌습니다. 학대 장면은 아이의 부모가 설치한 CCTV에 고스란히 담겼습니다. 김씨는 아이를 수시로 때리고 음식을 억지로 입에 밀어 넣었으며 자는 아이를 발로 차기도 했습니다. 아이의 부모는 늘 친절했던 돌보미가 이런 행동을 했을 거라고 전혀 의심하지 못했다며 분노했습니다. 법원은 의사표현을 할 수 없는 아이를 상대로 30여 차례에 걸쳐 학대한 김씨에게 실형 1년을 선고했는데요. CCTV가 없었다면 아이의 부모는 아이가 학대당한 사실을 평생 몰랐을 수도 있었습니다.

같은 해 양악 수술을 받던 20대 환자가 과다 출혈로 숨진 사건에서도 CCTV 영상이 결정적인 역할을 했습니다. 의사가 수술 중 피를 많이 흘려 지혈이 잘 되지 않는 환자를 간호조무사에게 맡긴 채 수술실을 빠져나갔습니다. 간호조무사들이 교대로 지혈을 하는 동안 의사는 다른 환자 수술을 진행했습니다. 법원은 수술실의 CCTV 영상을 보면 병원 측의 과실이 인정된다면서 의사 등을 상대로 4억3,000만 원의 배상 판결을 내렸습니다.

범죄가 발생하거나 분쟁이 일어났을 때 현장을 방문한 경찰들이 가장 먼저 하는 일이 CCTV가 설치되어 있는지 확인하고 영상을 판독하는 것입니다. 잘잘못을 가리고 사건을 해결하기 위해 CCTV의 역할이 그만큼 중요해진 것이지요.

아침에 출근하기 위해 엘리베이터에 탑승하는 순간부터 우리의 개인 영상정보는 어딘가에 기록되기 시작합니다. 엘리베이터에서 내리면 아파트 지하주차장, 회사로 가는 출근길 도로, 사무실 빌딩 출입구, 점심을 먹으러 간 음식점, 저녁에 맥주 한잔이 생각나서 들른 편의점 등 CCTV는 당신의 일거수일투족을 주시하고 있습니다.

CCTV는 사건이 발생하면 범인을 잡을 수 있는 증거로 작용할 뿐만 아니라, 설치된 자체만으로도 범죄 예방에 도움이 되는 효과가 있습니다. 다만 이러한 순기능에 기대어 CCTV가 급속히 확대되면서 발생하는 역기능에 대한 우려의 목소리도 높습니다. 문제는 CCTV의 설치 위치와 운영 방법에 따라 개인의 초상은 물론 특정 시간에 어디서 어떤 모습으로 누구와 함께 있었는지 등 개인정보까지 낱낱이 기록되는 것에서 그치지 않는다는 것입니다. 심각한 건 CCTV로 촬영된 기록이 내가 원치 않는 방법으로 활용될 수도 있다는 사실입니다.

한 가지 예를 들어 보겠습니다. 만약 일하는 직장에 CCTV가 설치되어 상급자가 나를 계속 감시하고 있다면 어떨까요? 얼굴 표정을 짓는 것은 물론 화장실을 가거나 잠시 쉬는 일도 조심스러워지고, 이로 인한 긴장감에 스트레스 지수가 높아질 수밖에 없을 것입니다. CCTV가 노동 감시 및 개인의 사생활을 침해하는 이른바 '전자감시 시대'를 열었다는 부정적인 평가를 받는 이유입니다.

CCTV에 촬영되는 사람들의 초상권 및 개인정보자기결정권 침해 가능성은, 사생활의 비밀과 자유 및 인격권을 보장하는 '헌법'상 기본권의 문제로 귀결됩니다. '헌법' 제37조 제2항은 "국민의 모든 자유와 권리는 국가안전보장, 질서유지 또는 공공복리를 위하여 필요한 경우에 한하여 법률로써 제한할 수 있으며, 제한하는 경우에도 자유와 권리의 본질적인 내용을 침해할 수 없다"라고 명시하고 있습니다. 이를테면 위 '헌법' 규정에 따를 때, 국가안전보장 등 공공의 목적을 위해 사생활의 비밀과 자유 및 인격권이 제한될 수 있지만, 그 제한은 CCTV의 설치 및 사용을 규율하는 '개인정보보호법'을 반드시 준수해야만 정당화되는 것입니다.

그러면 CCTV의 순기능을 살리면서도 사생활의 비밀과 자유 및 인격권의 제한을 최소화하기 위해 법적으로 반드시 지켜야 할 사항은 무엇일까요? 핵심이 되는 내용만 살펴보겠습니다.

CCTV를 상가나 식당 등 불특정 다수가 출입하는 공개된 장소에 설치할 때에는 시설안전, 범죄예방, 교통단속 등 법에서 허용하는 목적으로만 사용해야 합니다. 당연한 내용이지만 현실에서 잘 지켜지지 않기 때문에 법으로 규정해 놓은 것이지요. 이때 CCTV의 설치 목적 및 장소, 관리책임자의 성명 또는 직책 및 연락처 등이 기재된 안내판을 함께 설치해야 합니다. 이는 촬영 대상자의 개인정보자기결정권 보장을 위해 반드시 필요합니다.

반면, 공개된 장소가 아닌 개인의 집 내부 등 비공개 장소에 CCTV를 설치할 경우, CCTV 촬영으로 개인정보를 수집하는 것에 대한 정보주체의 동의가 필요합니다. 예를 들어 아이돌보미를 둔 가정집에 CCTV를 설치하는 경우, 돌보미의 육아 상황을 확인할 목적으로 돌보미의 개인정보를 녹화·저장 등을 하는 것이기 때문에 돌보미에게 사전동의를 구해야만 합니다.

기업이 사업장 내에서 직원을 모니터링하기 위해 CCTV를 설치하는 경우는 어떨까요? 만약 CCTV를 설치할 위치가 회사 로비 등 공개된 장소라면, 시설 안전과 범죄 예방 등 법에서 허용하는 경우에 한해서만 활용할 수 있고, 이 경우 안내판을 반드시 설치해야 합니다. 그러나 CCTV가 사무실이나 직원들만 이용하는 휴게공간에 설치된다면 또 다른 법이 적용됩니다. '근로자 참여 및 협력 증진에 관한 법률'에 따르면, 사업장 내에서 노동자를 감시하는 설비를 설치하는 경우 노동자와 사용자로 구성되는 노사협의회의 허락을 반드시 거치도록 규정하고 있습니다. 그런데 노사협의회는 상시 30인 이상의 사업장에 설치되기 때문에 노사협의회가 구성되지 않았다면 촬영 범위에 있는 모든 노동자들의 동의를 일일이 받아야 합니다. 이때 동의를 받음에 있어서 CCTV 촬영 목적과 촬영되는 부분, 촬영된 영상의 보관 기간을 노동자에게 미리 설명해야 합니다. 아울러 노동자에게 촬영을 거부할 권리가 있음은 물론 동의 거부에 따른 불이익이 있을 경우 그 내용까지 미리 고지해야 합니다.

CCTV에 촬영되는 사람들의 사전동의를 받았다고 해도 음성은 녹음할 수 없습니다. '개인정보보호법'는 CCTV의 녹음 기능을 사용할 수 없다고 명시하고 있습니다. 이를 위반한 경우, 5년 이하의 징역 또는 5,000만 원 이하의 벌금이라는 무거운 처벌을 받게 됩니다. 따라서 녹음을 할 필요가 있다면 CCTV와는 별도로 녹음기 등의 장치를 설치·이용해야 하고, 이때도 설치자 스스로가 대화자인 경우에만 적법하게 녹음이 가능합니다. '통신비밀보호법'상 대화에 참여하지 않은 자가 제3자 간 대화를 녹음하는 것은 불법이기 때문입니다.*

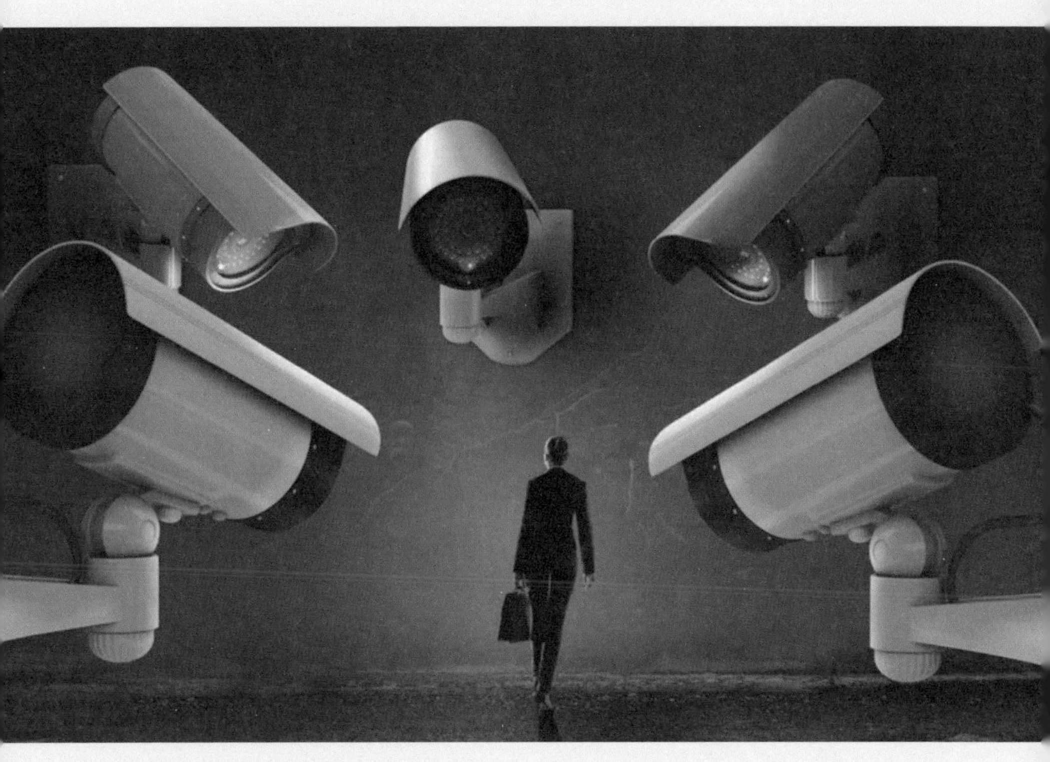

CCTV는 그 존재 자체가 딜레마라 할 수 있다.
범죄 예방과 증거 수집 등에 기여하지만 무분별한 정보 수집으로
개인의 사생활과 인격권을 침해하는 데 악용될 소지가 크다.
범죄에 맞서는 이로운 도구이자 범죄를 만드는 위험한 도구인 셈이다.
지금 이 순간에도 어딘가에서 당신의 모습을 주시하는 CCTV는,

**범죄로부터 당신을 보호하는 안전장치일까,
아니면 당신의 인권을 사냥하는 가늠좌일까?**

전자감시 시대의 서글픈 초상.

이처럼 CCTV 관련 법률을 준수하지 않았다면 '형사소송법'상 '위법수집 증거'에 해당하여 촬영물을 증거로 쓸 수 없습니다. 애써 수집한 확실한 유죄 증거를 사용하지 못하게 되는 것입니다. 게다가 '개인정보보호법' 위반으로 과태료를 내야 하거나, 경우에 따라 징역 또는 벌금이라는 형사처벌까지 받을 수도 있습니다.

당신을 보호하는 안전장치? 혹은 당신의 인권을 사냥하는 가늠좌?

CCTV 설치를 둘러싸고 가장 치열한 논쟁이 벌어지고 있는 곳은 의료계입니다. 대리수술과 의료사고 은폐를 막기 위해 CCTV 설치가 필요하다는 환자단체의 입장과 의료진에 대한 불신 조장 및 진료권을 침해한다는 의료계의 주장이 팽팽히 맞섭니다. 그러던 중 수술실 내부 CCTV 설치 내용을 담은 '의료법' 개정안, 이른바 '수술실 CCTV 설치 의무화법'이 마침내 국회 본회의를 통과했습니다. 첫 법안 발의에서 국회 본회의 통과까지 무려 6년이 걸렸을 만큼 논쟁이 치열했지요.

개정된 법에 따르면, 앞으로는 수술실 내에 CCTV를 반드시 설치해야 합니다. 다만 항상 촬영할 수 있는 게 아니라 환자나 보호자가 요구할 때만 할 수 있습니다. 이때도 음성녹음은 환자와 의사 양측이 동의할 때만 가능합니다. 물론 의사가 촬영을 거부할 수 있는 예외조항도 포함되어 있습니다. 촌각을 다투는 응급 수술과 적극적인 조치가 필요한 위험한 수술, 전공의의 수련 목적을 크게 저해할 우려가 있는 경우 등이 예외조항의 내용입

* 이와 관련해 아기를 키우는 부모라면 주목해야 할 판례가 있다. 97쪽 [Digital Legal Box] 참조.

니다. 이 개정안은 2년의 유예기간을 거쳐 2023년 8월부터 시행될 예정인데요. 비록 법은 통과되었지만 세부적이고 구체적인 상황에 따라 CCTV 설치를 둘러싼 논쟁은 아직도 진행 중입니다.

그런데요, CCTV의 명과 암에 대한 논쟁이 국제정치에 있어서 '안보의 딜레마'와 맞닿아 있는 점은 매우 의미심장합니다. 한 국가가 안보를 강화화기 위해 방위력 확장정책을 시행할 경우, 주변국을 자극하게 되고 주변국도 그에 상응하는 군사적 조치를 강행하게 됩니다. 남측과 북측 간의 군사적 긴장관계가 대표적인 예라 할 수 있겠지요. 결국 안보를 강화하는 정책이 더 큰 안보의 위협을 초래하는 경우가 적지 않습니다. 이처럼 안보를 강화하는 정책이 역으로 안보에 위협을 가져오는 현상을 가리켜 '안보의 딜레마'라고 부릅니다.

CCTV도 비슷한 딜레마를 초래합니다. 수술실에 설치된 CCTV는 의료사고에서 책임 소재를 규명하는데 도움이 될 것입니다. 그런데 수술실에 CCTV가 설치된 경우, 의사는 의료사고로 인한 책임 추궁이 두려운 나머지 소극적이고 방어적인 치료를 펼칠 우려가 있습니다. 이로 인해 환자가 피해를 입는 경우를 배제할 수 없습니다. 수술실에 CCTV를 설치해 의사에게 의료사고에 대한 경각심을 갖도록 함으로써 환자 보호를 강화하려는 의도가 퇴색되어 버리는 딜레마에 빠지는 것입니다.

CCTV는 그 존재 자체가 딜레마가 되기도 합니다. 범죄 예방과 증거 수집 등에 기여하지만, 무분별한 정보 수집으로 개인의 사생활과 인격권을 침해하는 데 악용될 소지가 공존하기 때문입니다. 범죄에 맞서는 이로운 도구이자 범죄를 만드는 위험한 도구인 셈이지요. CCTV를 단순한 촬영장비로 치부할 수 없는 이유입니다.

| 수술실 CCTV 설치 찬반 여론조사 |

의뢰기관 : YTN, 조사일 : 2021. 06. 18

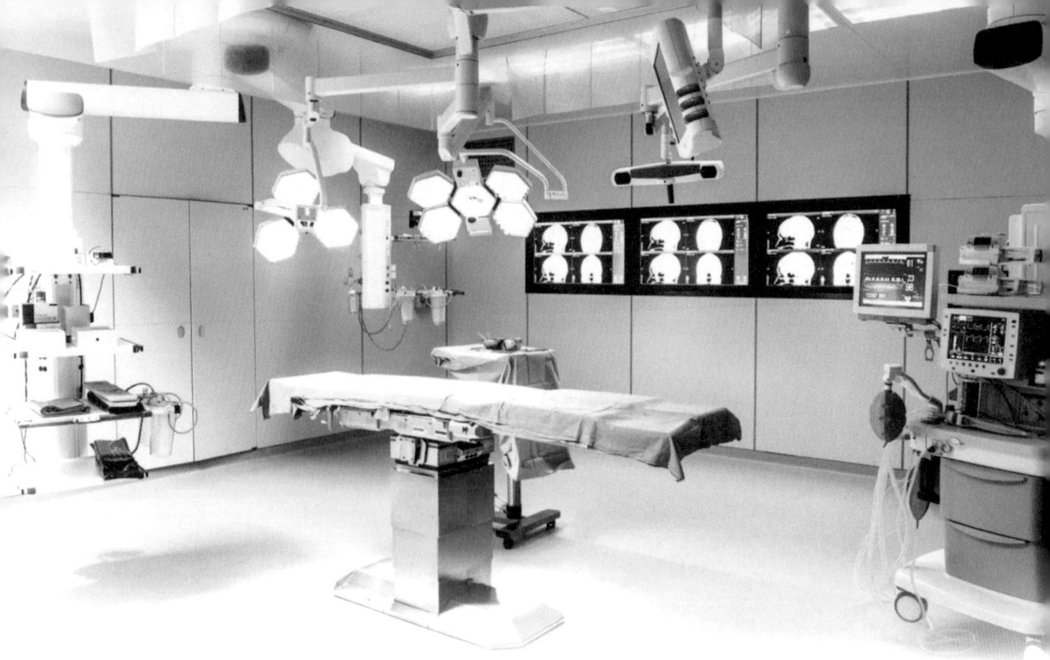

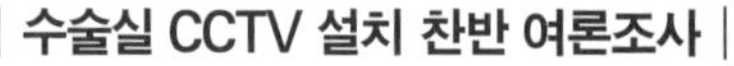

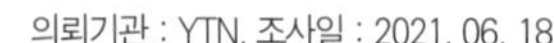

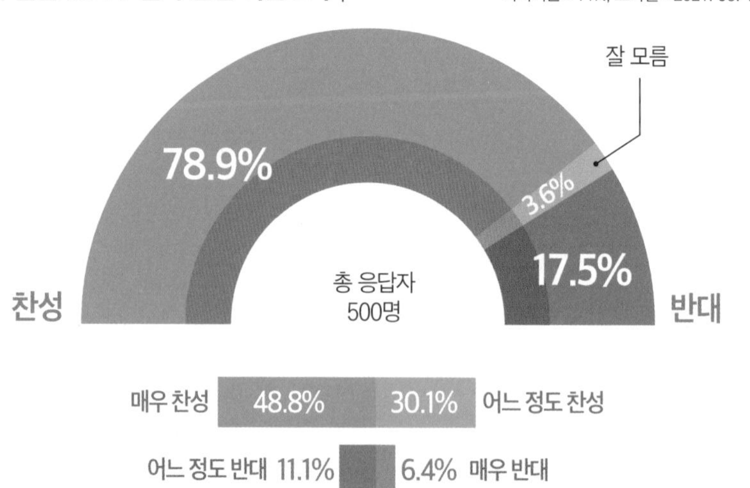

지금 이 순간에도 어딘가에서 당신의 모습을 주시하는 CCTV는, 범죄로부터 당신을 보호하는 안전장치일까요, 아니면 당신의 인권을 사냥하는 가늠좌일까요? 전자감시 시대의 서글픈 초상입니다.

CCTV의 증거능력에 관한 주목할 만한 판결

CCTV는 개인정보 보호에 민감하게 작용하는 만큼 법적 분쟁이나 관련 송사가 빈번합니다. 이와 관련하여 최근 심각한 사회문제로까지 불거지고 있는 아이돌보미의 아동학대 현장을 촬영한 CCTV의 증거능력 관련 판례를 소개합니다.

아이돌보미가 생후 10개월 된 아기를 향해 큰소리로 "미친 X 아니야, 또라이!"라고 폭언한 사실이 녹음돼 '아동학대죄'로 재판에 넘겨진 사건인데요. 1심은 몰래 한 녹음에는 증거능력이 없다며 무죄를 선고했습니다. 생후 10개월 된 아기와 아이돌보미 간 대화를 제3자인 부모가 몰래 녹음한 것을 '통신비밀보호법'이 금지하는 '공개되지 아니한 타인 간의 대화를 녹음한 것'으로 본 것입니다.

하지만 항소심에서는 아이돌보미에게 '아동학대죄'를 인정해 벌금 300만원이 선고됐습니다. 항소심 재판부는 아이를 향한 돌보미의 욕설이 '통신비밀보호법'에서 보호하는 '당사자들이 육성으로 말을 주고받는 의사소통 행위'로서의 '대화'에 해당하지 않는다고 판단한 것입니다. 즉, 의사소통이 어려운 영·유아를 향한 일방적인 욕설과 폭언은 상호작용으로 이뤄지는 대화로 볼 수 없기 때문에 그 욕설·폭언이 녹음된 파일은 '통신비밀보호법'에 위반된 위법한 증거가 아니라는 것입니다.

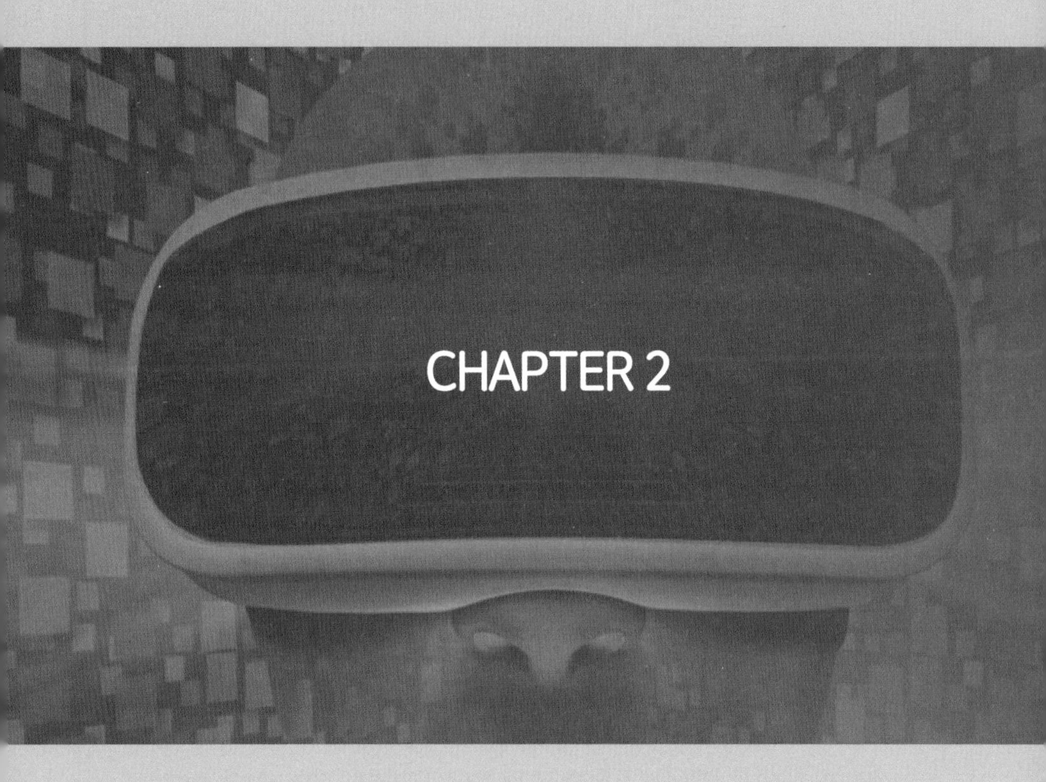
CHAPTER 2

블록체인 위에서 펼쳐지는
법률 오디세이

블록체인은 결코 가상자산만을 위해 진화하지 않는다!

- 가상자산에 가려진 블록체인의 진면모 -

2008년, 미국의 투자은행 리먼 브라더스가 파산하면서 금융위기가 전 세계를 휩쓸었습니다. 금융거래를 보증해주는 은행권의 파산은 사람들에게 엄청난 충격을 안겨주었지요. 은행은 위기를 해결하기 위해 돈을 풀었고, 이는 곧 인플레이션을 유발했습니다. 사람들은 그동안 믿어왔던 금융시스템에 적지 않게 실망했습니다. '은행이 과연 내 돈의 가치를 지켜줄 수 있을까?'하는 생각과 함께 화폐를 발행하는 중앙은행에 다시 한 번 의구심을 품게 되었지요.

그리고 글로벌 금융위기가 터진 이듬해인 2009년 컴퓨터 프로그래머 사토시 나카모토(中本哲史 , Satoshi Nakamoto)는 불안전한 기득권 통화질서의 대항마로서, 가상자산인 비트코인을 개발합니다. 비트코인은 디지털 단위인 '비트(bit)'와 '동전(coin)'을 합친 개념으로, '블록체인(block chain)' 기술을 기반으로 한 세계 최초의 가상자산입니다.

가상자산이 우리나라를 포함한 전 세계에서 엄청난 투자 붐을 일으킨 것은 그로부터 여러 해가 지나서였습니다. 2017년과 2021년에 걸쳐 가상자산은 전 세계 투자자들로부터 어마무시한 자금을 빨아들였습니다. 그러는 와중에 블록체인이라는 말도 일상화되었지요. 하지만 블록체인이란 개념에 대해서 정확히 알고 있는 사람은 의외로 많지 않습니다. 심지어 가상자산 투자에 나선 사람들조차 블록체인이 곧 가상자산인 양 잘못 알고 있는 경우가 다반사입니다.

물론 블록체인이 가상자산은 아닙니다. 블록체인은 가상자산의 근간이 되는 기술입니다. 따라서 블록체인은 가상자산 이외에도 다양한 산업과 연계해 활용가치를 늘려나가고 있습니다. 전문가들은 블록체인을 4차 산업혁명 시대를 이끄는 핵심 기술 가운데 하나로 꼽는데 주저하지 않습니다. 설사 가상자산에 투자하지 않더라도 블록체인의 기본원리를 간략하게나마 정확하게 알고 있어야 하는 이유입니다.

인터넷에 버금가는 게임 체인저

자, 지금부터 블록체인이란 도대체 어떤 원리로 작동하는 것인지 살펴보겠습니다. 블록체인을 한마디로 표현하면, '데이터 분산형 저장 기술'입니다. 처음부터 생소한 전문용어가 등장하니 좀 난감합니다. 좀 더 쉽게 풀어서 설명해 보겠습니다.

'데이터 분산형 저장 기술'이란, 온라인 장부에 거래내역을 기록하고, 이를 전 세계 무수히 많은 컴퓨터에 분산해서 저장하는 것을 말합니다. 따라서 변경된 데이터는 모두에게 투명하게 공개됨에 따라 수정과 위조가 사실상 불가능합니다. 데이터를 분산 저장한 컴퓨터를 일일이 해킹할 수 없는 노릇이니까요. 이런 특성 때문에 블록체인 기술로 만들어진 비트코인은 지금까지 한 번도 해킹당하지 않았습니다.

그런데 가상자산이 곧 블록체인이 아니라면 이 두 개념을 분리해서 이해할 순 없을까요? 블록체인 네트워크를 유지하기 위해서는 네트워크에 참여할 개별 컴퓨터인 노드(node)가 필요합니다. 그런데 수많은 노드들이 아무런 대가도 없이 전기비와 컴퓨팅 자원을 스스로 부담하면서 블록체인 네트워크 유지에 기여하는 것이 현실적으로 가능할까요? 생각해봅시다. 어떤 일을 함에 있어 우리는 늘 기회비용을 따집니다. 따라서 발생하는 비용보다 큰 보상 없이는 그 일을 할 사람을 찾기 어렵기 마련이지요. 즉, 블록체인 참여자들이 노드를 통해 거래가 발생할 때마다 그 내역을 기록하는 장부인 블록을 만드는 등 블록체인 네트워크 유지 대가로 받는 보상이 바로 가상자산인 것입니다. 이런 보상체계를 통해 블록체인 네트워크가 원활하게 돌아갈 수 있는 것이지요.

이처럼 누구든지 자유롭게 참여할 수 있는 개방형 블록체인 네트워크인 '퍼블릭 블록체인'에서는 현실적으로 가상자산을 분리해서 생각하기 어렵습니다. 비트코인과 이더리움 등이 여기에 해당합니다. 반면, 허락된 소수만 참여할 수 있는 블록체인인 '프라이빗 블록체인'도 있는데요. 보안을 중요하게 여기는 은행이나 공공기관 등에서 많이 사용하는 블록체인입니다. 이 경우 관리하는 주체가 네트워크 유지비용을 부담하면 되기 때문에 가상자산 보상체계가 굳이 필요하지 않습니다.

전문가들은 블록체인이 인터넷에 버금가는 변혁을 주도할 것이라고 전망합니다. 실현가능한 예측입니다. 블록체인이 주목 받는 가장 큰 이유는 '분산원장 기술' 때문입니다. 예를 들어 A가 B에게 100만 원을 현금으로 빌려주는 차용증을 썼다고 가정해보겠습니다. 원본을 A와 B가 한 장씩 나눠 가졌는데, B가 차용증에 적힌 100만 원을 10만 원으로 감쪽같이 바꾸고는 자신은 A에게 10만 원만 빌렸다고 주장합니다. A는 원본 차용증을 가지고 있지만 자신의 차용증이 원본인지 증명하기 어렵습니다. 그런데 만약 A와 B 사이에 차용증을 쓸 당시 무작위로 100명의 사람들에게 차용증에 적힌 사실을 알려줬더라면? B가 차용증에 적힌 빌린 돈을 아무리 교묘히 바꾸더라도 이미 100명의 증인이 존재하기 때문에 B의 거짓 주장이 먹힐 리가 없을 것입니다. 쉽게 말해 A와 B 사이 100만 원 차용 정보가 100명의 사람들에게 분산 저장되는 것입니다. A와 B 사이에 차용증을 써 놓는 것보다 훨씬 신뢰할 수 있는 방식이 되는 거지요.

분산원장 기술의 이해를 좀 더 돕기 위해 은행 거래를 예로 들어보겠습니다. 누군가에게 돈을 보낼 때 은행 앱을 통해 송금하는 경우가 일반적입니다. 번거롭기도 하고 또 거래내역이 남지 않기 때문에 현금을 직접 지급하지는 않습니다. 그렇게 우리는 은행의 거래내역과 잔고증명 기능을 전적으로 믿고 따라야만 합니다. 은행이 거래에 있어 대체불가능한 중개자 역할을 하고 있기 때문입니다. 그런데 만약 은행 서버가 정상적으로 작동하지 않거나 해킹으로 인해 거래 기록이 사라진다면? 최악의 경우 나의 예·적금 및 거래 내역을 증명할 수 없게 됩니다. 결국 은행에 맡겨놓은 내 돈이 하루아침에 사라지게 되는 것이지요.

블록체인은 '탈중앙화' 시스템으로 은행과 같은 중개자가 없습니다. 대신 분산원장 기술로 거래내역을 투명하게 공개합니다. '내가 A에게 100만 원을 보낸다'라는 거래내역이 블록체인에 기록되면, 이것은 네트워크를 통해 다시 수많은 컴퓨터에 저장됩니다. 누구도 이 사실을 위조할 수 없습니다. 그래서 어느 한 지점이 해킹을 당하거나 삭제되더라도 내 데이터는 안

세계 최초의 가상자산 비트코인의 개발자인 사토시 나카모토의 초상화 아트워크.

글로벌 금융위기가 터진 이듬해 사토시 나카모토는
불안전한 기득권 통화질서의 대항마로서,
블록체인 기술을 기반으로 한
세계 최초의 가상자산 '비트코인'을 개발했다.

그리고 머지않아 비트코인을 비롯한 가상자산은
전 세계 투자자들로부터 어마무시한 자금을 빨아들였고,
가치의 폭등과 폭락을 반복하며 자본시장을 쥐락펴락했다.

자연스레 블록체인의 운명도
가상자산의 시세에 따라 롤러코스터를 탔다.
블록체인의 정당한 평가는 늘 뒷전이었다.

전하게 남아 있게 됩니다. 은행과 같은 중개자가 없으니 중개자에게 지불해야 할 수수료 부담도 없습니다. 그러면서도 P2P(Peer to Peer) 방식인 개인과 개인 간 거래가 안전하게 이뤄지는 겁니다.

어느새 일상 속 깊숙이 들어온 기술

오늘날 블록체인은 DID(Decentralized IDentifier)와 같은 신원증명, 디파이(Decentralized Finance) 등의 새로운 금융 및 신개념 유통채널로 활용 범위가 점점 넓어지고 있습니다. 모두에게 공개되어 있고 위·변조가 불가능한 기술적 특성이 거래의 신뢰성을 보장하기 때문입니다. 즉, 블록체인은 신뢰가 필요한 모든 분야에 적용될 수 있습니다. 이를 바탕으로 블록체인은 우리가 체감하지 못하는 사이에 이미 일상 속 깊숙이 들어와 있습니다. 블록체인 기술이 적용된 몇 가지 사례를 살펴보겠습니다.

먹거리의 신뢰도를 높인 '축산물 이력제'

누구나 한 번쯤은 마트에서 산 쇠고기가 진짜 한우가 맞나 의심해본 적이 있을 텐데요. 블록체인 덕분에 이제 그런 의심을 내려놓아도 무방하겠습니다. 블록체인을 적용한 '축산물 이력제'를 통해 내가 먹는 쇠고기의 이력을 조회할 수 있기 때문입니다. '축산물 이력제' 앱을 다운 받아서 포장지에 붙은 개체식별번호로 검색하면 소의 출생정보와 도축일자, 육질등급, 예방접종 결과 등을 한눈에 볼 수 있습니다. 축산물 이력제는 소의 사육단계부터 도축, 포장, 판매 단계까지의 정보를 기록·관리함으로써 축산물의 유통 과정에서 위생이나 안전상의 문제가 발생했을 때 신속하게 이력을 추적할 수 있는 시스템입니다.

하지만 축산물 이력제는 이로운 취지에도 불구하고 시스템 도입 초기인 2008년에는 적지 않은 문제들을 안고 있었습니다. 우선 단계별 이력정보를 5일 이내에 신고하도록 되어 있어서 신고 전에 문제가 발생하면 이력 조회가 어려웠습니다. 또 도축검사증명서, 등급판정확인서 등 5종의 증명서를 종이로 전달해야 하는 탓에 많은 비용과 시간이 소요되었고, 심지어 위·변조 위험도 배제할 수 없었습니다.

2018년부터 적용된 블록체인은 기존 축산물 이력제의 신뢰를 저해하는 위·변조 문제를 해결했습니다. 사물인터넷 기기로 정보를 수집하고 모든 이력정보와 증명서를 블록체인에 저장하고 공유합니다. 이로써 이력정보와 증명서를 위·변조해 부당이득을 취하는 행위를 미연에 방지할 수 있게 된 것입니다.

투명한 유통 기록으로 다이아몬드와 명품의 위·변조 차단

블록체인은 이른바 '짝퉁'을 감별하는데 매우 유용합니다. 다이아몬드 시장은 오랫동안 위조와 밀반출이 심각한 문제로 지적되어왔습니다. 종이로 된 인증서를 위조해 가짜를 진짜로 속여 팔기도 하고, 아프리카 주요 분쟁지역의 일명 '피의 다이아몬드'가 불법으로 유통되기도 합니다.

영국의 스타트업 에버레저는 블록체인으로 이런 문제를 해결했습니다. 이 회사는 블록체인 위에 다이아몬드의 생산이력과 색상, 캐럿, 거래내역, 인증번호 등을 기록한 뒤, 이것을 다이아몬드 거래소와 공유했습니다. 덕분에 다이아몬드의 유통 경로를 투명하게 추적할 수 있고, 분실된 다이아몬드의 암시장 거래도 막을 수 있게 된 것입니다.

블록체인은 명품 유통시장에서도 활용됩니다. 루이뷔통 등 세계적인 명품 브랜드 회사들은 진품 인증과 상품 추적에 블록체인을 활용하기 위해 블록체인 플랫폼인 '아우라(Aura)' 컨소시엄을 구축했습니다. 제품의 제조와 유통, 소유권에 대한 모든 정보가 아우라 플랫폼을 통해 발급하는 고유 코드에 기록됩니다. 제조사 입장에서는 짝퉁을 방지하는 유용한 보안장치를 마련하고, 소비자는 믿고 살 수 있는 인증서를 발급 받게 되는 것입니다.

병원에 갈 필요 없는 실손보험 간편 청구

블록체인의 쓰임새는 의료계와 보험업계에서도 돋보입니다. 그동안 실손보험을 청구하려면 병원에 가서 직접 서류를 떼고 보험사에 팩스나 이메일로 전달해야 하는 번거로움이 있었습니다. 그러다 보니 소액의 경우 가입자가 귀찮다는 이유로 보험료 청구를 포기하는 사례가 많았지요. 보험사도 증빙서류를 일일이 확인하고 처리하는데 많은 일손이 필요했습니다. 하지만 블록체인 기반의 보험금 간편청구 시스템의 도입으로 모바일로 편리하게 실손보험을 청구할 수 있게 된 것입니다.

블록체인 기술이 아니었다면 보험계약과 진료내역 등 민감한 개인정보가 유출될 것을 우려해 터치 몇 번으로 병원에서 진단서를 다운 받고 전송하는 시스템을 상용화할 수 없었을 것입니다. 이제 블록체인에 데이터를 저장함으로써 개인정보 유출과 보험사기를 예방하고, 일일이 서류를 제출

22 June 2015
Laser inscription registry:
GIA 18712873
Shape and cutting style:
Round Brilliant
Measurements:
5.7-5.74 x 3.58mm
Carat weight: 0.74
Color grade: G
Clarity grade: SI 1
Cut grade: Very Good

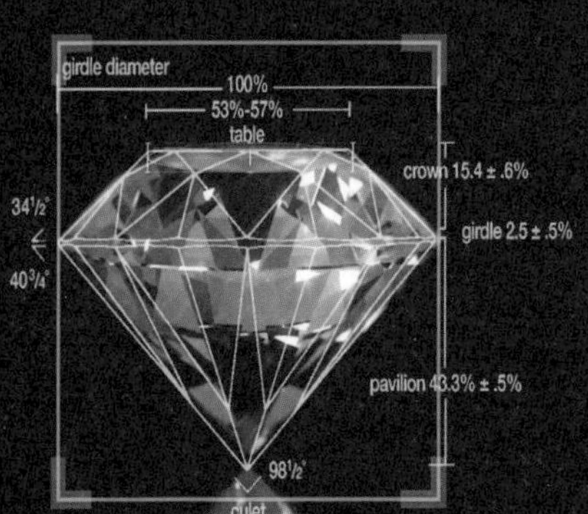

영국의 스타트업 에버레저는 블록체인 위에 다이아몬드의 생산이력과 색상, 캐럿, 거래내역, 인증번호 등을 기록한 뒤, 이것을 다이아몬드 거래소와 공유한다. 이로써 다이아몬드의 유통 경로를 투명하게 추적할 수 있고, 분실된 다이아몬드의 암시장 거래도 막을 수 있다.

하고 확인하는 번거로운 절차를 생략할 수 있게 된 것입니다.

4차 산업혁명 시대답지 않은 '웃픈' 현실

세계경제포럼은 2025년까지 전 세계 GDP의 10%가 블록체인 기반 기술에서 발생할 것으로 전망합니다. 현재 미국, 유럽, 중국, 일본 등지에서는 금융뿐 아니라 다양한 산업 분야로 블록체인의 활용 범위를 넓히는 동시에 규제를 완화하는 조치를 해나가고 있습니다. 우리나라도 다르지 않습니다. 정부는 2018년에 '블록체인 기술 발전 전략'을, 2020년에는 '블록체인 기술 확산 전략'을 수립해 정책적 노력을 기울이고 있습니다. 특히 블록체인 기술의 장점을 최대한 살려, 블록체인 적용의 파급력이 높은 업종을 선정해서 집중 지원한다는 방침입니다.

흔히 4차 산업혁명의 핵심 키워드로 '융합과 연결'을 꼽습니다. 데이터, 인공지능, 정보통신기술, 금융, 의료 등이 서로 연결되어 신산업을 만들고 새로운 부가가치를 창출합니다. 또 탈중앙화한 신원증명(DID) 및 금융서비스(DeFi)가 속속 등장하고, P2P 거래도 폭발적으로 증가하고 있습니다. 이렇게 연결성이 강조되는 사회에서 반드시 전제되어야 할 것이 바로 데이터에 대한 신뢰입니다. 블록체인은 초연결의 시대에 신뢰성을 확보할 수 있는 최적의 기술입니다. 그럼에도 불구하고 '블록체인 = 가상자산'이라는 생각은 그야말로 선입견이 아닐 수 없습니다. 과열된 가상자산 투자시장의 파열음들이 쏟아질 때마다 블록체인까지 한 데 묶여 억울한 혐의가 덧씌워지는 '웃픈' 현실입니다.

암호화폐 vs. 가상자산 vs. 디지털 자산

- 정확한 법률 개념 이해하기 -

'화폐'로 인정 받기 위해서는 가치의 저장, 가치의 척도, 교환의 매개 기능이라는 3대 조건이 필요합니다. 그런데 암호화폐, 가상화폐 등으로 부르자니 '화폐'의 각 기능을 충족한다고 보기 어렵습니다. 현재로서는 오히려 주식과 유사하지만 변동성은 훨씬 심한 '자산'에 가깝다고 볼 수 있겠습니다. 이러한 점들을 반영하여, '특정 금융거래정보의 보고 및 이용 등에 관한 법률'(이하 '특금법')에서는 '가상자산'으로 법적 개념을 정했습니다.

그럼에도 불구하고 여전히 '암호화폐'라는 용어가 많이 쓰이고 있는데요. 영어권에서 일반화된 'cryptocurrency'를 우리말로 직역 하다보니 '암호화폐'란 말이 나오게 된 듯합니다. 블록체인 기반의 암호화 기술을 활용한 화폐라는 의미를 담고 있지요.

한편, 우리나라 최대의 가상자산거래소인 업비트는 '디지털 자산'이라는 용어를 사용하고 있습니다. 이유가 뭘까요? '가상'이라는 단어가 우리나라 정서상 '사실이 아니거나 실체가 없는 것'으로 오해 받을 여지가 있기 때문입니다. 흔히 '가상세계'라고 하면, '현실에 존재하지 않는 세계'로 이해하는 것과 일맥상통합니다. 미술작품 등 다양한 실물에 조각투자 하거나, 메타버스 마저 생생한 현실로 받아들여지는 시대에, '가상자산'이란 개념이 투자적 신뢰성을 주지 못한다고 판단한 것입니다. 직관적이면서도 본래의 의미를 잃지 않고 법에서 정의한 바를 벗어나지 않는, 가장 적절한 표현이 '디지털 자산'이라고 여긴 것이지요.

코인의 미래? 화폐의 미래!

- CBDC와 가상자산의 공존은 가능할 것인가? -

코로나19 팬데믹 확산 초기 미국 경제와 금융 시장은 마비될 위기에 처했습니다. 이에 미국 중앙은행(Fed)이 꺼내든 카드는 '무제한 양적 완화'였지요. 하지만 천문학적인 돈 풀기는 달러가 기축통화의 지위를 상실할 것이란 우려를 낳았습니다. 반면, 비트코인을 포함한 가상자산은 달러 가치 하락에 대한 우려로 가격이 크게 상승했습니다. 그 사이 중국을 선두로 세계 각국 중앙은행들은 현금을 대신할 디지털 화폐 'CBDC(114쪽)' 도입을 위해 분주히 움직였습니다.

2009년 익명의 프로그래머가 세계 최초의 가상자산을 만들어 파장을 일으킨 이후 주요국 중앙은행들이 CBDC 발행을 심각하게 고려하자 화폐의 미래를 궁금해 하는 이들이 늘어났습니다. 달러는 기축통화의 지위를 언제까지 유지할 것인가? 실물 화폐는 정말 사라질까? 비트코인은 화폐의 지위를 얻을 수 있을까, 아니면 소멸할까? 화폐의 미래에 대한 다양한 전망이 제기되는 가운데, 주요국 중앙은행들은 CBDC 도입을 기정사실화하는 눈치입니다.

테라와 루나의 역습, 순식간에 50조 원이 증발

새로운 화폐로 주목 받고 있는 디지털 화폐에는 크게 '가상자산', '스테이블코인', 'CBDC' 3종류가 있습니다. 비트코인, 이더리움 등의 가상자산은 중앙은행의 개입 없이 개인과 개인 간의 거래가 가능하지만 가격 변동이 심해서 화폐로 쓰기에는 무리가 있습니다. 이 단점을 보완하기 위해 만들어진 것이 바로 스테이블코인인데요. 하지만 2022년 5월 테라와 루나의 가격 폭락으로 스테이블코인에 대한 신뢰가 단숨에 무너지고 말았습니다.

스테이블코인은 크게 담보물 기반과 알고리즘 기반으로 구분됩니다. 먼저 담보물 기반 스테이블코인부터 살펴보겠습니다. 이는 법정화폐 혹은 실물자산과 가격이 연동되도록 만든, 이름 그대로 코인의 가치를 '일정하게(stable)' 유지하는 가상자산입니다.

스테이블코인 시장점유율 1위는 테더(USDT)인데요. 은행에 달러를 예치한 뒤 그에 상응하는 양의 스테이블코인을 발행해서 가격을 유지하는 방식으로 미국 달러와 1:1 가치를 고정(페깅, pegging)하는 구조입니다. 현재 약 800억 개의 테더가 시장에서 유통되고 있기 때문에 그에 대응하는 약 800억 달러 상당의 자산이 지급준비금으로 보유되어야 합니다. 그런데 이 준비금 관리 정보가 불투명한 탓에 테더 발행량 대비 준비금이 턱없이 부족한 게 아닌지 의혹이 커지고 있습니다. 의혹이 사실로 드러난다면 한순간에 신뢰가 무너져 대규모 인출 사태(뱅크런)로 이어져 수많은 테더 보유자가 달러로 교환 받지 못하거나 달러의 가격보다 낮게 교환하게 됩니다. 이때 미국 달러와의 1:1 가치가 언페깅되어 스테이블코인으로서의 가치 또한 무너지게 됨은 물론입니다.

테라와 루나 사태로 이미 가치가 완전히 상실된 테라USD(이하 '테라')가 대표적인 알고리즘 기반 스테이블코인입니다. 테라가 미국 달러와 1:1 가치를 고정하기 위해서는 '루나'라는 가상자산이 필요한데요. 쉽게 말해서 테라와 루나를 시소의 양쪽 자리에 앉혀놓고 서로 덜어내고 더하면서 1달러라는 기준을 알고리즘이 자동으로 맞추는 구조입니다.

그런데 문제는 알고리즘이 모든 복합적인 상황을 완벽히 파악해서 대응할 수가 없다는 것이지요. 미국이 금리를 올리고 긴축정책을 본격화하면서 주식·가상자산 등 전 세계 금융시장이 얼어붙은 상황에서 알고리즘에 예기치 못한 일이 벌어진 것입니다. 이때 테라의 1달러 페깅이 깨진 상태에서 복구는커녕 그 차이가 더욱 커지면서, 시장에 공포가 엄습해온 것이지요. 테라와 루나에 대한 공고했던 신뢰가 무너지면서 사람들은 테라와 루나를 시장에 던지기 시작했습니다.

테라를 만든 테라폼랩스는 가격 방어를 위해 자체 보유하고 있던 비트코인 8만여 개를 투입했지만 거대한 성이 한순간에 무너지는 것을 막긴 역부족이었습니다. 순식간에 50조 원이 증발했습니다. 전 세계 가상자산거래소는 테라와 루나를 상장폐지했습니다. 아직 스테이블코인에 대한 제대로 된 규제 체계가 완비되어 있지 않은 탓에, 이 엄중한 사태를 미리 예방할 수도, 벌어진 일에 책임지는 누군가도 없게 되버린 것입니다.

이러한 상황 속에서 전 세계적으로 스테이블코인과 가상자산 규제에 속도가 붙고 있습니다. 최근 미국 규제당국은 지나치게 급성장한 스테이블코인에 대한 규제의 필요성을 강조하며, 발행기관을 연방예금보험공사의 예금보험에 가입한 금융기관으로 제한하는 입법을 제안했습니다. 일본 의회는 2022년 6월 3일 스테이블코인에 대한 법안을 통과시켰습니다. 해당 법

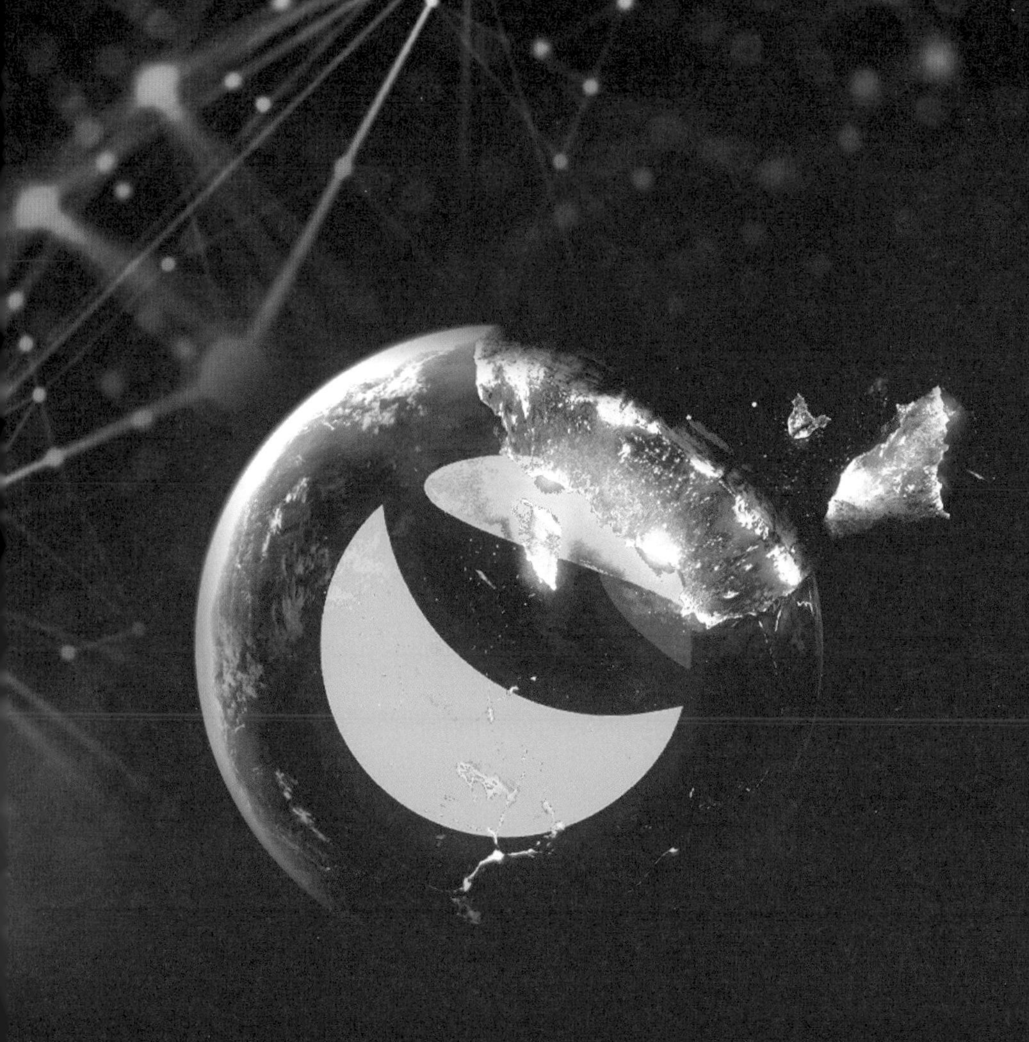

비트코인을 비롯한 가상자산은
중앙은행의 개입 없이 개인과 개인 간의 거래가 가능하지만
가격 변동이 극심해서 화폐로 쓰기에 무리가 있다.
이 단점을 보완하기 위해 만들어진 것이 바로 **스테이블코인**.
그러나 테라와 루나의 가격 폭락으로
스테이블코인에 대한 신뢰는 단숨에 무너졌다.

안은 스테이블코인을 디지털 화폐로 정의한 뒤, 일본 엔(Yen)화 등 법정통화와 패깅되어야 하며 소유자에게 액면가로 상환할 권리를 보장해야 한다는 등의 내용을 담고 있습니다. 우리나라도 이러한 글로벌 규제 동향을 고려해서 스테이블코인을 포함한 가상자산 관련 규제 내용을 담은 '디지털자산기본법'의 제정을 준비 중에 있습니다. 이처럼 스테이블코인에 대한 규제 논의가 확산되면서 그 대안으로 CBDC가 떠오른 것이지요.

주요국 마다 CBDC 도입을 서두르는 이유

CBDC는 Central Bank Digital Currency의 이니셜로, 우리말로 옮기면 '중앙은행 디지털 화폐'가 되겠습니다. 중앙은행이 보증을 서고 현금과 같은 가치로 발행하는 디지털 화폐입니다.

CBDC 도입 논의는 비트코인의 등장 이후 2019년 메타(옛 페이스북)의 글로벌 스테이블코인 프로젝트 '리브라'(현 '디엠')의 출시 추진으로 급물살을 탔습니다. 그러나 리브라가 출시되기도 전부터 경고의 목소리를 내던 세계 주요국들의 반발로 리브라는 결국 세상에 나오지 못했습니다.

전 세계 국가들이 리브라에 반대한 이유는 뭘까요? 가장 큰 이유는 전 세계 28억 명의 이용자를 보유한 최대 소셜네트워크 페이스북으로 인해 은행의 기능과 통화 질서가 위축될 것에 대한 우려였습니다. 당시 마크 저커버그(Mark Zuckerberg) 페이스북 CEO는 이 글로벌 가상자산 프로젝트로 인해 미국 의회 청문회에까지 출석했는데요. 결국 메타는 지난 2020년 12월 리브라에서 디엠으로 명칭을 바꾸고 관련 정책을 수정해 출시를 준비하던 중 2022년 1월에 해당 기술을 제3의 회사에 매각하고 사업을 종료했습니다.

한편, 국제결제은행(BIS)의 조사 결과에 따르면, 현재 전 세계 86%의 중앙은행에서 CBDC 관련 연구를 하고 있으며, 테스트와 시범 사업을 진행 중인 국가도 50개국이 넘는다고 합니다. 중국 인민은행은 2014년부터 디지털 화폐 연구를 시작해 현재 일반 시민을 대상으로 시범 운영에 들어갔고, 미국은 코로나19 재난지원금 지급 과정에서 '디지털 달러화' 도입을 적극적으로 검토한 바 있습니다. 스웨덴은 유럽 최초로 CBDC 테스트에 돌입했습니다.

세계 주요국들은 왜 CBDC 도입에 속도를 내는 걸까요? 비트코인과 같은 암호화폐를 아직 통화로 인정하고 있지 않은 가운데 암호화폐가 실제 결제 수단으로 활용되고 있고, 이것이 기존 통화체제에 위기감을 심어주었기 때문이라고 하는데요. 하지만 보다 근본적인 이유가 있습니다. 바로 '현금 없는 사회'가 눈앞에 다가왔기 때문입니다. 전자결제, 모바일뱅킹, 핀테크 등의 발달로 현금 사용이 갈수록 줄어들고 있습니다. 뿐만 아니라 코로나19 이후 비대면 거래가 확산되면서 현금이 자취를 감출 날이 머지않았다는 전망이 전문가들 사이에서 강하게 제기되고 있지요.

사람들은 더 이상 지갑에 현금을 가지고 다니지 않습니다. 월급이 들어왔다고 해서 종이통장을 찍어 확인하지도 않습니다. 대신 스마트폰 앱으로 잔액을 확인하고 카드대금과 공과금 납부 등을 처리합니다. 이러한 변화로 인해 디지털 시대에 맞는 화폐의 필요성이 생겼고, 현금을 대체할 공신력 있는 화폐로서 중앙은행이 발행하는 CBDC의 도입을 서두르는 것입니다.

CBDC 도입에 가장 적극적인 나라는 중국입니다. 이미 중국은 국민들에게 디지털 위안화를 지급해 사용하도록 하는 대규모 실험을 시작했습니다. 인민은행이 베이징 시민 20만 명에게 200위안을 지급했을 때 백화점과 상점에 디지털 위안화 결제가 가능하다는 것을 알리는 팻말이 세워지기도 했지요. 은행 계좌 없이도 전용 앱을 내려 받아 QR코드로 찍기만 하면 결제가 가능해진 것입니다.

사실 중국은 이미 간편결제 QR코드 강국입니다. 2019년 중국 결제의 80%가 알리페이, 위챗페이로 이뤄졌습니다. 중국에서는 거지도 QR코드로 동냥한다는 말이 나돌 정도입니다. 이렇게 간편결제가 폭넓게 자리잡았음에도 불구하고 인민은행이 디지털 위안화 발행에 나선 이유는 뭘까요? 이에 대해 중국정부가 결제 시장에서 민간 기업의 의존도를 낮추고, 미국 달러에 대항해 기축통화 패권을 노리기 위함이라는 관측이 제기됩니다. 현재 중국은 수차례에 걸친 테스트를 마친 뒤, 디지털 위안화 시범도시 프로젝트를 확장해가며 상용화를 눈앞에 두고 있습니다. 코로나19 확산을 막기 위한 주요 도시 봉쇄로 인해 침체되었던 경제를 다시 살리고자, 지역 주민들에게 소비지원금을 디지털 위안화로 지급하기도 했습니다.

CBDC에서 중국이 앞서가고 있지만 가장 먼저 도입한 곳은 의외로 몇몇 개발도상국들입니다. 북중미의 작은 섬나라 바하마는 2020년 10월 세계 최초로 중앙은행 디지털 화폐인 '샌드 달러'를 발행했습니다. 같은 시기 캄보디아도 '바콘'을 발행했지요. 바하마는 700여 개의 섬으로 구성된 탓에 제도권 금융 인프라가 취약하고, 캄보디아도 국민의 약 80%가 은행 계좌를 가지고 있지 않습니다. 반면 이 두 나라의 모바일기기 이용률은 90%를 넘습니다.

국제결제은행(BIS) 조사에 따르면, 개발도상국이 CBDC를 먼저 도입한 이유는 이른바 '금융 포용' 때문이라고 합니다. 개발도상국의 경우 제도권 금융 인프라가 취약한 편인데요. 반면 CBDC는 은행 없이도 스마트폰만 있으면 사용할 수 있고, 이로써 화폐를 발행하고 유통하는 비용도 절감할 수 있습니다.

스웨덴은 이미 2016년부터 법정화폐를 디지털화한 이크로나(e-krona) 발행 연구를 시작했습니다. 현재 파일럿 테스트를 거쳐 발행 준비에 박차를 가하는 중입니다. 17세기에 유럽 최초로 지폐를 발행한 스웨덴이 유럽에서 가장 먼저 '현금 없는 사회'로 이행하고 있는 것입니다. 미국은 잠재적 이익보다는 잠재적 위험도 평가해야 한다는 신중한 입장으로 디지털 달러화와 관련한 대규모 연구 개발 프로젝트를 진행 중입니다. 일본도 디지털 엔화 실증 실험을 시작했고, 유럽 중앙은행(DCB)도 디지털 유로를 검토하고 있습니다.

우리나라의 상황은 어떨까요? 한국은행은 CBDC 연구를 시작으로 2021년 8월부터 카카오뱅크와 삼성전자 등이 참여한 CBDC 모의실험을 진행했습니다. CBDC가 성공적으로 유통되기 위해서는 법 개정 작업이 필요하고, 아울러 위·변조를 막는 기술적 조치도 마련되어야 하는데요. 지난 2021년 9월에 CBDC를 발행할 수 있도록 하는 법안이 처음으로 국회에 발의되었습니다.

CBDC의 도입으로 가상자산은 사라질 것인가?

CBDC는 민간이 발행하는 가상자산과는 근본적인 차이가 있습니다. 중앙은행이 직접 발행하는 '법정화폐'이기 때문에 현금과 동일한 위상을 지니고, 수요와 공급에 의해 교환가치가 변동하는 가상자산과 달리 가치를 중앙은행이 보증합니다. 반면, 가상자산은 화폐로 공식 인정되지 않으며 극심한 변동성이라는 치명적인 한계가 있습니다.

| 각 화폐의 주요 특징 |

	CBDC	아날로그 화폐	암호화폐(가상자산)
발행 주체	중앙은행	중앙은행	민간업체
발행 규모	중앙은행 재량	중앙은행 재량	사전에 결정
제반 기술	블록체인	제조	블록체인
감독 방식	중앙은행 및 정부기관	중앙은행 및 정부기관	참여자 전체
교환 가치	액면가 고정	액면가 고정	시장에서 결정
발행 형태	전자	지폐 · 동전	전자
거래 기록	중앙은행 관리	중앙은행 관리	분산원장

남미의 엘살바도르가 2021년 9월 미국 달러화와 함께 가상자산인 비트코인을 법정화폐로 채택한 바 있지만, 국민의 90% 이상이 비트코인보다는 달러 사용을 선호하는 게 현실입니다. 국제통화기금(이하 'IMF')도, 높은 가격변동성을 고려할 때 비트코인을 법정화폐로 사용할 경우 소비자 보호와 재정 건전성 및 안정성에 상당한 위험을 초래할 수 있다고 경고한 바 있습니다.

CBDC는 네이버페이나 카카오페이로 대표되는 선불전자지급수단과도 차이가 있습니다. 현재는 중앙은행이 발행한 법정화폐가 시중은행을 거쳐 민간 간편결제 서비스 이용자의 은행계좌와 연동되어 각 모바일 앱에 ○○페이로 보관됩니다. 반면 CBDC는, 중앙은행이 개인에게 바로 지급할 수 있습니다. 화폐 유통 단계에서 시중은행과 민간 간편결제 서비스가 생략되는 것입니다. 이에 따라 한국은행 계좌(앱)를 보유하면서 이를 통해서 모든 인터넷상으로 이루어지는 결제와 송금을 간편하고 신속하게 처리할 수 있게 됩니다. 물론 이 경우 시중은행의 역할이 축소될 수 있고 간편결제를 포함한 핀테크 영역이 타격을 입을 우려도 있겠습니다.

CBDC가 상용화될 경우, 중앙은행이 통화정책을 즉각적으로 펼칠 수 있을 것이란 긍정적인 주장이 제기됩니다. 현재 통화의 공급 경로는 '중앙은행→시중은행→민간'입니다. 그런데 CBDC가 도입되면 중앙은행이 시중은행을 거치지 않고 통화정책을 신속하게 펼치는 것이 가능해집니다. 이를테면 코로나19 같은 비상사태가 터졌을 때 정부가 재난지원금을 금융중개기관인 시중은행을 거치지 않고 CBDC로 지급하면 효과가 더 빠를 수 있다는 얘기입니다.

한편, CBDC 도입으로 중앙은행은 누가 어디에서 무엇을 샀고, 누구에게 돈을 얼마나 보냈는지 훤히 들여다볼 수 있게 됩니다. 이를 통해 돈세탁 등 범죄를 예방할 수는 있겠지만, 개인의 경제활동이 그대로 노출되는 탓에 사생활 침해가 일어날 가능성을 배제할 수 없습니다.

오늘날 전 세계 중앙은행들은 디지털 화폐가 주류가 될 가능성에 주목하며 화폐의 미래를 준비하고 있습니다. 그렇다면 CBDC 도입 이후 가상자산의 운명은 어떻게 될까요?

이주열 당시 한국은행 총재는, "비트코인 등 가상자산은 높은 가격 변동성으로 인해 지급 수단 및 가치 저장 수단으로서 기능하는데 제약이 있다. CBDC가 도입되면 특히 지급 수단으로서 가상자산 수요는 점차 감소할 것이다"라고 밝혔습니다.

제롬 파월(Jerome Powell) 미 연준 의장은 최근 미국 하원 청문회에서, "중앙은행이 지급을 보증하는 CBCD가 도입되면 스테이블코인도, 가상자산도 더 이상 필요 없을 것이다. 왜냐하면 CBDC는 기존 가상자산의 치명적인 단점인 가격 변동성에서 자유롭기 때문이다"라고 말했습니다.

CBDC가 도입되면 기존 가상자산의 위축을 어느 정도 감안해야 할 것입니다. 다만, 가상자산의 경우 가치를 저장하는 수단으로서의 장점은 여전히 유효하기 때문에 다른 용도로 활성화될 것이라는 게 전문가들의 중론입니다. 하건형 신한금융투자 연구원은 〈CBDC가 그린 화폐의 미래〉 보고서에서, "희소성, 영속성, 편의성 등으로 가치 저장 수단으로서의 비트코인의 매력은 유효할 것"이라고 내다봤습니다. 김형중 고려대 정보보호대학원 교수 역시, "암호화폐는 조세와 통화정책 수단으로서의 법정화폐 역할을 하는 게 아닌 일종의 가치 저장 수단의 기능을 한다는 점에서 사라지지 않을 것"이라고 진단했습니다.

한편, CBDC와 가상자산이 상호보완적인 관계로 공존할 가능성을 전망하는 시각도 설득력 있습니다. 토비어스 에이드리언(Tobias Adrian) IMF 금융자본시장국장은, 민간의 혁신적인 가상자산과 안정적인 중앙은행 CBDC가 공존할 수 있음을 역설한 바 있습니다. 비슷한 의견으로 박성준 동국대 블록체인연구센터장은, CBDC 도입으로 화폐 관련 생태계가 디지털화되고 가상자산에 대한 인식도 유연해질 수 있다는 점에서, '가상자산의 대중화 시대'를 촉진하는 계기가 될 것으로 바라봤습니다.

화폐의 미래에 대해서 한국과 미국 중앙은행장의 입장과 국내외 각계 전문가들의 견해는 서로 갈립니다. 생각건대 CBDC, 즉 중앙은행의 디지털 화폐 발행이 전통적인 실물 화폐의 개념 변화는 물론이고 가상자산의 사용에도 적지 않은 변화를 가져올 것임은 분명합니다. 비대면 디지털 경제가 가속화되는 가운데 블록체인을 기반으로 한 디지털 화폐가 우리 일상으로 들어오는 것은 시간문제이기 때문입니다.

다만, 한국과 미국 중앙은행장이 공언한대로, CBDC가 민간 가상자산의 가치를 한꺼번에 잠식해버리지는 못할 것입니다. 그러기에는 이미 가상자산 시장이 너무 거대해졌습니다. 디지털 경제시대에서 중앙은행은 더 이상 과거의 '화폐 연금술사'가 아니기 때문입니다.

손에 잡히지 않는 자산은 끝내 손에 넣을 수 없는가?

- 테라 · 루나, 조각투자 등 신종 투자기법 해부하기 -

한때 '여의도 저승사자'라 불리던 검찰의 금융·증권 범죄 전문 수사조직이 '금융·증권 범죄 합동수사단'(이하 '합수단')으로 부활했습니다. 합수단의 1호 사건은 바로 테라·루나 사건. 가상자산인 테라·루나의 폭락으로 손실을 본 투자자들이 권도형 테라폼랩스 대표 등을 '특정 경제범죄 가중처벌 등에 관한 법률' 위반(사기) 및 '유사수신행위의 규제에 관한 법률' 위반 혐의로 합수단에 고소장을 제출했습니다. 합수단은 이를 접수한 지 하루 만에 수사에 착수했지요.

수사를 통해 범죄 여부가 구체화 되겠지만, 현재까지 드러난 부분만으로는 혐의를 인정하는데 적지 않은 난항이 예상됩니다. 우선, 사기죄가 인정되기 위한 요건으로 '기망행위(남을 속여 넘기는 행위)'가 인정되어야 합니다. 만약 설계 당시부터 알고리즘 스테이블코인의 구조적 취약점을 알고 있으면서도 이를 숨기고 테라·루나 보유자에게 위험성을 고지하지 않은 채 프로젝트를 강행했다면 기망행위가 인정될 가능성이 높겠습니다.

그러나 알고리즘 스테이블코인이 구조적으로 문제가 있더라도 이를 보완·개선하면서 유지할 수 있을 것이라 생각하며 지금까지 이끌어온 것이라면 얘기가 달라집니다. 이 경우 설령 폭락 사태로 큰 피해가 있었더라도 애초에 속인다고 작정하고 프로젝트를 시작한 것은 아니기 때문에 기망행위가 있었다고 보기 어렵습니다.

테라·루나 사태는 '폰지사기'입니까?

테라·루나 사태로 뉴스에 자주 등장하는 게 '폰지사기'입니다. 1920년대 미국에서 찰스 폰지(Charles Ponzi)란 사람이 벌인 사기 행각에서 유래된 말인데요. 신규 투자자의 돈으로 기존 투자자에게 이자나 배당금을 지급하는 방식의 다단계 금융사기를 가리킵니다. 즉, 테라 프로젝트의 디파이(DeFi, 탈중앙화금융) 서비스인 앵커 프로토콜이 별도의 수익 창출 수단 없이 신규 투자자로부터 유치한 자금으로 기존 투자자에게 보상을 해주는 이른바 '폰지사기'에 해당하는지 궁금합니다.

앵커 프로토콜은 테라폼랩스에서 개발한 테라(UST) 기반 코인 예치서비스로, 사용자가 테라를 예치하면 이자를 지급해주는 시스템입니다. 사용자가 테라를 예치하면 연 이자율 20%에 달하는 이자를 지급하는 것을 내용으로 합니다. 폰지사기에 해당하려면 앵커 프로토콜이 애초부터 연 이자율 20%를 내는 것이 불가능했다는 점, 이를 알면서도 투자자들을 속이고 서비스를 제공했다는 점이 밝혀져야 합니다. 아무튼 연 이자율 20%의 이자를 지급할 능력이 있었는지를 밝히려면, 수사당국이 디파이 서비스의 설계를 기술적으로 하나하나 뜯어봐야 합니다. 쉽지 않은 일이지요.

앵커 프로토콜에 테라를 예치하면 고정 연 이자율 20%의 이자 지급을 약속한 것이 '유사수신행위'에 해당되는지 따져보는 것도 매우 중요합니다. '유사수신행위'란 인·허가 등을 받지 않고 불특정 다수인으로부터 원금 보장 약정을 하고 예·적금 등을 명목으로 '금전'을 받는 행위를 말합니다. 사실상 수익모델이 없음에도 고수익을 노리는 사람들의 심리를 악용하여 시중금리보다 높은 수익을 보장한다면서 자금을 모집하는 것이 유사수신행위의 특징이지요.

앵커 프로토콜이 사실상 수익모델이 없음에도 불구하고 늦게 서비스에 들어온 사람이 예치한 테라를 앞서 들어온 사람에게 이자로 대주는 '돌려막기' 형태라면, 유사수신행위에 해당될 수 있습니다. 다만, 유사수신행위는 '금전'을 받아야 하는데요. 과연 가상자산을 받는 것이 '금전'을 받는 행위에 해당될까요? '금전'의 사전적 정의는 '상품 교환 가치의 척도가 되며 그것의 교환을 매개하는 일반화된 수단'으로서, 가상자산은 이에 해당된다고 보기 어렵습니다. 아울러 가상자산을 금전의 범위에 포함시켜 유사수신행위로 보는 것은 유추해석에 해당되어 죄형법정주의에 위반될 가능성이 높습니다. '형법'의 대원칙인 죄형법정주의는 형벌법규를 해석함에 있어서 유추해석을 금지합니다.

아무튼 (현실적으로 가능성이 낮아 보이지만) 합수단이 여러 난관을 거친 끝에 권도형 테라폼랩스 대표 등에게 사기 혐의를 적용한다고 하더라도 그것으로 끝이 아닙니다. 사기죄로 기소하면 법원에서 유·무죄를 다투는 지리한 공방이 이어질 것입니다. 사실 피해자들에게는 권도형 대표의 유·무죄 여부보다는 얼마라도 피해액을 돌려받는 것이 훨씬 중요할 것입니다.

권도형 대표 등에게 사기죄 등 형사책임이 인정되지 않더라도 민사상 불법행위로 인한 손해배상책임은 인정될 수 있겠습니다. 형사는 '과실범' 처벌 규정이 없는 이상 '고의범'만을 처벌하는 반면, 민사는 고의뿐만 아니라 과실에 대해서도 책임을 묻기 때문입니다. 그러나 민사책임이 인정된다 하더라도 과연 가해자에게 어마어마한 피해액을 배상할 재산이 있을까요? 안타깝지만 현실적으로 피해자들이 만족할만한 구제를 받기는 어려워 보입니다.

가상자산의 법적 공백은 언제 메워질까?

금융당국은 테라·루나 사태가 터지고 나서야 비로소 가상자산 투자자 보호를 위한 규제 논의에 속도를 내고 있습니다. 사실 가상자산에 대해서는 '특정 금융거래정보의 보고 및 이용 등에 관한 법률'(이하 '특금법') 개정을 통해 자금세탁 방지 의무 등을 두었을 뿐입니다. 아직 가상자산 전반을 다루는 법령이 마련된 게 없지요. 가상자산 시장이 어마무시하게 커졌는데도 불구하고 금융당국은 특별한 대책 없이 손을 놓고 있었습니다.

2021년 4월 국회 정무위원회 전체회의에 참석한 은성수 당시 금융위원장의 발언에서 금융당국의 안일한 태도를 엿볼 수 있습니다. 그는, "국민이 많이 투자하고 관심을 갖는다고 해서 (투자자를) 보호해야 된다고 생각하지 않는다"라고 언급한 뒤, "잘못된 길로 간다면 잘못된 길이라고 이야기를 해야 한다"라는 말을 덧붙였습니다. 금융당국의 수장은, 가상자산 투자가 '잘못된 길'이라 경고했고, 그럼에도 불구하고 잘못된 길을 선택한 투자자들이 (자신의 손해를) 스스로 감수해야 한다는 것입니다.

하지만, 가상자산 시장 전체를 '잘못된 길' 즉 불법으로 치부할 수 있을까요? 그렇게 단정하기에는 가상자산 시장은 상상을 초월할 정도로 커져 있습니다. 수많은 가상자산 투자자를 불법행위자로 전락시킬 수 없는 노릇이지요. 주요 국가들이 가상자산을 제도권으로 편입하는 것은 어쩔 수 없는 선택일 것입니다.

2022년 3월 유럽의회 경제통화위원회는 가상자산 시장을 '증시와 유사하게' 규제하는 MiCA(Markets in Crypto-Assets) 법안을 통과시켰습니다. 머지않아 법안이 최종적으로 확정될 것으로 보이는데요. MiCA를 EU의 가상자산 규제에 관한 기본법안으로 봐도 무방하겠습니다. 법이 발효되면 EU 전체 27개 회원국은 가상자산 시장에 대한 단일 규제체제 하에 놓이게 되며 회원국 거래자들은 더욱 두터운 투자자 보호를 받게 됩니다.

가상자산은 일부 지역이나 나라에 국한하지 않고 국경을 넘어 전 세계적으로 움직입니다. 우리나라의 가상자산 관련 법령이 MiCA를 비롯한 해외 주요국의 법 제도에 영향을 받을 수밖에 없는 이유입니다.

가상자산은 대부분의 거래가 중앙화된 가상자산거래소에서 이뤄집니다. 이 점이 특히 증시와 유사합니다. 우리나라의 가상자산 규제 역시 유럽의 MiCA처럼 증시를 규제하는 기준에 맞춰질 가능성이 높은 까닭입니다. 정부는 2022년에 '디지털자산기본법'을 마련해 2023년에 국회에 발의할 계획을 세워놓고 있습니다. 가산자산 시장 규제가 증시와 유사하다는 점에서, '디지털자산기본법'에 담길 핵심 내용을 살펴보겠습니다.

가상자산 발행시 주요 투자 정보 공시 의무

주식 등 증권을 발행한 기업과 투자자 사이에는 정보비대칭성이 존재할 수밖에 없습니다. 투자자로서는 증권 발행 기업의 정보를 사실 그대로 정확히 파악해야 증권의 가치를 평가하고 투자 의사를 결정할 수 있는데요. 이러한 필요성 때문에 증권 발행 기업은 법에서 정한 정보를 의무적으로 공시하도록 되어 있습니다. 이로써 전자공시시스템에서 상장기업 등의 공시 정보를 한눈에 파악할 수 있습니다.

가상자산 발행 주체와 투자자 사이 또한 정보비대칭 문제가 발생합니다. 그럼에도 불구하고 제공하는 백서(일종의 사업계획서)의 중요 내용에 대한 의무공시가 제도화되어 있지 않기 때문에 투자자는 가상자산 발행 주체로부터 구체적인 투자 정보를 제공 받지 못한 채 투자에 나설 수밖에 없습니다.

예를 들어 상장회사인 위메이드는 주식 투자자 등 제3자에 대한 투자설명서 등 발행공시를 통해, 위메이드가 발행한 가상자산 위믹스의 거래 제한 위험성에 대해 공시했습니다. 반면, 같은 시기 위믹스 투자자에게는 그러한 거래제한 위험성에 대해 알리지 않았습니다. 위메이드 주식투자자 보다는 위믹스 투자자에게 더욱 중요한 정보임에도 불구하고 가상자산 시장에서는 의무공시 제도가 없기 때문입니다. 위메이드가 위믹스를 대량으로 매도하면서 위믹스의 금전가치까지 출렁거리자, 이를 알지 못했던 투자자들은 불안감에 휩싸였습니다. 증시와 달리 가상자산 시장에서는 대규모 거래에 대한 공시 의무마저 없기 때문에 위믹스 투자자로서는 초조한 마음에 발만 동동 굴렀던 것입니다.

테라·루나 사태의 경우도 다르지 않습니다. 알고리즘 스테이블코인의 위험성과 테라 고유의 투자 위험성에 대한 정보가 공시되었더라면 막연한 믿음이 시장에 형성되어 있는 상태에서 투자자들이 대비 없이 급작스런 피해를 당하는 일은 훨씬 덜했을 것입니다.

불공정거래를 조장하는 권한 집중 체제 재정비

주식시장에는 가격을 왜곡해 투자자에게 예상치 못한 손실을 입히는 불공정거래 사례가 적지 않습니다. 내부자 거래, 시세 조종 등이 이에 해당합니다. 그만큼 규제 강도도

셉니다. 불공정거래로 인정될 경우, 행위자는 행정제재는 물론 민·형사 책임을 져야 합니다.

불공정거래는 가상자산 시장에서도 빈번합니다. 가상자산거래소에서 가격 펌핑, 내부자들의 덤핑, 허위 주문 등이 적지 않게 일어나 투자자들이 피해를 보는 경우가 늘고 있습니다. 특히 가상자산 상장 및 상장폐지 문제가 심각합니다. 왜 그럴까요?

증시에서는 기업의 상장 기준이 나름 체계적으로 갖춰져 있기 때문에, 한국거래소의 이해관계에 따라 차별을 두어 특정 기업을 이른바 '특혜' 상장할 수 없습니다. 그리고 상장을 주관하는 한국거래소, 실물증권을 관리하는 한국예탁결제원, 거래 플랫폼을 제공하는 증권회사의 역할이 제각각 구분되어 있습니다.

반면, 가상자산거래소는 특정 가상자산을 거래시킬 때 어떤 기준으로 상장했는지 공개하지 않고 내부적 판단 후 상장 및 상장 폐지를 일방적으로 통보해 왔습니다. 그리고 거래 중개 및 체결, 청산 및 결제, 예탁, 상장 등 여러 기능을 거래소가 동시에 수행합니다. 가상자산 시장 전반에 걸쳐 한 곳에 권한이 집중되어 있는 것이지요.

가상자산거래소는 견제와 감시를 받지 않으면서도 여러 역할을 수행하다 보니 내부통제장치 없이 거래소의 이해관계에 따라 상장을 비롯한 중요한 판단을 독단적으로 내릴 위험이 높습니다. 가상자산 시장에서 돈만 주면 상장되는 이른바 '상장 피(fee)' 논란이 끊이지 않는 이유도 이 때문입니다.

지금이라도 당장 가상자산 거래에 있어서 견제가 필요한 기능은 분리하고, 강력한 내부통제장치를 마련해 이해상충 문제를 해결해야만 합니다. 또한 상장 관련 규정을 구체적으로 제정해 공시함으로써 임의로 상장 및 상장 폐지가 이뤄지지 않도록 해야 합니다.

커피 값으로 강남 빌딩에 투자한다는 조각투자의 허와 실

가상자산은 투자적 속성상 항상 주식과 비교될 수밖에 없는 운명입니다. 그 가운데 특히 가장 본질적인 논쟁을 불러일으키는 것이 바로 가상자산의 증권성* 문제입니다. 가상자산이 그 자체로 '증권성'이 인정된다면 '디지털자산기본법'이 제정되기 이전에 현행 '자본시장과 금융투자업에 관한 법률'(이하 '자본시장법')의 적용을 받을 수 있습니다. 즉, 증권을 발행한 것이 되어 증권신고서 제출부터 각종 공시 및 불공정거래 관련 규제 등 증권 발행인으로서의 '자본시장법'상 의무가 발생합니다(이 경우 '디지털자산기본법'은 증권성이 인정되지 않는 가상자산을 규율하는 기본법으로 이해하면 되겠습니다).

실제로 최근 위메이드가 발행한 가상자산 위믹스는 투자계약증권에 해당됨에 따라 위메이드 대표가 '자본시장법'을 위반했다는 신고가 금융위원회(이하 '금융위')에 접수되었습니다. 만약 금융위가 위믹스의 증권성을 인정한다면 '자본시장법'의 적용을 받게 됩니다. 이 경우 '자본시장법'에서 부과하는 의무가 있음에도 불구하고 이를 위반한 것이 되지요. 이처럼 가상자산의 증권성 유무에 따라 적용되는 법이 달라지기 때문에, 가상자산에 대한 증권성 판단 기준을 분명하게 마련해 놓을 필요성이 있습니다. 가상자산의 증권성 여부에 따른 법 적용 문제는 최근 쏟아져 나오는 여러 신종 투자상품에서도 불거져 나옵니다.

---

* 우리 나라의 '자본시장법'은, 미국 증권법상 '투자계약'을 가리키는 'Howey 기준'을 원용하여 주식 등 전통적 증권 외에 새로운 증권 형태를 포괄하는 취지의 '투자계약증권' 개념을 도입했다. 'Howey 기준'은 미국에서 판례들을 통해 마련된 준칙이다. 'Howey 기준'은 투자계약에 대해서 다음과 같이 개념 정의하고 있다. ① 이익을 기대하여 ② 공동사업에 ③ 금전 등을 투자하고 ④ 타인의 노력의 결과 및 그 대가를 받는 계약. 개별 가상자산도 'Howey 기준'에 따를 때 전통적 증권은 아니더라도 '투자계약증권'에는 해당될 여지가 있다. 이 경우 '증권성'이 인정되어 '자본시장법'이 적용될 수 있게 된다.

'커피 값으로 강남 빌딩에 투자한다!'는 광고가 화제를 모은 적이 있습니다. 건물의 가치를 유동화한 조각을 사고파는 부동산수익증권 거래 플랫폼 이야기입니다. 이 상품은 심지어 '혁신금융 서비스'로 지정되어 법의 테두리 내에서 서비스가 운영 중입니다. '자본시장법'상 부동산 신탁계약에 의한 수익증권 발행 근거 규정이 없음에도 불구하고 이를 허용하는 한편, 투자중개업 및 거래소 인·허가를 받지 않고도 증권거래 중개가 가능하도록 특례를 부여한 것이지요. 빌딩 수익권을 '브릭(벽돌)' 단위로 쪼개어 단돈 1만 원으로도 부동산에 투자 가능한 서비스인 비브릭(BBRIC)도 마찬가지. 부산 블록체인 규제자유특구에서 규제 특례를 받아 실증서비스를 진행 중이기 때문에 법의 테두리 내에서 운영 중입니다.

이처럼 주식, 채권, 부동산, 미술품 등 미래 수익이 발생할 수 있는 유형자산에 지분·권리를 부여하는 토큰 발행 방식을 통해 다수에게 판매하는 것을 '증권형 토큰 공개'(Security Token Offering, 'STO')라고 합니다. 쉽게 말해 증권형 토큰은 부동산이나 미술품 등 실물자산이나 주식, 채권 등 금융자산에 대한 권리를 토큰과 연동시킨 것인데요. 만약 미술품을 기반으로 한 증권형 토큰을 매수하면, 해당 미술품의 지분을 갖고 수익 배당, 의결권, 지분권 등의 권리를 갖게 됩니다. 이는 가상자산의 한 유형이지만, 기초자산과 연계된다는 점에서 '지급결제 유형' 혹은 '유틸리티 유형*'의 가상자산과 구분됩니다.

미국, EU, 일본 등 주요 국가에서는 이러한 증권형 토큰을 '증권'으로 보고 기존 증권법을 적용하는 규제 방식을 취하고 있습니다. 주식과 같은 증권을 토큰화한다고 한들 무늬만 토큰일 뿐 증권으로서의 성질은 그대로니

* 블록체인 네트워크 내에서 특정 서비스나 제품 거래에 사용할 수 있도록 발행되는 유형의 가상자산.

까요. 하지만, 우리나라는 앞에서 살펴본 대로 '규제 특례'를 통해서만 증권형 토큰을 허용할 뿐, 아직 '자본시장법'의 테두리로 가져온 상태는 아닙니다. 생각건대 가상자산 가운데 '증권형'은 '자본시장법'을, '비증권형'은 (향후 제정이 예상되는) '디지털자산기본법'으로 구별해 적용하는 규제 체계가 마련될 것으로 보입니다.

조각투자 열풍 이야기를 좀 더 이어가보겠습니다. 요즘 미술품부터 명품 시계, 와인 심지어 한우에 이르기까지 다양한 실물자산을 잘게 쪼개서 투자하는 것이 유행입니다. 이러한 형태의 조각투자도 증권으로서 '자본시장법'의 적용을 받을까요?

이는 음악 저작권 관련 투자 플랫폼인 뮤직카우 사태를 통해 어느 정도 정리가 된 듯합니다. 뮤직카우는 저작재산권을 직접 쪼개 판매하는 것이 아니라 '저작권료 참여청구권'(이하 '청구권')이라는 개념을 통해 저작권의 수익을 받을 권한을 나눠 투자자에게 판매하는 방식을 활용합니다. 투자자는 청구권을 취득해 저작권에서 나오는 수익을 뮤직카우로부터 지분비율에 따라 배분 받거나, 플랫폼에서 이를 처분하여 차익을 얻습니다.

금융위는 뮤직카우가 제공하는 '청구권'을 앞에서 살펴 본 'Howey 기준'(129쪽 각주)에 따라 투자계약증권이라 판단했는데요. 결과적으로 뮤직카우는 '자본시장법'의 적용을 받아온 것이고, 증권을 발행하면서 투자자 보호를 위해 필요한 증권신고서를 제출했어야 함에도 불구하고 이를 위반한 셈이 되어버렸습니다. 금융위는 뮤직카우에 대해 '자본시장법'에 따라 과징금이나 과태료 등의 제재조치를 취할 수 있음을 밝혔습니다. 다만, 바로 제재조치에 들어가지 않고 투자자 보호 체계 구축을 위한 시간을 벌어주기 위해 6개월의 유예기간을 뒀습니다.

뮤직카우
(음악저작권)
음악저작권료
참여청구권을
1주 단위
판매 및 투자
카사코리아
(부동산)
테사가 실물 미술품을
매입한 후
지분을 쪼개
개인에게 판매
조각투자 플랫폼
사업 모델
( )안은 투자 대상
상업용 부동산을
증권화해
5,000원 단위
실시간 거래 및 투자
테사
(미술작품)
한우 자산 플랫폼
'뱅카우'를 통해
송아지 소유권
일부 판매
스탁키퍼
(한우)

| 금융위의 조각투자 사업 판단 가이드라인 |

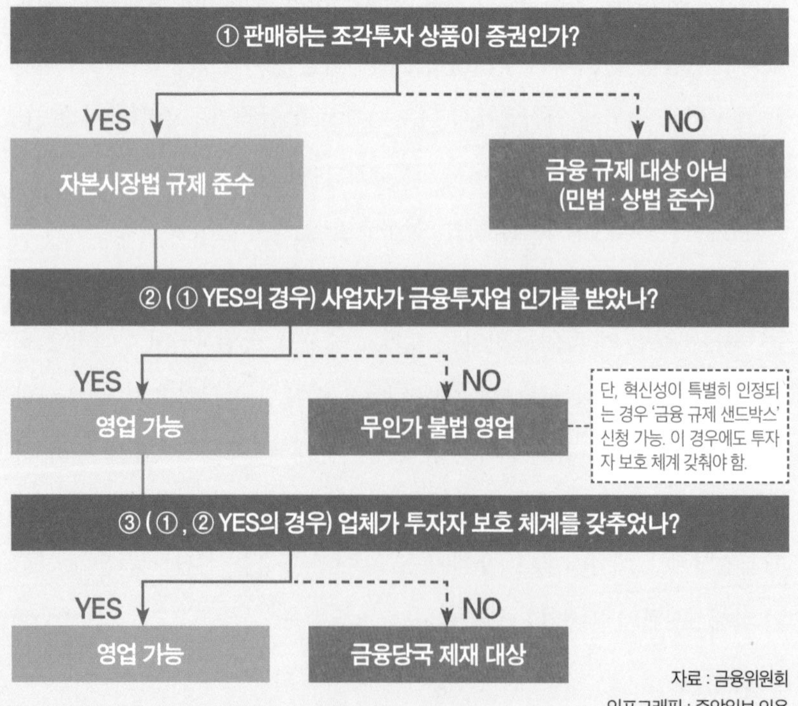
① 판매하는 조각투자 상품이 증권인가?
YES
자본시장법 규제 준수
NO
금융 규제 대상 아님
(민법·상법 준수)
② (① YES의 경우) 사업자가 금융투자업 인가를 받았나?
YES
영업 가능
NO
무인가 불법 영업
단, 혁신성이 특별히 인정되는 경우 '금융 규제 샌드박스' 신청 가능. 이 경우에도 투자자 보호 체계 갖춰야 함.
③ (①, ② YES의 경우) 업체가 투자자 보호 체계를 갖추었나?
YES
영업 가능
NO
금융당국 제재 대상

자료 : 금융위원회
인포그래픽 : 중앙일보 인용

사실 뮤직카우의 사업구조를 뜯어보면 투자자가 큰 피해를 볼 수 있는 여러 문제점들이 드러납니다. 여기서의 '청구권' 본질이 뮤직카우에 대한 채권적 청구권에 불과하기 때문에, 뮤직카우가 도산하면 투자자들은 자신들이 보유한 '청구권'을 온전히 행사할 수 없게 됩니다. 이에 대해 금융위는 투자자 권리 · 재산을 사업자의 도산 위험과 법적으로 절연하는 등 뮤직카우에게 투자자를 보호하기 위한 방안을 마련할 것을 요구한 것입니다.*

금융위는 뮤직카우 사태를 계기로 '조각투자 등 신종 증권 사업 관련 가이드라인'을 마련했습니다. 이로써 조각투자 사업에 대한 불확실성이 일부 해소되긴 했지만, 여전히 사업의 구체적인 내용에 따라 판단이 애매한 부분이 남아 있긴 합니다.

미술작품에 조각투자하는 플랫폼 '테사(TESSA)'의 구조도 매우 흥미롭습니다. 일단 테사는 법적 성격에서부터 다소 차이가 있습니다. 플랫폼이 미술작품을 미리 구매해놓고 그 작품의 소유 지분을 수십만 개로 쪼개 공모를 통해 판매합니다. 이후 플랫폼이 실물 작품을 관리하면서 가격이 일정 수준까지 오르면 매각한 뒤 지분 소유자들에게 수익을 배분하는 방식입니다. 즉, 투자자는 미술작품의 재산적 가치가 담긴 증권에 투자한다기보다는 각자 지분별로 미술작품을 소유하는 것입니다. '민법'상 공동소유에 가까운 것이지요. 따라서 테사는 '자본시장법'보다는 '민법'의 적용을 받게 될 가능성이 높습니다. 다만, 투자자가 수익을 내기 위해서는 플랫폼이 적극 개입해야 한다는 점에서 '투자계약증권'에 해당될 여지 역시 완전히 배제할 수 없습니다.**

---

* 뮤직카우는 2022년 7월 키움증권, 하나은행과 함께 '자본시장법'상 인 · 허가 규정, 신탁 수익증권 발행 규정 등에 대한 특례를 부여 받아 '음악 저작권료 기반 수익증권 거래 플랫폼' 서비스에 대한 혁신 금융 서비스 지정을 받았다.

** 테사는 2022년 8월 하나은행, 한국토지신탁과 공동으로 규제 샌드박스 진입을 위한 '혁신 금융 서비스 수요조사' 신청을 완료했다.

인간관계를 진화시켜온 '계약'의 미래

- 블록체인 위에 올려진 스마트 컨트랙트 -

계약은 인간이 행하는 가장 보편적인 법률행위 가운데 하나입니다. 둘 이상의 당사자가 청약과 승낙의 의사표시를 함으로써 계약이 체결되지요. 세상에는 참 다양한 형태의 계약이 존재하는데요. 우리 '민법'은 그 중에서 가장 일반적이라 할 수 있는 매매, 증여, 임대차, 도급, 고용 등 14가지 형태의 계약을 명시하고 있습니다.

여기서 돌발 퀴즈 하나! 인류 역사상 최초의 계약은? 문화사적인 다툼이 있긴 하지만, 〈성경〉 창세기에 기록된, 선악과를 먹지 않겠다는 여호와와 아담 사이의 약속*이 아닐까요? 물론 이것은 신과 인간 사이에 맺어진 구두계약이라 인류 역사상 최초의 계약이라 하기에는 논란의 여지가 있겠습니다.

---

* 〈성경〉의 '구약(舊約)'과 '신약(新約)'에 각각 '맺을 약(約)'자를 쓰는 이유는, 신과 인간의 약속을 담은 이야기이기 때문이다. 계약(契約)에서의 '약'자와 동일하다.

문자로 체결된 계약으로는, BC 200여 년 전 고대도시인 테오스(Teos, 지금의 터키 지역)에서 나온 것으로 보이는 노예 대여와 토지 임대 등에 관한 약정이 기록된 1.5미터 크기의 대리석이 인류 역사상 가장 오래된 임대계약서라는 견해가 있습니다. 여기에는 모두 58행의 계약 내용이 적혀있다고 합니다.

현재 우리가 일상에서 종이 위에 체결하는 계약의 기원은, 고대 그리스 시대로 거슬러 올라갑니다. AD 267년경 레슬링 경기에 앞서 니칸티노우스(Nicantinous)와 데메트리우스(Demetrius)라는 선수 사이에 체결된 계약인데요. 당시 파피루스 위에 쓰인 계약서에는 니칸티노우스가 승리하도록 해준다면 데메트리우스에게 3,800드라크마(drachma)를 준다는 내용이 담겨 있었습니다. 지금의 승부조작에 해당하는 불공정계약인 셈이지요.

이후 인간의 계약 방식은 동·서양을 분문하고 비슷한 방식으로 이어져 왔습니다. 즉, 계약 당사자가 한곳에서 만나 서로 원하는 조건을 합의한 내용을 종이에 적은 뒤 서명하는 방식이지요. 그런데 수천 년 동안 이어져온 서면계약이 21세기 들어 이른바 전자계약 형태로 바뀌고 있습니다. 계약 방식이 '디지털화'되고 있는 것입니다.

말(言), 돌(石), 종이(紙) 그리고 블록체인

전자계약은, 계약서에 들어갈 내용만 합의되면, 계약 당사자가 굳이 한자리에 만나서 서명할 필요 없이 전자서명으로 체결되는 것을 가리킵니다. 계약서는 전자서명한 플랫폼에서 원본 그대로 보존되고, PDF로 다운로드 받을 수 있으니 종이 계약서처럼 파손이나 분실될 염려가 없습니다.

▶ BC 2,000여 년 전의 것으로 추정되는 인류 최초의 결혼계약 유적. 고대 아시리아인들이 새긴 것으로 보이는 석상에는 결혼한 지 2년 안에 출산을 하지 못하면 여성 노예를 대리모로 고용한다는 내용이 담겨 있다. 지금의 터키에서 출토되었다.

▼ BC 200여 년 전 고대도시인 테오스(Teos, 지금의 터키 지역)에서 나온 것으로 보이는 노예 대여와 토지 임대 등에 관한 약정이 기록된 1.5미터 크기의 대리석. 인류 역사상 가장 오래된 임대계약서로 추정되는 유적에는 모두 58행의 계약 내용이 적혀있다.

▲ 현재 우리가 일상에서 종이 위에 체결하는 계약의 기원은, AD 267년경 그리스에서 레슬링 경기에 앞서 니칸티노우스와 데메트리우스라는 선수 사이에 체결된 약정에서 비롯된다. 파피루스로 된 계약서에는 니칸티노우스가 승리하도록 해준다면 데메트리우스에게 3,800드라크마를 준다는 내용이 담겨 있다.

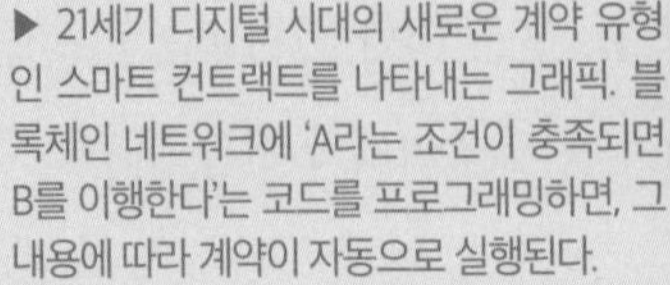

▶ 21세기 디지털 시대의 새로운 계약 유형인 스마트 컨트랙트를 나타내는 그래픽. 블록체인 네트워크에 'A라는 조건이 충족되면 B를 이행한다'는 코드를 프로그래밍하면, 그 내용에 따라 계약이 자동으로 실행된다.

그런데요, 이러한 전자계약이 과연 종이 계약서에 서명하는 것과 동일한 법적 효력이 있는지 궁금합니다. 혹시 전자계약서의 전자서명에 앞서 이런 생각이 든다면 전혀 걱정하지 않아도 됩니다. 계약은 '민법'상 별도의 형식을 필요로 하지 않고, 당사자 간 합의만으로 성립되기 때문입니다. 이는 '민법'의 대원칙인 '계약의 자유' 가운데 '계약 방식의 자유'에서 비롯합니다. 따라서 반드시 종이가 아니더라도 이메일이나 대화의 녹음으로 이루어진 당사자 간 계약도 법적으로 유효하지요. 게다가 현행 '전자서명법'에는 자필이 아닌 전자적으로 입력되는 서명의 효력을, '전자문서 및 전자거래 기본법'에서는 종이가 아닌 전자문서의 효력을 각각 인정하고 있습니다.

사실 우리는 이미 일상에서 수도 없이 많은 전자계약을 해오고 있습니다. 바로 앱이나 웹 서비스 회원가입시에 클릭하는 서비스 이용약관 동의가 여기에 해당합니다. 동의 버튼 터치로 서비스 제공회사와 이용자 사이에 서비스 이용계약이 체결되는 것입니다.

흥미로운 사실은, 전자계약 방식이 '전자화'를 넘어서 '자동화'로 진화하고 있다는 점입니다. 바로 스마트 계약, 즉 스마트 컨트랙트(smart contract)'를 통해서 말입니다. 스마트 컨트랙트는 사전에 프로그래밍된 조건이 모두 충족되면 자동으로 계약을 실행시키는 일종의 디지털 계약시스템입니다. 자판기에 동전을 넣으면 원하는 물건이 나오듯 일정 조건이 성립하면 자동으로 계약이 실행되는 원리입니다. 그런데 복잡한 계약이 어떻게 자판기처럼 간편하게 자동화될 수 있는지 궁금합니다.

스마트 컨트랙트는 쉽게 말해 블록체인 위에 '계약조건'를 올려놓는 것입니다. 즉, 블록체인이 있기에 가능한 계약 형태라고 할 수 있지요. 탈중앙화 방식으로 모든 거래 정보를 기록하고 감독하는 블록체인 네트워크에

'A라는 사건이 생기면 B를 이행한다'는 코드를 올려놓으면, 그 내용에 따라 계약이 자동으로 실행되는 원리입니다. 제3자의 개입 없이 프로그램에 의해 계약이 자동으로 이행되고 계약 내용을 위조할 수도 없기 때문에 그 약속을 온전히 신뢰할 수 있습니다.

스마트 컨트랙트의 개념을 최초로 언급한 사람은 컴퓨터 공학자이자 암호학자인 닉 사보(Nick Szabo)입니다. 사보는 1996년 발표한 논문에서 거래 조건이 충족되면 제3자의 개입 없이 프로그래밍된 대로 이행되는 자동화된 거래 규약을 다뤘습니다. 그 당시에는 이를 구현할 수 없었지만 그는 중개인이 필요 없는 자동화 계약이 곧 가능해질 것이라고 보았습니다.

비트코인이 세상에 나오자 블록체인 위에 비트코인으로 대표되는 가상자산이 아닌 다른 것을 올리기 위해 다양한 시도를 하는 사람들이 나타났고, 비탈릭 부테린(Vitalik Buterin)도 그 중 한 명이었습니다. 그가 블록체인 위

전 세계 숙박 공유서비스로 유명한 '에어비앤비'는 스마트 컨트랙트 기술이 활용된 대표적인 사례로 꼽힌다. 에어비앤비는 집이나 방 등을 빌려주려는 집주인과 이를 빌리려는 숙박객을 연결해 준다. 조건에 맞는 집을 찾아 돈을 입금하면, 스마트 컨트랙트 시스템이 작동하여 현관문이 열리고 24시간 동안 전기가 들어오는 등의 약속이 실행될 수 있도록 하는 것이다.

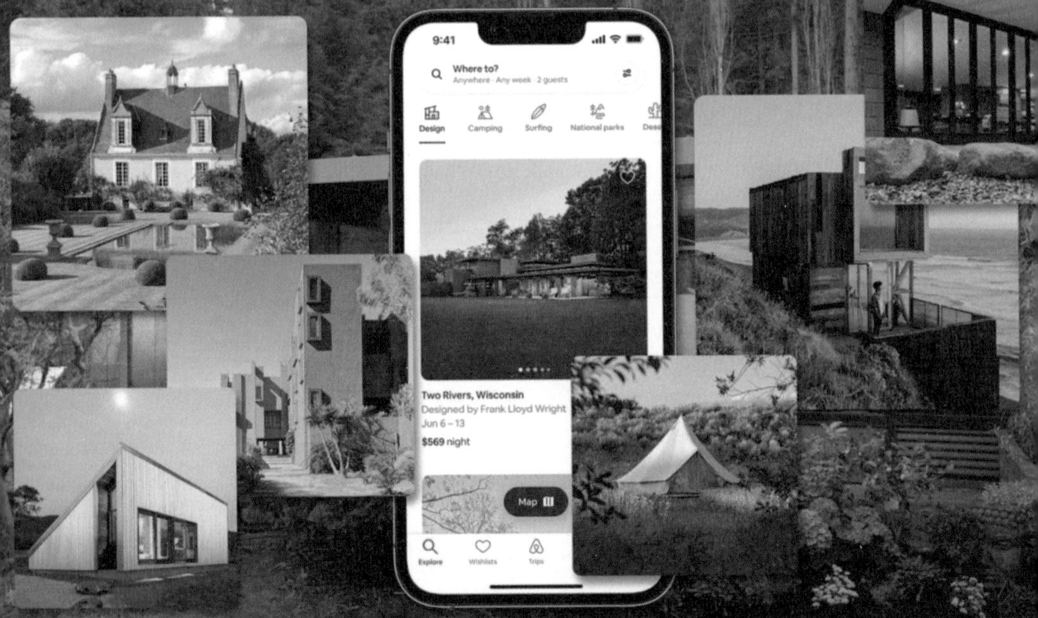

에서 스마트 컨트랙트를 구현할 수 있는 '이더리움'이라는 플랫폼을 만듦으로써 블록체인이 활용될 수 있는 범위가 크게 확장된 것이지요. 이를 통해 사보가 제안한 스마트 컨트랙트의 개념이 드디어 기술적으로 구현된 것입니다.

스마트 컨트랙트의 가장 큰 장점은 '확실성'입니다. 미리 프로그래밍된 약속은 누구도 바꿀 수 없는 상태에서 계약이 자동으로 이행됩니다. 또한 탈중앙화 기술에 의해 제3자의 개입이 필요 없으며, 문서 작업과 계약서를 작성하는데 필요한 시간과 비용도 줄일 수 있습니다.

'에어비앤비'는 스마트 컨트랙트 기술을 활용한 대표적인 비즈니스 모델입니다. 에어비앤비는 전 세계 숙박 공유서비스로, 집이나 방 등을 빌려주려는 집주인과 공간을 빌리려는 숙박객을 연결해 줍니다. 이탈리아 로마의 한 아파트를 에어비앤비로 빌리는 상황을 예로 들어보겠습니다. 조건에 맞는 집을 찾아서 돈을 입금하면, 스마트 컨트랙트는 아파트 현관문이 열리고 24시간 동안 전기가 들어오는 등의 약속을 실행시킵니다. 이 거래 방식은 탈중앙화 플랫폼에 미리 코드 형태로 기록되어 있기 때문에 누구도 계약 내용을 수정할 수 없습니다. 블록체인을 걸고 한 이 약속은 신뢰할 수 있는 것이기에, 낯선 로마에 내가 계약한 방이 있을 것이란 믿음을 가질 수 있는 것이지요.

블록체인의 핵심 가치인 '확실성'이 오히려 계약의 신뢰를 훼손하는 모순

스마트 컨트랙트는 이렇게 상호 간 약속된 절차에 따라 계약이 수행되기 때문에 신뢰가 필요한 다양한 서비스 영역에 활용할 수 있습니다. 공증은 물론이고 금융, 유통, 부동산 그리고 그림 같은 예술작품 관련 계약을 이행하고 체결하는 것도 가능합니다. 블록체인 산업의 큰 축인 'NFT'와 '디파이' 모두 블록체인 플랫폼 상의 스마트 컨트랙트를 기반으로 중앙기관 개입 없이 자동으로 작동하는 시스템입니다.

그런데요, 블록체인은 '신뢰'의 기술로 개인 간 거래의 안전성을 높이고 다양한 산업에 활용될 수 있지만, 결코 만능열쇠가 아님을 기억해야 합니다. 즉, 이름처럼 반드시 '스마트'하지 않은 부분이 존재하고 극복해야 할 한계와 문제점도 있다는 얘기입니다. 우선 스마트 컨트랙트는 현재 기술로는 정교한 계약 조항 등을 완벽하게 프로그래밍하기 어렵습니다. 거래가 이뤄지는 상황에서 발생하는 변수들에 대해 융통성 있게 대처하는데 한계가 있다는 얘기입니다.

간단한 예로, A가 B에게 1천만 원을 빌려 한 달 뒤에 갚기로 한 계약을 스마트 컨트랙트를 이용해 체결했습니다. 그런데 A는 약속한 날까지 700만 원밖에 마련하지 못했습니다. A는 남은 300만 원을 대신해 시가 300만 원이 넘는 게임용 노트북을 B에게 주길 원합니다. 게임을 좋아하는 B도 이를 원합니다. A의 새로운 제안이 수용될 수 있다면 결과적으로 둘 다 만족하는 방식으로 계약을 마무리할 수 있습니다. 하지만 스마트 컨트랙트는 당사자가 처한 상황과 원하는 바에 맞게 계약 내용을 변경할 수 없습니다. 그저 애초에 정해진 내용대로 '딱 떨어지게' 계약 내용이 지켜지도록 할 뿐입니다. 계약을 현명하게 처리하는 것이 아닌 단순히 이행되도록 하는 것이야말로 스마트 컨트랙트의 치명적인 한계인 것입니다.

스마트 컨트랙트가 성공적으로 도입되기 위해서 넘어야 할 장벽 중 하나로 '오라클(oracle)' 문제도 제기됩니다. 오라클이란 블록체인 외부세계에 있는 데이터를 내부로 끌어오는 것을 의미합니다. 이는 블록체인과 현실 사이에 존재하는 '정보의 오차'로 발생하는, 블록체인의 태생적인 한계입니다.

예를 들어 월드컵 축구경기 결과를 맞추는 사람이 보상을 받는 스마트 컨트랙트가 있다고 가정하겠습니다. 계약 내용을 블록체인 상에 프로그래밍화하여 위조의 위험 없이 그 내용에 따라 작동하도록 만들었다고 하더라도, 문제는 계약 내용의 핵심인 '경기 결과'가 블록체인 내부가 아닌 외부에 있습니다. 이 경우 어느 팀이 경기에서 이겼는지에 대한 결과 데이터를 누군가 입력해야만 계약이 정상적으로 작동하게 됩니다.

NFT 거래에서도 오라클 문제가 발생합니다. 자신이 창작하지 않은 콘텐츠를 NFT로 발행하는 것이 대표적인 경우입니다. '내가 콘텐츠 창작자이다'라는 거짓 정보를 블록체인 안으로 끌어오는 것에 속수무책입니다. 콘텐츠가 블록체인 상에서 NFT로 발행 및 거래되기 전에 그 콘텐츠를 NFT로 발행한 사람이 현실에서의 실제 창작자가 맞는지 검증이 어렵다는 얘기입니다. 그러다 보니 NFT 거래에 있어서, 내가 구매한 NFT가 과연 적법하게 발행되어 거래되는 것인지 의심할 수밖에 없습니다.

이처럼 스마트 컨트랙트는 필요한 데이터를 외부에서 가져와야 하는 상황이 생기는데, 그 외부에서 가져온 데이터 자체가 사실과 다른 경우 문제 해결이 쉽지 않습니다. 데이터 입력 과정에서 조작되어 블록체인에 기록된 경우도 마찬가지입니다. 이는 스마트 컨트랙트가 블록체인 위에서 아무리 올바르게 작동하더라도 수정할 수 없는 시스템으로 인해 잘못된 계약을 그대로 방치해야 하는 문제를 야기합니다.

해킹도 만만치 않은 골칫거리입니다. 2016년에 해커들이 이더리움 커뮤니티인 '더 다오'를 공격한 일이 있었습니다. 해커들은 이더리움으로 환전을 가능하게 하는 기능의 취약점을 이용해 약 360만 이더리움을 탈취했습니다. 2018년에는 스마트메쉬의 스마트 컨트랙트 토큰 계약의 취약점을 이용한 해커가 천문학적인 금액의 스마트메쉬 토큰을 복사한 사건이 발생하기도 했습니다.

보안 전문가들은 개발 단계와 계약 실행 단계에서 취약점을 드러내는 컨트랙트 코드를 사용하는 것이 해킹과 토큰 복사 등의 문제가 발생하는 원인이라고 진단합니다. 그리고 같은 코드로 만들어진 모든 스마트 컨트랙트가 위험에 노출될 수 있다고 경고합니다. 하지만 블록체인 위에 올려진 스마트 컨트랙트는 취약점이 있더라도 배포 후 이를 수정·보완할 수 없습니다. 블록체인의 핵심 가치인 '확실성'이 오히려 계약의 신뢰를 훼손하는 역효과를 내는 것이지요.

전통적인 계약 법리로 스마트 컨트랙트를 설명할 수 있을까?

자, 다시 처음으로 돌아가 질문을 던져보겠습니다. 스마트 컨트랙트를 법적인 의미에서 계약으로 볼 수 있을까요? 현재 우리나라는 아직 스마트 컨트랙트에 대한 법적인 개념 정의가 이뤄지지 않은 상태입니다. 해외에서도 스마트 컨트랙트를 아직은 단순히 기술적 측면으로 정의할 뿐입니다. 스마트 컨트랙트를 계약으로 볼 수 있을지 여부를 판단하기 위해 먼저 전통적인 계약의 법리에서 계약의 의미를 되짚어 보겠습니다.

앞에서 언급했듯이 계약이란, 복수의 당사자가 청약과 승낙이란 의사표시의 합의로 성립하는 법률행위입니다. 여기서 계약 성립을 위한 핵심 요소는 당사자 간 의사표시의 '합의'입니다. 계약 당사자가 의사표시의 합의에만 이른다면, 그 방식을 종이로 하든, 말로 하든, 이메일로 하든 무관합니다. 그러니 블록체인 위에 계약을 올려놓은 것 또한 당사자 간 의사표시의 합의만 있다면 계약의 한 형태로 인정할 수 있습니다. 즉, 스마트 컨트랙트는 원칙적으로 '민법'상의 계약 법리에 따라, 계약의 성립과 효력 발생 및 소멸 등이 적용될 수 있겠습니다.

다만, 스마트 컨트랙트의 특성에 따른, 일반 계약과는 다른 문제들의 발생 가능성을 배제할 수 없습니다. 계약의 내용을 당사자 간 합의로 확정한 다음 이를 코드화하는 절차를 거쳐야 합니다. 이는 마치 계약 당사자들이 계약서 작성을 변호사에게 의뢰하는 것과 다르지 않습니다. 그런데, 계약 내용을 코드화하는 과정에서 이를 맡은 전문가의 실수로 당사자 간 합의된 것과 다른 내용의 스마트 컨트랙트가 생성될 수 있습니다. 이를테면 변호사가 계약서를 잘못 작성해 준 것이 되겠지요. 그나마 변호사가 잘못 작성해 준 계약서는 한글(문자)로 되어 있어 당사자가 그 내용을 숙지할 수 있기에 오류를 잡아낼 수 있습니다. 이 경우 계약서를 수정해서 다시 작성하면 그만입니다. 하지만 잘못 코드화된 스마트 컨트랙트는 당사자들이 그 오류를 알아채기 어렵고 수정도 불가능합니다.*

계약 당사자 간 갑질이 심화될 우려도 있습니다. 예를 들어, 임대차계약을 체결하면서 임차인이 3회에 걸쳐 월세를 지급하지 않으면 임대차계약 대상 아파트 문이 자동으로 잠기도록 프로그래밍하는 경우를 생각해 보겠습니다. 임차인이 애초에 월세를 구하기 어려워 마지못해 이러한 계약 내용에 동의를 했더라도, 예상치 못한 사정으로 월세를 내지 못했을 때 자신이 거주하는 아파트에 들어가는 것조차 못하게 된다면, 이는 경제적 문제로 인해 '헌법'상 기본권인 '주거의 자유'가 유린되는 결과를 초래합니다.

---

* 상황이 이러하다 보니 앞으로 스마트 컨트랙트가 계약 방식의 하나로 상용화되면, 이를 코드화하는 직업 및 코드화된 계약을 검증하는 직업이 생길 수도 있을 것이다.

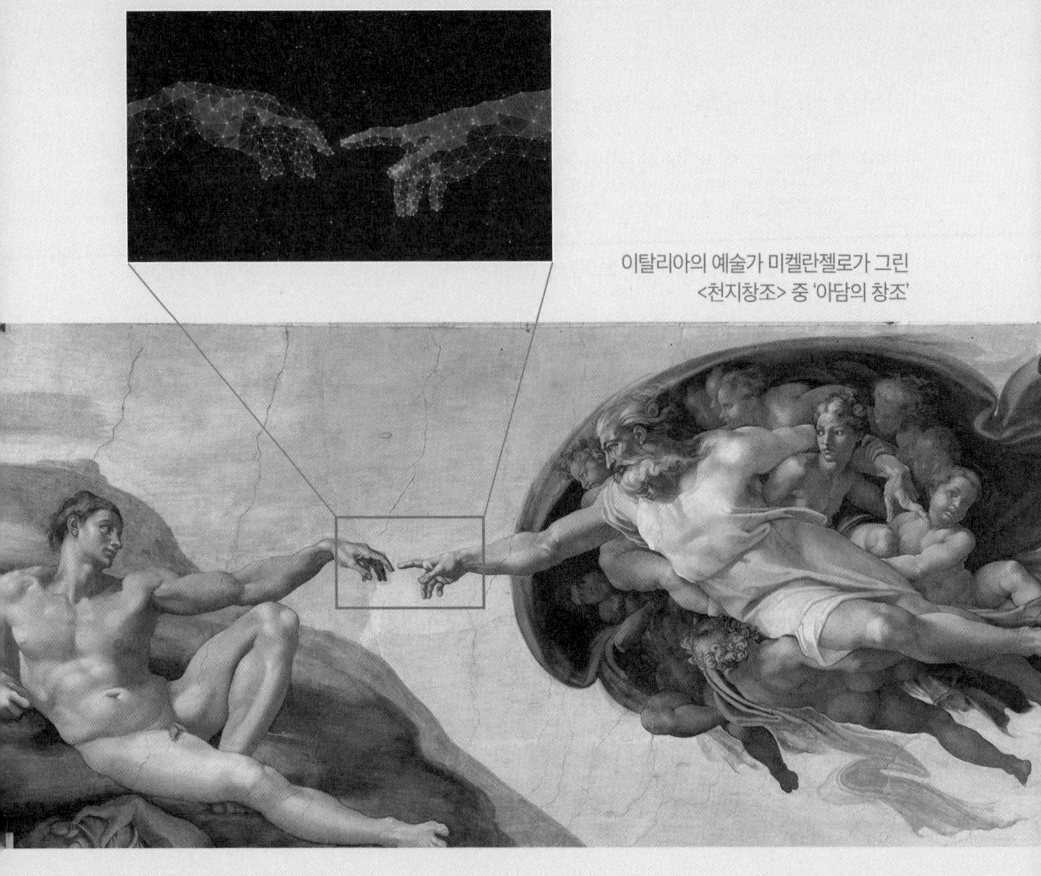

이탈리아의 예술가 미켈란젤로가 그린
<천지창조> 중 '아담의 창조'

신과 인간 사이의 약속에서 비롯한 계약은,

인류 역사에서 인간관계의 진화를 이끌어온
가장 중요한 법률행위 가운데 하나다.

시대가 아무리 급변해도 결코 사라질 수 없는
인간관계 형성의 본질적인 연결고리가 계약인 것이다.

디지털 전환의 시대로 접어들면서 계약의 모습도 바뀌고 있다.
그 변곡점에 '스마트 컨트랙트'가 있다.

이러한 문제는 임대차계약 뿐 아니라 하도급 등 계약 당사자 사이에 현실적인 힘의 불균형이 존재하는 경우에 얼마든지 발생할 수 있습니다.

이처럼 스마트 컨트랙트는 여러 측면에서 보완이 필요한 것이 사실입니다. 하지만 그런 이유로 스마트 컨트랙트의 존재 자체를 회의적으로 바라보는 시각은 지나칩니다. 결함은 수정·보완의 대상이지 폐기의 조건이 아니기 때문입니다. 닉 사보는 일찍이 스마트 컨트랙트를 동전을 넣고 원하는 음료를 선택하면 자동으로 음료가 나오는 자판기에 비유했습니다. 비탈릭 부테린은 스마트 컨트랙트가 가능한 이더리움을 가리켜 수천 가지의 애플리케이션을 장착할 수 있는 스마트폰의 원리와 다르지 않다고 말했습니다.

계약은 인류 역사에 있어서 인간관계의 진화를 이끌어온 가장 중요한 법률행위 가운데 하나입니다. 시대가 아무리 급변해도 결코 사라질 수 없는 인간관계 형성의 본질적인 연결고리가 계약인 것이지요. 과연 스마트 컨트랙트는 보다 정교한 연결고리로 거듭날 수 있을까요? 그래서 디지털 시대에서의 인간관계의 진화를 이끌어낼 수 있을까요? 새로운 기술이 바꾸어 놓을 '계약의 미래'가 사뭇 궁금해집니다.

현실과 디지털을 이어주는 뫼비우스의 띠

- NFT, 희소성 가치 수단 혹은 혁신의 징표 -

'리미티드 에디션 신드롬(limited edition syndrome)'이란 말을 들어보셨나요? limited edition을 우리말로 옮기면 '한정판'이 되는데요. 어떤 제품에 '리미티드 에디션'이란 딱지가 붙으면 비싼 값이라도 불티나게 팔리는 현상 정도로 이해하면 되겠습니다. 이를테면 보통 10만 원대 후반의 가격이 붙은 아디다스 운동화에 '한정판'이라는 의미를 부여할 경우 100만 원 이상으로 금액이 올라갑니다. 그럼에도 불구하고 이 한정판 운동화를 사기 위해 많은 사람들이 매장 앞에서 텐트를 치고 밤새 기다립니다.

그렇습니다. 리미티드 에디션 신드롬은 바로 희소가치에서 비롯합니다. 레오나르도 다빈치(Leonardo da Vinci)의 〈모나리자〉와 빈센트 반 고흐(Vincent van Gogh)의 〈해바라기〉를 보려고 열 시간 넘게 비행기를 타고 유럽에 가고, 거액을 들여 진품의 예술작품을 구입하는 이유를 생각해 보면 수긍이 갑니다. 오직 하나 뿐인 원본의 절대가치는 무엇과도 비교할 수가 없지요. 2021년 11월에 고흐의 풍경화 〈건초더미〉는 뉴욕 크리스티 경매에서

3,590만 달러(약 423억3,300만 원)에 팔렸습니다. 고흐의 몇 안 되는 희귀 원본 작품 중 하나이기 때문에 가능한 일이지요.

뜬금없이 한정판과 원본 이야기로 글을 시작하는 이유는, NFT의 개념을 설명하기 위해서입니다. NonFungible Token의 이니셜인 NFT을 우리말로 옮기면 '대체 불가능한 토큰', 즉 유일무이한 단 하나의 토큰이 되는데요. 디지털 형태의 그림, 음악, 게임 아이템 등을 위조 및 복제가 불가능한 고유한 값으로 블록체인에 기록해 인증(토큰)함으로써, 그 고유한 원본성을 나타내는 것을 가리킵니다.

내가 아이패드로 그린 그림의 JPG 파일을 판매하려고 인터넷 사이트에 올려놓는 경우를 가정해 보겠습니다. 이것은 무한정 복제가 가능하기 때문에 내가 가진 파일이 원본인지 증명하기가 어려운 탓에 이른바 '디지털 작품'으로서의 가치를 지키기가 어렵습니다. 그러나 JPG 파일을 NFT로 민팅*한다면, 아무리 무한 복제를 하더라도 세상에서 유일무이한 나의 디지털 작품 원본의 고유성을 지킬 수 있습니다.

활용도에 따라 의미가 달라지는 디지털 팔색조

2021년 3월경 마이크 윈켈만(Mike Winkelmann, 이하 예명 '비플')의 NFT화된 작품 〈Everydays : The First 5000 Days〉가 크리스티 경매에서 6,930만 달러(약 828억8,000만 원)에 낙찰되었습니다. 지금까지 팔린 작품 중 최고가입니다. 이 일로 전 세계가 놀란 이유는, 비플의 NFT화 된 작품이 프리다 칼로(Frida

---

* minting : 동전을 주조하듯이 그림, 영상 등 디지털 자산을 NFT로 발행하는 것을 말한다.

Kahlo), 살바도르 달리(Salvador Dali), 폴 고갱(Paul Gauguin) 등 이른바 미술사를 뒤흔든 거장들의 작품보다 비싸게 팔렸기 때문입니다. 한정판 아디다스 운동화를 수백만 원에 구입하고, 고흐의 원본 작품을 수백억 원에 낙찰 받는 것과 같이, 그만한 가치가 있다고 인정되는 세상 유일무이한 디지털 콘텐츠가 천문학적인 금액에 팔린 것이지요.

그런데 생각할수록 좀 이상합니다. 운동화나 그림은 내 돈 주고 사서 실제 물건을 받는데요. NFT화된 디지털 콘텐츠는 어떻게 양도 받는 것일까요? NFT를 구입하면 이미지가 내 이메일 등으로 전송되는 걸까요? 그건 아닙니다. 실물을 구입하는 개념과는 다릅니다. 이 부분은 오히려 아파트를 매수하는 것과 유사하다고 볼 수 있습니다. 내가 임대 사업을 목적으로 아파트를 매수했다고 가정해 보겠습니다. 나는 소유자이지만 해당 아파트에 살지는 않습니다. 이때 내가 소유자임을 증명하는 것이 무엇일까요? 바로 등기부등본입니다. 해당 아파트 동·호수의 등기부등본을 떼어보면 그동안의 소유자들이 모두 기록되어 있고, 최종 소유자는 나로 되어 있지요.

NFT는 콘텐츠 명, 작가와 작품 정보, 이미지 등 콘텐츠 저장 링크 등의 메타데이터를 블록체인 상에 기록한 것입니다. 때문에 해당 디지털 콘텐츠를 구입하더라도 콘텐츠를 직접 전송 받는 것이 아니라 단지 콘텐츠가 저장된 위치인 링크가 제공될 뿐입니다. 그리고 블록체인에 콘텐츠 고유번호를 부여해서 원본임을 증명하도록 합니다.

NFT의 시조새 격인 '크립토펑크*'를 NFT거래소에서 구입하는 것을 아파트를 매수하는 것과 비교해서 살펴보겠습니다. 표시된 판매가만큼의 이더리움을 결제하면 해당 이미지를 특정할 수 있는 정보와 이미지가 보관

---

* CryptoPunk : 이더리움 블록체인에서 최초로 만들어진 NFT화된 디지털 콘텐츠. 24×24 크기의 8비트 픽셀 아트로, 저마다 고유한 특성을 지닌 1만 개의 캐릭터다.

2021년 3월에 크리스티 경매에서 6,930만 달러(약 828억8,000만 원)에 낙찰되어
최고가를 경신한 마이크 윈켈만의 <Everydays : The First 5000 Days>.

작가는 이 작품에서 개개의 작품들을 무질서한 패턴처럼 결합하여 미학의 새로운 가능성을 열었다고 밝혔다. 시간 순서대로 정리된 개별 조각을 확대하면 추상적이고 환상적이며 그로테스크한 그림들이 드러난다.

이 디지털 아트는 구입자에게 실물로 양도되지 않고 블록체인을 통해 원본의 소유권이 인증된다.

된 링크(= 앞에서 예로 든 아파트의 주소) 및 최종 구매자가 바로 '나'라는 정보가 블록체인 상에 기록(= 아파트 소유권에 대한 변경등기)됩니다. 이 과정을 통해 나는 크립토펑크 NFT를 보유하게 되는 것이지요.

그런데 NonFungible 'Token'이라고 하니, NFT도 비트코인이나 이더리움 같은 가상자산이 아닐까 궁금합니다. 원칙적으로 NFT는 일반 가상자산과는 다릅니다. 가상자산의 법적 개념은, '경제적 가치를 지닌 것으로 전자적 방식으로 거래 또는 이전될 수 있는 디지털화된 증표(혹은 이에 대한 권리)'를 말합니다. NFT 역시 경제적 가치를 지니고 있으며, 전자적 방식으로 거래 및 이전될 수 있고, 블록체인을 통해 기록되는 점까지는 가상자산과 동일합니다. 그러나 가상자산은 지급수단으로 사용되는 대체 가능한 성질을 지니고 있거나 증권과 같은 금융상품 투자수단으로 사용되는 것을 전제하는 개념인 데 반해, NFT는 고유성으로 인해 '대체 불가능'하다는 점에서 근본적으로 구별됩니다.

'순금'과 '순금으로 만든 작품'을 예로 들어보겠습니다. 3.75g 골드바 기준 순금 시세는 변동성이 있지만 정해져 있고, 그 시세를 기준으로 거래가 이뤄집니다. 내가 가진 1개의 골드바는 타인이 가진 1개의 골드바와 그 가치가 동일하고 완전히 대체할 수 있습니다. 타인이 5개의 골드바를 가지고 있다면 내가 가진 골드바의 정확히 5배에 해당하는 가치를 보유하는 것이지요. 반면, 유명 미술작가가 골드바 5개로 만든 조각품은 골드바 5개와 가치가 전혀 달라서 맞교환할 수 없습니다. 즉, 순금은 '가상자산', 순금으로 만든 작품은 'NFT'라고 보면 되겠습니다.

물론 NFT를 투자수단으로 활용한다면 가상자산으로 볼 수 있고, 투자계약증권 등 금융투자상품에 해당되어 '자본시장과 금융투자업에 관한 법률'(이하 '자본시장법')의 적용을 받을 가능성도 있습니다. 그러나 우리가 알고 있는 미술품 NFT나 크립토펑크, 그리고 〈지루한 원숭이들의 요트클럽(Bored Ape Yacht Club, 이하 'BAYC')〉 같은 PFP(Profile Picture) NFT는 투자수단이라기보다는 수집용에 가깝습니다. 다만, 유명 작가의 그림을 수천 조각으로 쪼개어 이를 가상자산처럼 거래하면서 가격의 변동성에 따라 수익을 내거나 손해를 보는 경우라면 투자수단에 가까워집니다.

이처럼 NFT는 사용 목적에 따라 가상자산이 되어 '특정 금융 거래정보의 보고 및 이용 등에 관한 법률'(이하 '특금법')의 적용을 받거나, 금융투자상품에 해당되어 '자본시장법'의 적용을 받을 수도 있고, 경우에 따라 두 법의 적용을 동시에 받을 가능성도 있습니다. 따라서 NFT를 가상자산이라고 단정할 수 있는지, 그리고 어떤 법의 적용을 받는지에 대해서는 일률적으로 말하기 어렵습니다. 아직은 애매모호한 부분이 많기 때문이지요. 결국 NFT는 그 활용도에 따라 법적 개념과 적용 법률이 달라질 수 있겠습니다.

봇물처럼 터지는 NFT 분쟁들

NFT의 활용은 아직 초기 단계인 만큼 법적인 부분에서 여러 문제들이 발생합니다. 그 가운데 특히 저작권 다툼이 심각합니다. 이를테면 다른 작가의 작품을 무단으로 이용해 NFT로 만들어 판매하거나 한 작품을 여러 사이트에 중복해서 판매하는 경우가 비일비재한데요. 이런 일이 생기는 이유는, 작품을 NFT로 만드는 민팅에 특별한 제한이 없기 때문입니다. 이로 인해 저작권자의 동의 없이 작품을 민팅해서 NFT거래소를 통해 버젓이 판매하는 것입니다.

예를 들어 저작권자를 'A', A의 미술작품을 NFT로 무단 민팅해서 판매한 사람을 'B', 해당 NFT를 구입한 사람을 'C'라고 가정하겠습니다. B는 A의 미술작품을 디지털 파일로 복제해 민팅하는 과정에서 저작권 중 하나인 복제권을 침해합니다. 또한 판매를 위해 NFT거래소에 디지털 파일을 올리는 과정에서 전송권도 침해하지요. A로서는 B를 상대로 저작권 침해로 인한 형사 고소 및 민사상 손해배상 청구를 할 수 있습니다. 이때 무단 민팅된 사실을 모르고 해당 NFT를 구입한 C는 어떤 법적 지위에 놓일까요? B가 자신이 정당한 저작권자로서 미술작품을 민팅하여 NFT를 판매한 것이니, 이에 속은 C는 B를 상대로 사기 혐의로 고소할 수 있을 것입니다. 민사상 손해배상 청구는 물론이고요. 이 경우 C는 NFT거래소를 상대로도 손해배상 청구를 할 수 있을까요? 그건 어려울 것입니다. 거래소 대부분이 약관에다 무권리자가 NFT를 민팅하여 거래하는 경우, 거래소는 그에 대한 책임을 지지 않는다는 면책 조항을 두고 있기 때문입니다.

가상자산 시장에서는 'DYOR(Do Your Own Research)' 즉, '직접 조사하라'라는 말이 하나의 불문율입니다. NFT 거래에 있어서 저작권이 있는 NFT인지 확인하기 위한 검증 절차나 방안이 아직 수립되지 않았기 때문입니다. 현재로서는 NFT 구매자가 '각자도생'하는 수밖에 없습니다. 따라서 NFT를 구매하기 전에 NFT거래소에서 제공하는 정보 이외에 NFT 발행자의 공식 홈페이지나 SNS 등을 신중하게 확인하는 노력은 아무리 강조해도 지나치지 않습니다.

실제로 NFT에서 저작권 침해 문제가 불거졌던 사건을 살펴보겠습니다. 우리나라 현대 미술을 대표하는 이중섭, 김환기, 박수근 작가의 작품을 NFT로 발행해 경매를 추진하려다 중단되어 화제가 된 일이 있습니다. 작품의 저작권자인 유족과 재단 측이 반발하자, 경매를 계획했던 업체가 경매를 취소한 사건입니다. 이 회사는 어떻게 저작권자의 허락도 없이 거장의 작품을 NFT로 발행하려고 했던 것일까요?

사건의 발단은 '소유권'과 '저작권'이 별개의 권리임을 간과한 것에서 비롯합니다. 예를 들어 미술관에서 작품을 구입할 경우, 내가 사는 것은 작품의 저작권이 아닌 소유권입니다. 이때 작품이 팔려도 저작권은 작품을 창작한 작가에게 그대로 있는 것이지요. 따라서 복제권, 공연권, 전시권, 대여권, 2차적저작물작성권 등을 내용으로 하는 저작권은 작가만이 행사할 수 있고, 작품의 소유권자는 행사할 수 없습니다. 여기서 잠깐, 그럼 돈 들여 작품을 산 소유권자는 아무런 권리를 행사할 수 없는 걸까요? 그건 아닙니다. '저작권법'상 미술저작물 소유권자는 '예외적으로' 그 원본을 전시할 수 있는 권리를 가지기 때문에 내가 산 미술 작품을 내 집이나 사무실에 걸어두는 것은 문제가 되지 않습니다. 다만 소유권자가 자신의 공간 이외에 공원, 건축물의 외벽 등 공중에게 개방된 장소에 '항상' 전시하는 경우라면 작가인 저작권자의 허락을 미리 받아야 합니다. 물론 작가가 자신의 저작권까지 작품을 구매하는 사람에게 양도했다면, 소유권자는 소유권과 저작권을 모두 행사할 수 있습니다.

위 사건으로 다시 돌아가 보겠습니다. 경매업체는 해당 작품의 소유권자에게는 작품의 NFT 발행 및 경매에 대해 동의를 얻긴 했습니다. 그렇기 때문에 이를 추진했던 것입니다. 그러나 정작 반드시 얻어야 할 '저작권자의 동의'를 놓친 것이 결국 경매 행사 계획을 중단할 수밖에 없었던 결정적 이유입니다.

유명 브랜드의 상표권과 패션 NFT 간의 분쟁 또한 간과할 수 없습니다. 나이키가 스탁엑스를 상대로 뉴욕 연방지방법원에 소를 제기한 것이 대표적인 예입니다. 스탁엑스는 중고 상품을 거래하는 리셀(resell) 플랫폼인데요. 2022년 초부터 실제 운동화와 교환할 수 있는 '볼트 NFT'를 판매했습니다. 실물 연동 NFT인데요. 이를테면 나이키 브랜드의 특정 운동화 모양의 NFT를 구매하면, 스탁엑스가 실제로 보관하고 있는 해당 운동화의 소유권을 함께 갖게 되는 것이지요. 이를 구매한 사람이 실제 운동화와 교환할 경우 NFT는 소각됩니다. NFT를 가지고 있다가 이를 제3자에게 더 비싼 가격으로 양도할 수도 있습니다.

그런데 문제는 NFT화된 이미지에 나이키의 상표가 부각되는 점입니다. 물론 이에 대해 스탁엑스는 나이키로부터 어떠한 동의도 받지 않았습니다. 나이키의 주장은, 스탁엑스가 나이키의 상표권을 침해하여 노골적으로 무임승차함으로써 금전적 이득을 얻었다는 것입니다. 나이키가 스탁엑스를 상대로 법원에 금전적 손해배상과 판매 중지 명령 소송을 제기한 이유입니다.

NFT 상표권과 관련해서 유명한 사건이 하나 더 있습니다. 2021년 말 미국의 디지털 아티스트 메이슨 로스차일드(Mason Rothschild)는 100개의 가상 버킨백 이미지를 만들어 '메타버킨스'라는 이름으로 민팅해 NFT거래소에 올렸습니다. '메타버킨스'라…… 혹시 어떤 명품 브랜드가 떠오르지 않나요? 그렇습니다. 버킨백으로 유명한 프랑스 명품 브랜드 에르메스입니다. 이에 대해 전혀 동의한 바 없는 에르메스가 가만있을 리가 없겠지요. 에르메스는 2022년 초 메이슨 로스차일드를 상대로 뉴욕 남부지방법원에 상표권 및 저작권 침해를 이유로 마케팅 활동 중단 및 손해배상을 청구했고, 이 소송은 현재 진행 중입니다.

NFT 분쟁의 법적인 해결 방법은 의외로 간단하다

NFT는 꽤 매력적인 디지털 가치 보증 수단이지만, 제대로 정착하지 못한 시장 생태계는 매우 혼탁합니다. 지금부터 법률적인 해결책을 찾아보도록 하겠습니다.

NFT 발행자는 (권리를 가지고 정당하게 민팅한 NFT라는 전제 하에) NFT로 발행한 디지털 콘텐츠 활용 범위를 구매자가 제대로 인지하고 활용할 수 있도록 명시할 필요가 있습니다. 이에 대해 전 세계 셀럽들을 컬렉터로 둔 것으로 유명한 〈BAYC〉는 훌륭한 모범 답안을 제시합니다. 〈BAYC〉의 홈페이지에 들어가 이용약관을 보면, 〈BAYC〉 NFT 구매자는 자신이 구매한 NFT의 특정 이미지를 자유롭게 활용할 수 있다는 내용이 명확히 확인됩니다. 상업적 용도로도 사용이 가능하도록 규정되어 있어서, 〈BAYC〉 NFT 구매자는 자신의 NFT로 특정된 원숭이 이미지를 활용해 티셔츠나 신발을 디자인하여 판매할 수도 있습니다.

그런데 만약 NFT로 발행한 디지털 콘텐츠의 활용 범위가 거래소 약관이나 판매 페이지 또는 NFT 프로젝트 홈페이지 약관 등에 전혀 나타나 있지 않다면 어떤 법적 문제가 초래될까요? 앞에서 살펴본 대로 NFT를 구매했다고 해서 저작권까지 함께 이전 받는 것은 아니기 때문에, NFT 구매자는 돈 들여 사놓고도 이를 제대로 활용할 수 없게 됩니다.

혹시 구매자의 개인 홈페이지 배경 화면에 사용하는 것 정도는 가능하지 않을까요? 앞에서 언급했듯이 '저작권법'상 미술저작물 소유권자는 그 원본을 '전시'할 수 있는 권리를 가집니다. 그러나 이 '전시'는 미술저작물이나 건축저작물 등 유형물을 일반인이 자유롭게 관람할 수 있도록 진열하거나 게시하는 것을 의미합니다. 즉, '유형물'에만 해당되는 개념이지요. 유형물이 아닌 이미지 파일과 같은 디지털 콘텐츠를 PC 모니터나 스마트폰으로 볼 수 있도록 하는 것은 '전시'가 아니고, '공연'의 일종인 상영에 해당한다고 해석됩니다. 따라서 이 경우 NFT 구매자가 구입한 디지털 콘텐

셀럽들은 저마다 SNS를 통해 마치 한정판 명품을 소비하듯 자신이 전 세계적으로 1만 개뿐인 <BAYC> NFT의 홀더임을 인증했다.

츠를 자신의 홈페이지 배경 화면에 올리는 것은 '전시'가 아닌 '공연'으로서 저작권자가 보유하는 저작권의 내용 중 하나인 '공연권'을 침해하는 것이기 때문에, 저작권자로부터 사전에 이에 대한 동의를 받아야만 합니다.

디지털 콘텐츠 활용 범위에 대해 어떠한 이용약관도 없다면, 귀여운 고양이 캐릭터의 NFT 저작물을 구입해 자신이 사용할 머그컵을 제작하는 것조차 허용되지 않습니다. NFT 디지털 캐릭터를 머그컵에 입히는 행위는 2차적저작물 제작에 해당되는 데, 이른바 2차적저작물작성권도 저작권자에게 있기 때문에 반드시 사전 동의를 받아야 합니다.

전 세계 셀럽들을 컬렉터로 둔 〈지루한 원숭이들의 요트클럽(BAYC)〉의 경우, NFT 구매자가 자신이 구매한 NFT의 특정 이미지를 자유롭게 활용할 수 있다는 내용을 명확하게 밝혔습니다. 미국의 팝스타 에미넴, 마돈나, 저스틴 비버, 코미디언 케빈 하트와 브라질 축구 스타 네이마르, 그리고 스포츠 브랜드 아디다스 등은 SNS를 통해 마치 한정판 명품을 소비하듯 자신이 전 세계적으로 1만 개뿐인 〈BAYC〉 NFT의 홀더임을 인증했지요.

NFT화된 디지털 콘텐츠의 창작자 및 저작권자는 대체로 NFT 구매자들이 위와 같이 디지털 콘텐츠를 활용하는 것까지 막을 의사는 없을 것입니다. 상업적 이용까지는 아니더라도 말입니다. NFT 발행자가 NFT로 발행한 디지털 콘텐츠 활용 범위를 구매자가 명확히 인지하고 구매할 수 있도록 분명하게 명시해야 하는 이유입니다. 애초에 'NFT를 사면 어느 범위까지 디지털 콘텐츠를 활용할 수 있다'는 식으로 권리 범위를 명시해두면, 구매자는 그 범위 내에서 자유롭게 사용할 수 있고, 또 불필요한 저작권 분쟁을 미연에 방지할 수 있는 것입니다.

NFT의 미래가 금전적 가치만으로 회자되는 비애

최근 기업들은 NFT를 활용한 서비스를 앞 다퉈 개발하고 있습니다. 가장 적극적인 곳은 게임회사입니다. '플레이투언(P2E, Play to Earn)' 게임은 게임 아이템에 대한 소유권을 NFT화함으로써 자유로운 거래를 통해 가상자산과 맞바꿔 수익화할 수 있는 게임입니다.

P2E 게임은 전 세계적으로 인기가 높지만 유독 우리나라에서는 출시할 수 없습니다. '게임산업 진흥에 관한 법률'(이하 '게임법')이 게임 이용을 통해서 획득한 결과물을 현금과 맞바꾸는 것을 금지하고 있기 때문입니다. '게임법'은 과거 '바다이야기' 사태를 계기로 사행성을 우려해 게임 아이템의 현금화를 금지하고 있습니다.

국내에서 게임을 출시하려면 게임물관리위원회(이하 '게임위')로부터 등급분류 절차를 받아야 합니다. 하지만 게임위는 게임 아이템 NFT를 가상자산으로 바꾸고 이를 다시 현금화 할 수 있는 게임에 대하여 사행성을 이유로 등급 분류를 내주지 않고 있습니다. 2021년 국내 최초의 P2E 게임인 '무한돌파삼국지 리버스'가 출시되었지만, 게임위로부터 '등급 분류 취소'를 받으며 앱 마켓에서 퇴출되는 일이 벌어지기도 했지요.

그런데 궁금합니다. 다른 온라인게임 아이템들은 개인 간 거래가 가능한데, 왜 유독 P2E 게임 아이템 NFT 거래는 허용되지 않는 걸까요?

사실 온라인게임 아이템 거래도 법적으로 허용된 것은 아닙니다. 게임회사에서도 사행성이 문제될 수 있어서 아이템 거래를 명시적으로 허용하지 않고 있지요. 게임 아이템 등 콘텐츠에 대한 저작권 등 지식재산권은 회사가 보유하고, 회원은 단지 이를 이용할 수 있는 권리를 가질 뿐 판매 등 처분행위를 할 수 없다고 이용약관에 명시하는 방식으로 게임회사는 입장 정리를 하고 있습니다. 게임회사는 회원 간 사적인 아이템 거래에는 관여하지 않기로 선긋기를 하면서 게임 아이템 거래 시장이 유지되어온 것입니다.

반면, P2E 게임은 이와 다릅니다. 게임 아이템 NFT의 속성 자체가 판매 등 처분권을 포함한 소유권을 게임 이용자에게 전적으로 넘겨주는 것이기 때문입니다. 따라서 P2E 게임은 그 자체로 아이템 거래를 게임회사에서 적극적으로 인정하는 것에 더해 원활히 거래되도록 시스템화까지 하는 구조라 하겠습니다. 즉, 게임을 제작하는 회사가 게임 이용을 통해서 획득한 결과물을 현금과 맞바꾸는 것을 게임 생태계 내에 스스로 두는 것입니다.

최근에는 P2E(Play to Earn) 트렌드에 이어 M2E(Move to Earn) 서비스가 주목을 받고 있습니다. 스테픈(STEPN) 앱이 대표적입니다. NFT 신발을 구매한 후 일정 속도 이상으로 걸으면 특정 가상자산을 받을 수 있는 서비스입니다. 걸으면 걸을수록 돈이 벌리는 것이지요. 게임위는 P2E 게임과는 달리 M2E의 대표주자 스테픈에 대해 게임이 아니라고 판단했습니다. 게임성이 일부 존재하지만 건강 기능에 중심을 둔 서비스라고 본 것입니다. 이로써 스테픈을 비롯한 M2E 서비스는 그 이용을 통해서 획득한 가상자산을 현금과 맞바꾸는 내용이 있음에도 불구하고 게임이 아니기 때문에 '게임법'의 규제를 받지 않게 된 것입니다.

NFT는 지금까지 주로 예술작품 거래나 크립토펑크, 〈BAYC〉 같은 PFP 프로젝트에 활용되어 왔습니다. 전자는 단순히 원본으로 증명된 예술작품을 거래하는데 NFT가 활용된 것이라면, 후자는 PFP NFT가 일종의 멤버십으로 기능합니다. NFT 보유자에 한해서 프라이빗 이벤트를 열거나, 특정 제품·서비스 할인권 등 다양한 혜택을 주는 방식으로 운영되지요.

NFT의 미래는 어떻게 전망될까요? NFT 기술의 가장 큰 미덕은 자산의 희소성 보장, 원본성 증빙 그리고 소유자 정보 및 거래이력 등을 영구적으로 저장할 수 있다는 점입니다. 이를 기반으로 자산 증명의 위·변조 방지 및 명품 브랜드의 진품 증명에 그치지 않고, 중고차 권리이전 내용 조회 및 차량 정보 진위 여부 검증 등에도 활용될 수 있습니다. 아울러 출생증명서, 여권, 운전면허증 등 디지털 신원증명으로의 쓰임새도 제기됩니다.

따라서 NFT의 미래가 금전적 투자 가치나 희소성 있는 사적인 향유 수단으로만 모아지는 것은 많이 아쉽습니다. 그보다는 NFT의 기술적 측면에서 다양한 산업과의 연결과 접목을 주목할 필요가 있습니다. NFT가 우리의 삶을 이롭게 하는 것은 후자에 가깝기 때문입니다.

Digital Legal Mind 15

당신의 또 다른 자아는 안녕하신가요?

- 메타버스가 만든 가상세계의 법리 -

2000년대 '싸이월드 갬성'의 판도라 상자가 드디어 열렸습니다. 싸이월드가 재개되어 옛 사진들이 복구되면서, 손발을 오그라들게 하는 추억 속 그리운 시절을 떠올려 봅니다. 요즘 가장 핫한 단어 중 하나를 꼽는다면 '메타버스'가 빠질 수 없을 텐데요. 이미 우리는 20여 년 전에 싸이월드를 통해서 메타버스를 체득했다고 할 수 있겠습니다.

오래전 나의 미니홈피를 떠올려볼까요? 나의 아바타인 '미니미'가 있습니다. 미니미가 사는 '미니룸'도 있지요. 파도타기를 하며 다른 미니홈피에 놀러갈 수도 있습니다. 여기까지는 기본입니다. 미니미에게 내 취향에 맞는 옷을 입히고, 미니룸에 벽지 도배 및 가구를 배치하며, '갬성'을 더하는 BGM을 깔려면 '도토리'가 필요합니다. 현실에서 원화로 경제활동을 하는 것처럼 '싸이월드'라는 사이버 세계에서는 '도토리'를 통해서 경제시스템이 작동합니다. 그래서 도토리를 잔뜩 결제해 놓고 있으면 마음이 참 넉넉했습니다. 현실에서는 내 맘대로 살 수 있는 것이 많지 않지만, 싸이월드에서는 도토리만 있으면 내가 원하는 것을 골라 살 수 있었으니까요.

도토리를 가상자산거래소에서 현금으로 환전한다?!

이처럼 20년 전 싸이월드를 생각하면 '메타버스'라는 개념이 생소하지 않습니다. 메타버스(metaverse)는 가상·추상을 의미하는 그리스어 '메타(meta)'와 세계·우주를 뜻하는 '유니버스(universe)'의 합성어인데요. 가상과 현실이 상호작용을 하며 그 안에서 사회·문화·경제 활동을 하는 가상세계로 이해할 수 있겠습니다.

싸이월드 미니홈피 역시 나의 아바타 '미니미'가 살아가는 가상세계입니다. 이용자들은 파도타기를 통해서 다른 미니홈피를 방문하고, 일촌(관계)을 맺으며, 방명록을 남기는 방식으로 교류합니다. 메타버스의 개념과 일맥상통하지요. 다만 '가상과 현실 간의 상호작용' 부분이 걸립니다. 이 지점에서 메타버스의 대표주자로 꼽히는 로블록스와 비교해 보겠습니다.

로블록스는 이용자들이 레고처럼 생긴 아바타가 되어 가상세계에서 활동하는 게임입니다. 싸이월드의 도토리와 유사한 '로벅스'를 통해서 아바타를 꾸미는 의상, 신발 등 다양한 아이템을 구입할 수 있습니다. 다른 이용자와 함께 테마파크 건설 및 운영, 애완동물 입양, 스쿠버 다이빙, 슈퍼히어로 등 다양한 경험을 하면서 교류합니다. 여기까지는 싸이월드와 비슷합니다.

하지만 둘은 결정적인 차이점이 있습니다. 바로 로블록스의 가상세계 내에서는 로벅스를 통해서 누구나 자신의 게임과 아이템을 만들어 판매하고 수익을 얻을 수 있다는 점입니다. 로벅스 수익은 일정 금액 이상이 되면 실제 화폐로 환전이 가능합니다. 즉, 가상세계에서의 창작활동이 현실에서의 수익창출로 이어지는 셈이지요.

2021년 6월 로블록스에서 이탈리아 명품 구찌의 디지털 전용 가방이 4,115달러(약 465만 원)에 거래됐습니다. 현실에서 사용할 수 없는 가상세계의 가방이 실제 가방보다도 비싸게 팔린 것입니다. 심지어 로블록스 가상세계에서의 창작활동이 직업이 되어 이를 통해 벌어들이는 수익으로 현실의 삶을 사는 사람들이 적지 않습니다. '가상과 현실 간의 상호작용'이 일어나고 있는 것입니다.

싸이월드는 가상세계 내에서 '도토리'를 통해 내 미니미와 미니룸을 꾸밀 수 있었을 뿐, 자신이 만든 그 결과물을 다른 이용자와 거래할 수도, 이를 통해 현실에서의 수익으로 연결시킬 수도 없습니다. 즉, 가상과 현실이 철저히 분리되는 구조입니다.

하지만 최근 다시 등장한 싸이월드는 메타버스의 개념에 걸맞게 거듭나려는 모양입니다. 기존 싸이월드와 연동되는 3D 메타버스를 별도로 준비중인데요. 미니미가 '미니룸'에서 문을 열고 나가면 10명 안팎의 소규모 일촌 모임 공간인 '마이룸'으로, 다시 문을 열면 다수가 동시 접속할 수 있는 광장인 '스퀘어'로 연결됩니다. 스퀘어에서는 미니미들이 모여서 게임이나 공연을 즐길 수도 있고, 다양한 쇼핑과 거래도 가능합니다.

이 경우 사용자들이 제작한 아이템을 NFT화하여 도토리로 거래도 할 수 있는데요. 이 도토리는 싸이월드 플랫폼 전용 가상자산입니다. 이를 국내 가상자산거래소에 상장함으로써 싸이월드에서 벌어들인 도토리를 거래소에서 원화로 환전할 수 있게 되는 것입니다. 조만간 싸이월드에서도 다양한 활동으로 도토리를 벌고, 이를 가상자산거래소에서 원화로 환전하며 수익 활동을 하면서 현실을 살아가는 사람들이 생겨날지도 모르겠습니다.

메타버스 세계에서 부동산 투자를 한다고?

현실과 가상세계인 메타버스 간의 상호작용은 NFT가 있기에 가능합니다. NFT는 메타버스와 현실을 이어주는 연결고리입니다. NFT는 대체 불가능한, 즉 소유권 증명이 쉽고 위·변조가 불가능하며 거래가 가능하다는 특성을 가지고 있습니다(자세한 내용은 147쪽 참조). 만약 내가 로블록스에서 직접 디자인해서 만든 옷이 '나의 것'이라는 증명을 할 수 없다면, 거래 자체가 불가능합니다. '소유'라는 개념이 전제되어야만 이를 사고파는 경제행위가 일어날 수 있기 때문이지요. 소유자가 누구인지 특정되지 않는다면 아무런 금전적 가치도 없는 모니터 속의 이미지 조각에 불과할 뿐입니다. NFT는 메타버스에서 내가 직접 디자인해서 만든 옷이 '나의 것'임을 증명하고, 이를 거래할 수 있도록 함으로써 금전적 가치를 부여합니다.

메타버스에서의 활동으로 만든 집, 캐릭터, 의상, 장신구 등 다양한 창작물들이 NFT화 되어 이용자들 간에 해당 메타버스의 화폐로 통용되는 특정 가상자산으로 거래됩니다. 가상자산은 가상자산거래소에서 현금화할 수 있습니다. 이렇게 NFT는 메타버스와 현실을 이어줌으로써 메타버스의 경제적 가치를 완성하는 핵심 역할을 합니다.

메타버스에서의 NFT를 통한 경제행위 이야기를 좀 더 이어가보겠습니다. 현실세계에서 건물주가 되는 것은 하늘의 별따기만큼 어렵지요. 하지만 메타버스에서 건물주가 되는 것은 어렵지 않습니다. 이더리움 블록체인을 기반으로 하는 메타버스 플랫폼 '디센트럴랜드'는 건물주가 되는 것을 가능하게 합니다. 디센트럴랜드에서는 'MANA'라는 가상자산이 공식적으로 통용되는 화폐입니다. MANA를 통해서 특정 토지 NFT를 구매하면 현실에서 등기를 하는 것처럼 내가 소유권을 가진다는 사실이 기록됩니다. 토지를 소유한 나는 그 위에 건물을 세울 수 있을 뿐만 아니라, 상점이나 전시회 등을 운영하려는 제3자에게 건물을 빌려주고 임대료를 받을 수도 있습니다. 물론 유동인구가 많아 목이 좋은 상권일수록 임대료도 높아집니다. 심지어 토지와 건물의 가치가 상승하면 이를 제3자에게 팔 수도 있지요. 이러한 거래는 토지와 건물 등이 모두 고유한 인증값을 지닌 NFT이기 때문에 가능합니다.

그런데요, 혹시 이 글을 읽고 '메타버스에서 부동산 투자에 나서볼까'하는 생각이 든다면 좀 더 신중하게 알아보고 결정하길 권합니다. 최근 디센트럴랜드와 유사한 메타버스 플랫폼들이 많이 출현하고 있는데요. 나중에 수익이 극대화될 것을 기대하고 가상의 토지를 구매했다가, 플랫폼 운영사가 서비스를 중단하면 하루아침에 가상의 내 땅이 사라질 수도 있기 때문입니다. 따라서 투자에 앞서 신뢰할 수 있는 운영사인지 잘 알아보는 것부터 시작해야 합니다. 아무리 메타버스가 현실과 닮아간다고 하더라도 한순

가상세계에서 토지를 소유하면 그 위에 건물을 세운 뒤 임대 사업을 할 수도 있다. 심지어 유동인구가 많아 목이 좋은 상권일수록 임대료도 올라간다. 토지와 건물의 가치가 상승하면 이를 다시 제3자에게 팔아 수익을 거둘 수도 있다. 이러한 거래는 토지와 건물 등이 모두 고유한 인증값을 지닌 NFT이기 때문에 가능하다.

간에 '0'이 되어버릴 수 있는 태생적 위험이 있기 때문입니다.

메타버스에서 '짝퉁' 브랜드 상품을 만들어서 판매했다면?

아무튼 메타버스를 통해서 가상과 현실의 경계가 점차 허물어지고 있음은 움직일 수 없는 사실입니다. 메타버스를 그저 물리적 실체가 없는 세계라고 치부하기에는 이미 우리 삶 속에 성큼 들어와 있지요. 그래서일까요, 메타버스로 인한 부작용과 피해 사례도 점점 늘고 있습니다. 하지만, 기존 법 제도만으로는 규제가 어려운 문제들이 적지 않습니다.

네이버가 운영하는 메타버스 플랫폼 '제페토'에는 디올, 구찌 등 글로벌 명품 브랜드 외에도 나이키, 노스페이스, MLB 등 다양한 브랜드가 입점해 있습니다. 제페토의 화폐로 통용되는 '젬'을 통해 나의 아바타를 다양한 브랜드로 꾸밀 수 있습니다. 제페토에서는 창작물을 만들어서 거래함으로써 수익을 얻을 수도 있는데요. 그런데 제페토 안에서 구찌의 로고를 그대로 베껴서 가방을 만들었다면 이는 상표권 침해에 해당할까요? 이른바 '짝퉁' 시장이 메타버스로 옮겨갈 경우 과연 처벌이 가능할까요?

상표로서 보호를 받으려면 상표 등록을 해야 합니다. 그리고 상표 등록 시 상표와 함께 보호 받으려는 상품을 지정해야 합니다. 그에 따라 상표권자는 동일 또는 유사한 지정 상품에 대해서만 보호를 받을 수 있습니다. 그런데 메타버스 내의 가방이나 옷이 '상표법'상 '상품'으로 볼 수 있는지, 볼 수 있다면 '동일 또는 유사한' 상품에 상표를 사용한 것으로 볼 수 있는지 궁금합니다. '상표법'상의 '상품'이란 그 자체가 교환가치를 가지고 독립된 상거래의 목적물이 되는 물품을 말합니다. 메타버스 내의 가방이나 옷도

NFT로 거래되고, 금전적 가치를 가진다는 점에서 '상표법'상 상품에 해당한다고 볼 수 있습니다.

하지만, 메타버스 내의 가방이나 옷은 '화상 이미지'일 뿐 현실의 가방이나 옷과 동일 또는 유사한 상품으로 보는 것은 지나친 확장해석이라고 볼 수 있습니다. 따라서 상표권을 침해하지 않는다고 판단 받을 가능성이 높습니다. 물론 그렇다고 문제가 없는 것은 아닙니다. 메타버스에서 '짝퉁' 브랜드 상품을 만들어서 판매했다면, 이는 부정경쟁행위에 해당되어 형사처벌을 받을 뿐만 아니라 민사상 손해배상 책임까지 발생할 수 있습니다. 다시 말해 '상표법'을 적용하기는 어렵지만, '부정경쟁 방지 및 영업비밀 보호에 관한 법률'(이하 '부정경쟁방지법')에 저촉되어 민·형사상 책임을 지게 될 가능성이 높습니다.

한편, 메타버스에서 각자의 '부캐'인 아바타를 어떻게 꾸밀지는 자유입니다. 그런데 내 아바타를 누가 봐도 특정 유명인이 떠오르게 만들어도 괜찮을까요? 이는 '퍼블리시티(publicity)권' 침해 소지가 있습니다. 퍼블리시티권이란 개인의 이름, 초상, 서명, 목소리 등 인격적인 요소에서 파생되는 일련의 재산적 가치를 권리자가 독점적으로 지배하는 권리를 말합니다. 2022년 4월 20일부터 시행되고 있는 개정 '부정경쟁방지법'은 부정경쟁행위 유형으로, "국내에 널리 인식되고 경제적 가치가 있는 타인의 성명, 초상, 음성, 서명 등 그 타인을 식별할 수 있는 표지를 공정한 상거래 관행이나 경쟁 질서에 반하는 방법으로 자신의 영업을 위하여 무단으로 사용함으로써 타인의 경제적 이익을 침해하는 행위"를 추가했습니다. 퍼블리시티권이 최초로 입법화된 것이지요.

유명인의 초상·성명을 무단으로 사용하는 행위는, 그들이 명성을 위해

SM엔터테인먼트 소속 아이돌 그룹 에스파와 그들의 아바타인 '아이-에스파'. 가상공간에서 에스파의 부캐인 '아이-에스파'를 만들 수 있는 자격은 아무에게나 주어지지 않는다.

오랜 기간 투자한 노력과 비용에 무임승차하는 행위입니다. 하지만 그동안 이러한 불법행위를 적절하게 규율하는 규정이 미흡했습니다. 개정된 '부정경쟁방지법'에 따르면, 유명인의 초상·성명 등을 무단사용하여 경제적 피해를 야기하는 경우, 그에 대하여 금지 및 손해배상 청구 등 민사적 구제조치는 물론, 특허청의 행정조사·시정권고 등의 행정적 구제조치도 가능합니다. 메타버스에서도 마찬가지입니다. 누가 봐도 영화배우 '마동석'을 꼭 닮은 아바타를 만들어서 자신의 수익활동에 무단으로 활용하는 경우 부정경쟁행위로서 법적 조치를 받을 수 있다는 얘기입니다.

가상세계 속 나의 '아바타'가 성폭행을 당했다면?

메타버스에서 발생하는 법률문제 중 심각하게 대두하는 것이 바로 성범죄입니다. 메타버스의 주된 이용자가 여성과 아동·청소년이기 때문에 특히 그렇습니다. 가해자가 메타버스 내 대화방에 10대 피해자를 초대해 피해자의 성적 수치심을 일으키는 메시지를 전송한 일이 있었습니다. 가해자가 메타버스 대화방에서 아동·청소년 피해자에게 "특정 신체부위가 노출된 사진을 주면 게임 아이템을 주겠다"며 지속적으로 피해자의 노출 사진을 전송 받아 성착취물을 제작한 사건도 사회적으로 큰 물의를 일으켰지요.

'정보통신망 이용촉진 및 정보보호 등에 관한 법률'(이하 '정보통신망법')에서는 온라인에 음란한 영상 등을 배포·판매하거나 전시하는 행위 등을 금지하고 있습니다. 이는 메타버스도 '온라인'으로 볼 수 있기 때문에 동일하게 적용될 수 있습니다.

'아동·청소년의 성보호에 관한 법률'은 훨씬 더 엄격합니다. 온라인에서 성적 욕망이나 수치심 또는 혐오감을 유발할 수 있는 대화를 지속적·반복적으로 한 경우만으로도 형사처벌이 가능하지요. 또한 n번방 사건 이후 아동·청소년 성 착취물을 단순 소지만 하더라도 처벌하는 규정이 신설되어, 그에 따라 처벌될 수도 있습니다.

2021년 10월부터 시행에 들어간 '스토킹범죄의 처벌 등에 관한 법률'도 함께 살펴볼 필요가 있습니다. 법에는 '스토킹행위'로서, "우편·전화·팩스 또는 정보통신망을 이용하여 물건이나 글·말·부호·음향·그림·영상·화상을 도달하게 하는 행위"라고 정의합니다. 따라서 메타버스와 같은 온라인 공간에서의 스토킹도 처벌 대상에 포함될 수 있습니다.

문제는 아바타만을 대상으로 한 성범죄입니다. 이를테면 아바타의 외모를 보고 성희롱을 하거나 아바타를 성추행하는 경우가 여기에 해당합니다. 물론 아바타를 성희롱하거나 성추행했을 때 처벌하는 규정은 아직 없습니다. 그렇다고 아바타를 소유한 이용자에 대한 성희롱과 성추행으로 확대해석해서 처벌하기는 어렵습니다.

하지만 법에 규정이 없다고해서 그냥 넘길 일이 아닙니다. 메타버스 속 아바타가 나의 또 다른 자아로서 그 존재의 의미가 점점 더 커지고 있기 때문입니다. 이에 대해 '가상주체 인격권' 즉, 아바타의 인권을 인간 이용자의 인권에 준하는 정도로 인정하는 권리에 대한 논의가 본격적으로 이뤄지고 있는 것은 다행스런 일입니다. 메타버스 플랫폼에서의 인공감각 기술이 갈수록 고도화됨에 따라 현실과 매우 유사한 메타버스 플랫폼의 출현은 이제 시간문제입니다. 이 경우 아무리 아바타만을 대상으로 한 성범죄라고 하더라도, 그것을 가상세계 속의 자아로 여기는 이용자가 느끼는 성적 수치심 등의 피해는 결코 현실과 다르다고 할 수 없겠습니다.

이는 비단 성범죄에 국한하지 않습니다. 폭행도 마찬가지입니다. 아바타에 대한 폭행도 현재로서는 처벌규정이 없습니다. 인간인 이용자를 폭행한 것이 아니니까요. 하지만 현실의 이용자가 메타버스에서의 아바타를 통해서 '인공감각'을 느끼는 경우라면 얘기가 달라집니다. 인간은 눈, 귀, 코, 혀, 피부 등 감각기관을 통해 외부의 자극을 시각·청각·후각·미각·촉각 등 오감으로 느끼는데요. 이러한 인체의 감각기관을 전자피부 등의 형태로 구현하는 기술이 바로 인공감각입니다. 인공감각 시스템이 장착된 옷을 입고 메타버스에 접속하면 그 안에서 넘어지거나 아바타와 부딪치는 등의 상황에서 실제와 같은 감각을 느끼게 되는 것입니다. 이 경우에는 아바타에 대한 폭행이 이용자에 대한 폭행과 다르다고 할 수 없겠습니다.

가상세계도 우리가 살아내야 할 '현실'

2018년에 나온 영화 〈레디 플레이어 원〉은 메타버스가 가져다 줄 혼돈의 미래 2045년을 그립니다. 영화 속 가상세계 '오아시스'에서는 누구든 원하는 캐릭터로 무엇이든 할 수 있고, 또 어디든지 갈 수 있습니다. 상상하는 모든 게 가능하지요. 현실에서의 '나'는 별 볼 일 없지만, 가상세계에서의 나의 분신 '아바타'는 뭐든지 이뤄내는 유능한 존재입니다. 그러니 모두가 VR 고글을 착용하고 가상세계로 빠져들기에 바쁩니다. 암울한 현실세계에서는 친구 한 명 없이 우두커니 혼자 있습니다. 사람들은 갈수록 현실을 부정하고 가상세계에 집착하지요. '가상세계 = 유토피아', '현실세계 = 디스토피아'라는 비뚤어진 믿음이 세상을 지배하게 됩니다.

영화에서처럼 과연 메타버스는 인간이 현실을 도피하는 수단이 될까요? 미래를 영화적 상상력으로 예단할 수만은 없지만, 메타버스는 최소한 20년 전 싸이월드처럼 반짝 유행하다 사라지지는 않을 듯합니다. 이미 메타버스는 게임, 영화, 광고, 의료, 건설 등 다양한 산업에 적용되면서 뚜렷한 경제적 효과를 내고 있기 때문이지요.

일상 속으로의 침투는 더욱 예사롭지 않습니다. 전문가들은, '가상과 현실 간의 상호작용'이 본격적으로 이뤄질 경우, 메타버스에서 경제와 문화를 아우르는 새로운 생태계가 조성될 것으로 전망합니다.

그런데요, 세상은 놀라울 정도로 급변하지만, 법 제도는 늘 세상의 변화를 제대로 담아내지 못합니다. 지금의 민법, 형법, 상법, 노동법, 세법 등의 실정법들이 메타버스에서 벌어지는 다양한 문제들을 해결할 수 있을까요? 과학기술이 빠르게 발전하는 세상일수록 '법적 공백'을 메우는 게 쉽지 않습니다. 법이란 태생적으로 아직 벌어지지도 않은 상황을 예단해 현실보다 앞서갈 수 없기 때문입니다.

다만, 가상세계는 '진짜' 현실이 아니니 실정법을 적용할 수 없다는 논리는 맞지 않습니다. 앞에서 살펴본 대로 메타버스는 이미 현실세계와의 상호작용을 통해 '실존하는' 우리 일상에 적지 않은 영향을 미치고 있기 때문입니다. 메타버스가 구현하는 가상세계 역시 우리가 살아내야 할 '현실'인 것입니다.

영화 <레디 플레이어 원>의 공식 포스터.

영화 <레디 플레이어 원>은
메타버스가 가져다 줄 혼돈의 미래를 상상한다.
가상세계 '오아시스'에서는 상상하는 모든 게 가능하다.
현실에서의 '나'는 별 볼 일 없지만, 가상세계 속 나의 분신 '아바타'는
뭐든지 이뤄내는 유능한 존재다.
모두가 VR 고글을 착용하고 가상세계로 빠져든다.
현실을 부정하고 가상세계에 집착하는 것이다.

'가상세계=유토피아', '현실세계=디스토피아'
라는 비뚤어진 믿음이 세상을 지배한다.

승자독식 플랫폼에 맞서는 대안을 찾아서

- 프로토콜 경제를 선언한 DAO의 실험 -

요즘 택시 정류장에서 택시 기다리는 사람 보기가 쉽지 않습니다. 카카오T 앱을 이용하면 정류장에 미리 나가서 기다릴 필요 없이 약속한 시간과 장소에 택시가 도착해 있기 때문입니다. 참 편리합니다. 그런데요, 며칠 전 카카오T 앱으로 호출한 택시를 기다리다 문득 이런 궁금증이 들었습니다.

카카오T 앱을 통해 택시기사들이 서비스를 제공하지 않았다면 카카오모빌리티란 회사가 성장할 수 있었을까? 그런데 왜 그 이익은 기업의 일부 주주들 위주로 돌아가는 걸까? 왜 택시기사들은 기업의 성장으로 발생하는 이익에서 철저히 배제되는 걸까? 더욱 편리하게 택시와 이용자가 만날 수 있게 된 것만으로 충분한 것일까?

카카오모빌리티가 성장할수록 기업의 주주들이 얻는 이익도 덩달아 커지지만, 서비스 제공자인 택시기사들의 처우는 늘 제자리입니다. 페이스북도 마찬가지. 내가 아무리 멋진 사진과 좋은 글을 올려도 얻는 것은 '따봉' 뿐이지요. 반면 페이스북을 운영하는 메타라는 회사는 페이스북이라는 거대한 플랫폼에 사람들을 모아놓고 그 사람들의 데이터를 수집·분석한 것을 활용해 타깃 광고를 통해 막대한 수익을 올립니다. 이로써 메타의 기업 가치는 물론, 주가가 크게 오릅니다. 우리가 열심히 SNS 활동을 하며 따봉을 얻을 때, 메타의 주주들은 '가만히' 메타의 주식을 가지고 있습니다. 가만히 있어도 계속 주식 가치가 올라갈 테니까요.

이러한 현상은 다른 거대 플랫폼 기업들도 다르지 않습니다. 플랫폼 위에서 활동하는 수많은 사람들의 기여를 통해 기업이 성장한 것임에도 불구하고 그로 인한 과실은 오로지 주주의 몫입니다. 물론 주주들이 기업에 투자한 자금을 기반으로 기업이 성장할 수 있었던 것도 틀리지 않습니다. 하지만 플랫폼의 이용자 뿐 아니라 택시기사, 택배기사, 배달원 등 플랫폼에서 서비스를 제공하고 다양한 콘텐츠를 생성하는 구성원들 또한 분명 플랫폼 기업의 성장에 기여했음을 부정할 수 없습니다. 그래서일까요, 필자는 플랫폼 기업의 이익 창출 메커니즘에서 뭔가 불공정한 일이 반복되고 있다는 생각을 지울 수가 없습니다.

프로토콜 경제란 무엇인가?

차량 공유 서비스 플랫폼 우버는 소속 드라이버의 수익 창출 기여에 대한 보상이 부족하다는 지적을 꾸준히 받아왔습니다. 그래서 우버는 소속 드라이버들에게 1년치 보상금 중 15%를 우버 주식으로 지급 받을 수 있도록 조치했지요. 숙박 공유 플랫폼 에어비앤비는 IPO(기업공개) 과정에서 주식 920만 주로 호스트 기부펀드를 조성했습니다. 에어비앤비의 성장은 숙박 시설을 제공하는 호스트의 기여 없이는 불가능했기에, 성장의 과실을 함께 나누겠다는 취지였지요. 쿠팡은 2021년 2월 뉴욕 증시에 상장하면서 계약직 직원을 포함한 현장 직원들에게 무상으로 주식을 지급하는 계획을 밝혔습니다.

이처럼 이익 나눔을 위한 몇몇 플랫폼 기업들의 자발적인 노력이 화제가 된 적이 있습니다. 하지만 이러한 이벤트는 일회성에 그치는 경우가 대부분입니다. 플랫폼이라는 시스템의 개발자와 몇몇 대주주들이 거의 모든 이익을 차지하는 승자독식 구조! '플랫폼 경제'의 어두운 이면입니다.

그래서 플랫폼 경제의 대안으로 떠오른 것이 바로 '프로토콜 경제'입니다. 프로토콜 경제에서는 참여자들이 정한 규칙(프로토콜, protocol)에 따라 탈중앙화와 탈독점화를 통해 가치를 공정하게 분배합니다. 이러한 프로토콜 경제는 블록체인 기술을 핵심적으로 활용합니다. 블록체인의 분산 원장 기술을 통해 데이터를 분산해 저장하고, 투명하게 관리합니다. 또한 블록체인의 특성인 탈중앙화는 시장 참여자들 간 수직적 우열 없이 민주적인 참여가 가능하게 합니다. 블록체인 기술을 통해 구현하는 '스마트 컨트랙트' (137쪽) 또한 중요한데요. 시장 참여자들이 자유롭게 만들고 지키는 규약을 블록체인 상에서 자동으로 구현함으로써 시장 성장에 기여하는 참여자 각자의 기여분 만큼 합리적 보상을 해줍니다.

이야기를 들어보니 프로토콜 경제는 훌륭한 시스템 같은데, 여전히 잘 와 닿지 않습니다. 플랫폼 경제와 비교해서 좀 더 쉽게 이해할 수 있도록 예를 들어보겠습니다.

우버와 라주즈*라는 차량 공유 플랫폼이 있습니다. 우버는 중간에서 결

---

* La'Zooz : 한동안 프로토콜 경제의 대표적인 사례로 꼽혀왔지만, 현재는 운영을 하지 않는 것으로 알려졌다.

** token : 암호화폐, 코인 등으로 혼용되는 개념의 법률용어는 '가상자산'이다. 하지만 이번 항목에서는 프로토콜 경제 및 DAO에서 투표 등 다양하게 활용되는 수단으로서 (가상자산과 구별하기 위해) '토큰'이라는 용어를 쓰도록 한다.

제 수수료를 떼어가는 반면, 라주즈는 떼어가지 않습니다. 대신 차량 공유 서비스를 이용할 때 '주즈(Zooz)' 토큰**으로 결제가 이뤄집니다. 둘은 서비스 제공 과정도 차이가 있습니다. 우버는 모든 차량이 어디에 있는지, 어떤 요청을 받는지 등의 데이터를 중앙화된 플랫폼을 통해 직접 관리하고 통제합니다. 드라이버가 받을 요금도 스스로 결정하지요.

라주즈는 블록체인 기술 기반이다 보니 중앙화된 별도 플랫폼 운영 없이 이용자와 드라이버를 실시간으로 연결시켜 이용자 정보 및 결제 등을 돕습니다. 거래 장부도 분산돼 있어 데이터를 안전하게 저장하고 누구나 접근할 수 있지만, 누구도 임의로 조작할 수 없습니다. 플랫폼 운영이 없으니 당연히 수수료도 없습니다. 대신 라주즈 서비스에 참여하는 사람들이 늘어날수록 주즈 토큰의 가치가 상승해 이익을 얻는 구조입니다. 가치 상승을 기대하면서 주즈 토큰을 계속 보유할 수도 있고, 주즈 토큰을 이더리움으로 바꿔 현금화할 수도 있습니다. 다시 말해, 가상자산 주즈 토큰을 가진 모든 서비스 참여자들은 서비스가 성장할수록 주즈 토큰의 가치도 오르니

| 우버 vs. 라주즈 |

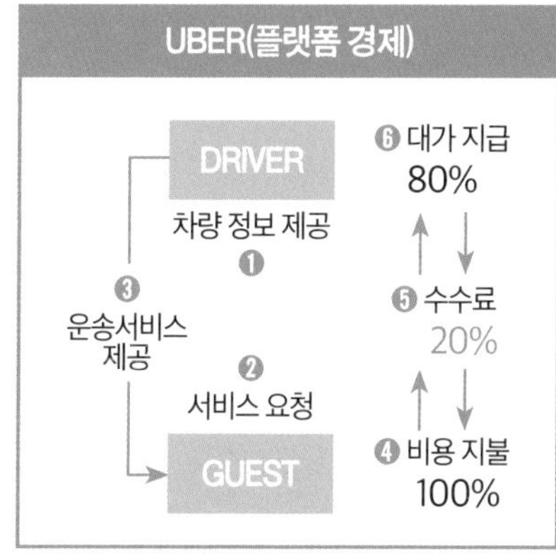

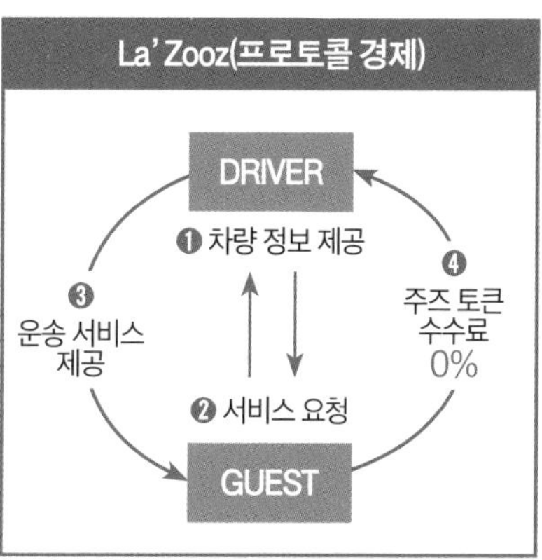

자료 : 중소기업연구원 '프로토콜 경제' 보고서

함께 이득을 얻게 됩니다. 아울러 서비스 성장을 위해 더욱 자발적으로 참여하는 선순환 구조를 기대할 수 있습니다.

라주즈는 이상적인 서비스 생태계 구조로 보입니다. 그런데 이러한 구조가 현실에서 제대로 작동할 수 있을까, 궁금합니다. 프로토콜 경제의 대표적인 모델인 DAO를 통해 좀 더 자세히 살펴보겠습니다.

DAO란 무엇인가?

미국의 가상자산 데이터 분석업체 메사리(Messari)는 최근 발표한 보고서에서, "2020년이 DeFi(탈중앙화금융)의 해였고 2021년이 NFT의 해였다면 2022년은 DAO의 해가 될 것"이라고 밝혔습니다. 실제로 2022년에 전 세계적으로 다양한 DAO가 구성되어 운영 중입니다. 우선 DAO가 무엇인지부터 살펴보겠습니다.

DAO는 'Decentralized Autonomous Organization'의 약자로, 우리말로 옮기면 '탈중앙화 자율 조직' 정도가 되겠습니다. 중앙에서 관리하는 주체가 없이 공통 목표를 가진 구성원들이 정해진 규약에 따라 자율적으로 투표하여 의사결정을 하고, 공정한 보상을 받는 시스템입니다.

좀 더 구체적으로 설명하면, DAO 결성과 함께 블록체인을 기반으로 한 자체 토큰을 발행해서 구성원에게 분배합니다.* 토큰을 분배 받은 구성원은 주식과 비슷하게 토큰 보유량만큼 의결권을 가집니다. 그에 따라 구성원들이 투표를 통해 의사결정을 하게 됩니다. DAO 운영의 전반적인 과정

* 발행하는 토큰은 DAO마다 달라서 대체 가능한 토큰인 경우도 있고, 대체 불가능한 토큰(NFT)인 경우도 있다.

은 스마트 컨트랙트로 투명하게 진행됩니다. 구성원들은 미리 정해진 규약에 따라 활동에 대한 인센티브를 받을 수도 있고, 자체 토큰의 가치 상승으로 보상을 받을 수도 있습니다. 이러한 방식으로 이른바 '프로토콜 경제'의 가치를 실현하게 되는 것입니다.

대표적인 DAO로는 최근 미국에서 시도된 'Constitution DAO'(이하 '헌법 DAO')가 있습니다. 현재 13부만 남아 있는 미국 헌법 초판본이 경매에 나온 적이 있었는데요. 이 소식을 들은 몇몇 사람들이 미국 헌법 초판본을 재력가 개인의 소유가 아니라 시민 전체에게 돌려주자는 데 뜻을 모았습니다. 그렇게 '헌법 DAO'가 결성된 것이지요. $PEOPLE 토큰을 발행한 후 DAO 구성원이 이더리움을 기부하면, 기부한 이더리움에 상응하는 양만큼의 $PEOPLE 토큰을 지급 받음으로써 경매에서 낙찰 받은 미국 헌법 초판본 활용 방향을 결정하는 투표권을 얻게 되고, 낙찰에 실패할 경우에는 기부한 이더리움을 환불 받는 구조입니다. 첫 번째 경매에서는 근소한 차이로 낙찰에 실패했지만, 며칠 사이 약 1만7,000명으로부터 약 4,000만 달러(약 480억 원)를 모으는 데 성공했습니다. DAO였기에 가능한 시도였지요.

우리나라에서도 최근 유사한 취지의 DAO가 결성되었는데요. 간송미술관이 국보 제72호 '계미명금동삼존불입상'과 국보73호 '금동삼존불감'을 경매에 내놓자, '국보를 시민의 품으로'라는 취지로 '국보 DAO'를 결성하여 나흘 만에 약 24억3,000만 원 상당의 가상자산 클레이튼을 모금했습니다.

DAO는 현재 다양한 형태로 실험되고 있습니다. '문다오(MoonDAO)'는 우주 연구와 탐사를 목표로 하는 DAO입니다. 문다오는 우주 공간은 어느 한 국가나 부자들만의 것이 아닌 모두의 것이라는 가치를 추구하기 위해 만들어졌는데요. 2022년 6월에 2508.73이더리움을 모금해서 우주여객선 티켓을 예약한 뒤 여객선 탑승 티켓 추첨을 진행했습니다.

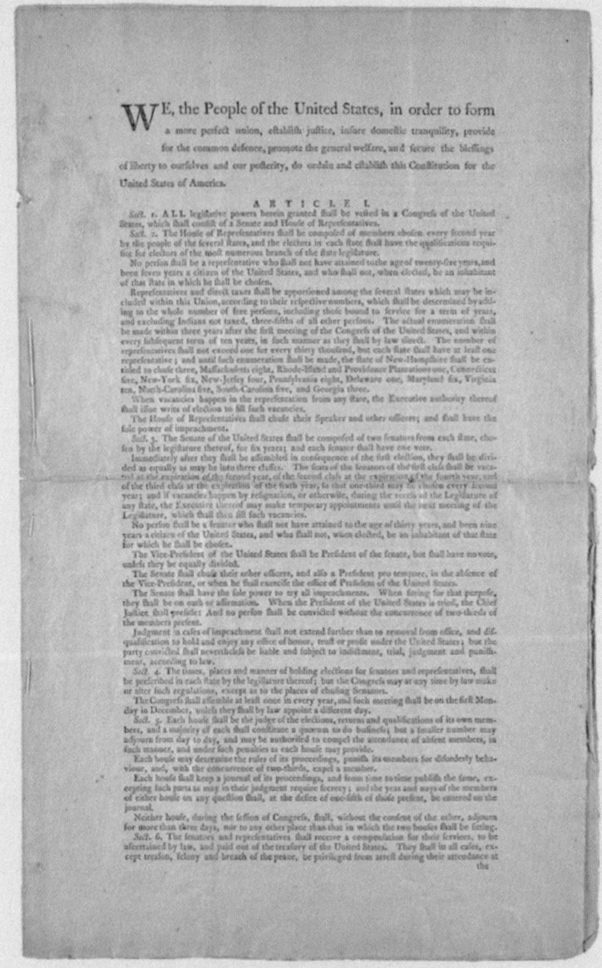

WE, the People of the United States, in order to form a more perfect union, eſtabliſh juſtice, inſure domeſtic tranquility, provide for the common defence, promote the general welfare, and ſecure the bleſſings of liberty to ourſelves and our poſterity, do ordain and eſtabliſh this Conſtitution for the United States of America.

ARTICLE I.

Sect. 1. ALL legiſlative powers herein granted ſhall be veſted in a Congreſs of the United States, which ſhall conſiſt of a Senate and Houſe of Repreſentatives.

Sect. 2. The Houſe of Repreſentatives ſhall be compoſed of members choſen every ſecond year by the people of the ſeveral ſtates, and the electors in each ſtate ſhall have the qualifications requiſite for electors of the moſt numerous branch of the ſtate legiſlature.

No perſon ſhall be a repreſentative who ſhall not have attained to the age of twenty-five years, and been ſeven years a citizen of the United States, and who ſhall not, when elected, be an inhabitant of that ſtate in which he ſhall be choſen.

Repreſentatives and direct taxes ſhall be apportioned among the ſeveral ſtates which may be included within this Union, according to their reſpective numbers, which ſhall be determined by adding to the whole number of free perſons, including thoſe bound to ſervice for a term of years, and excluding Indians not taxed, three-fifths of all other perſons. The actual enumeration ſhall be made within three years after the firſt meeting of the Congreſs of the United States, and within every ſubſequent term of ten years, in ſuch manner as they ſhall by law direct. The number of repreſentatives ſhall not exceed one for every thirty thouſand, but each ſtate ſhall have at leaſt one repreſentative; and until ſuch enumeration ſhall be made, the ſtate of New-Hampſhire ſhall be entitled to chuſe three, Maſſachuſetts eight, Rhode-Iſland and Providence Plantations one, Connecticut five, New-York ſix, New-Jerſey four, Pennſylvania eight, Delaware one, Maryland ſix, Virginia ten, North-Carolina five, South-Carolina five, and Georgia three.

When vacancies happen in the repreſentation from any ſtate, the Executive authority thereof ſhall iſſue writs of election to fill ſuch vacancies.

The Houſe of Repreſentatives ſhall chuſe their Speaker and other officers; and ſhall have the ſole power of impeachment.

Sect. 3. The Senate of the United States ſhall be compoſed of two ſenators from each ſtate, choſen by the legiſlature thereof, for ſix years; and each ſenator ſhall have one vote.

Immediately after they ſhall be aſſembled in conſequence of the firſt election, they ſhall be divided as equally as may be into three claſſes. The ſeats of the ſenators of the firſt claſs ſhall be vacated at the expiration of the ſecond year, of the ſecond claſs at the expiration of the fourth year, and of the third claſs at the expiration of the ſixth year, ſo that one-third may be choſen every ſecond year; and if vacancies happen by reſignation, or otherwiſe, during the receſs of the Legiſlature of any ſtate, the Executive thereof may make temporary appointments until the next meeting of the Legiſlature, which ſhall then fill ſuch vacancies.

No perſon ſhall be a ſenator who ſhall not have attained to the age of thirty years, and been nine years a citizen of the United States, and who ſhall not, when elected, be an inhabitant of that ſtate for which he ſhall be choſen.

The Vice-Preſident of the United States ſhall be Preſident of the ſenate, but ſhall have no vote, unleſs they be equally divided.

The Senate ſhall chuſe their other officers, and alſo a Preſident pro tempore, in the abſence of the Vice-Preſident, or when he ſhall exerciſe the office of Preſident of the United States.

The Senate ſhall have the ſole power to try all impeachments. When ſitting for that purpoſe, they ſhall be on oath or affirmation. When the Preſident of the United States is tried, the Chief Juſtice ſhall preſide: And no perſon ſhall be convicted without the concurrence of two-thirds of the members preſent.

Judgment in caſes of impeachment ſhall not extend further than to removal from office, and diſqualification to hold and enjoy any office of honor, truſt or profit under the United States; but the party convicted ſhall nevertheleſs be liable and ſubject to indictment, trial, judgment and puniſhment, according to law.

Sect. 4. The times, places and manner of holding elections for ſenators and repreſentatives, ſhall be preſcribed in each ſtate by the legiſlature thereof; but the Congreſs may at any time by law make or alter ſuch regulations, except as to the places of chuſing Senators.

The Congreſs ſhall aſſemble at leaſt once in every year, and ſuch meeting ſhall be on the firſt Monday in December, unleſs they ſhall by law appoint a different day.

Sect. 5. Each houſe ſhall be the judge of the elections, returns and qualifications of its own members, and a majority of each ſhall conſtitute a quorum to do buſineſs; but a ſmaller number may adjourn from day to day, and may be authoriſed to compel the attendance of abſent members, in ſuch manner, and under ſuch penalties as each houſe may provide.

Each houſe may determine the rules of its proceedings, puniſh its members for diſorderly behaviour, and, with the concurrence of two-thirds, expel a member.

Each houſe ſhall keep a journal of its proceedings, and from time to time publiſh the ſame, excepting ſuch parts as may in their judgment require ſecrecy; and the yeas and nays of the members of either houſe on any queſtion ſhall, at the deſire of one-fifth of thoſe preſent, be entered on the journal.

Neither houſe, during the ſeſſion of Congreſs, ſhall, without the conſent of the other, adjourn for more than three days, nor to any other place than that in which the two houſes ſhall be ſitting.

Sect. 6. The ſenators and repreſentatives ſhall receive a compenſation for their ſervices, to be aſcertained by law, and paid out of the treaſury of the United States. They ſhall in all caſes, except treaſon, felony and breach of the peace, be privileged from arreſt during their attendance at

the

사람들은 경매로 나온 미국 헌법 초판본을 재력가 개인의
소유가 아니라 시민의 품으로 돌려주도록 하자는 데 뜻을 모았다.
낙찰금액을 마련하기 위해 **'Constitution DAO'**를 결성한 것이다.
DAO 구성원이 이더리움을 기부하면,
기부한 이더리움에 상응하는 만큼의 토큰을 지급 받는 방식이다.
'Constitution DAO'는 약 1만7,000명으로부터
약 4,000만 달러(약 480억 원)를 모으는 데 성공했다.

'메타팩토리'는 패션 브랜드 운영과 관련 제품을 판매하는 DAO입니다. 자체 토큰 $ROBOT을 발행해 이를 보유한 참여자로 하여금 브랜드의 운영, 제품 유통 및 판매 등에 대한 결정에 참여하도록 합니다. $ROBOT 토큰은 제품 판매에 따라 지급되기도 하고, 규약으로 정한 기여도에 따라 배분합니다.

그런데요, 프로토콜 경제의 대표적인 모델인 DAO에 대한 설명을 듣다보니 플랫폼 기업들의 경영 형태인 주식회사와 어떤 차이가 있는지 궁금합니다. 주식회사는 대표이사와 이사회가 (주주총회 의결사항을 제외한) 회사의 전반적인 운영사항을 판단하고 이끌어갑니다. 또한 주주총회 의결사항도 이사회에서 정해지므로 주주는 주식 수대로 의결에 참여할 수 있을 뿐입니다. 물론 발행주식총수의 100분의 3 이상을 보유한 주주 등 제한적 요건 하에 주주총회 의결사항을 제안할 수 있는 권리가 있긴 합니다. 반면 DAO는 대표자 없이 모든 구성원이 자유롭게 DAO 운영 관련 사항을 제안할 수 있으며, 토큰을 보유한 구성원 모두의 투표를 통해 제안을 받아들일지 여부를 결정합니다.

주식회사의 주식, DAO의 토큰은 각각 이를 보유한 비율대로 조직을 소유하고 투표권을 행사한다는 점에서 유사하다고 볼 수 있습니다. 그러나 DAO는 토큰을 제3자에게 넘기면 별다른 통지 없이 자동으로 블록체인에 그 내용이 기록되면서 제3자가 DAO의 구성원이 됩니다. 반면, 주식회사의 주식은 제3자에게 양도하려면 회사에 양도통지를 해야 하고, 제3자는 회사에 주주명부상 명의를 자신으로 바꿔 달라고 요청하는 절차를 밟아야 합니다.

아울러 주식회사의 회계는 다소 불투명한 탓에 회사의 자금을 관리하는

▶ DAO와 주식회사 비교

주요 특성	DAO	주식회사
조직 구조	수평적, 분산적	위계적, 중앙집중적
소유 형태	토큰	주식
의결 사항	상시 공개	주주총회, 공시
감사	블록체인 기반 오픈소스 코드 투명 공개	반투명(상장) / 불투명(비상장)
매출 발생	프로젝트별 토큰가치	기업가치에 따른 주가, 매출/이익
자본 공개	DAO 트레저리	재무제표
지배 구조	블록체인 기반 자동 투표	경영 절차에 따른 직접 투표
지역적/제도적 구속	없음	있음

임·직원의 횡령 위험이 있지만, DAO는 회계가 모두 블록체인에 기록되어 투명합니다. 또 모든 자금관리가 스마트 컨트랙트로 이뤄지므로 횡령 가능성이 매우 낮습니다.

DAO는 주식회사보다는 협동조합에 가깝다고 볼 수 있습니다. 특정 목적에 따라 사업을 조직하여 조합원 공동으로 소유하고 민주적으로 운영하는 점이 그러하지요. 다만 협동조합은 출자좌수에 관계없이 조합원당 1개의 의결권을 가지는 데 반해, DAO는 토큰 보유량에 따라 의결권을 행사할 수 있습니다.

기업의 미래? 미완의 혁신!

이처럼 DAO는 투명한 구조, 구성원의 기여와 성장에 비례한 공정한 보상, 민주적이면서 자율적으로 운영되는 조직이라는 장점이 있습니다. 전통적인 기업시스템과 구별되는 부분이지요. 그러다 보니 DAO를 기업의 미래라고 말하기도 합니다. 그런데요, DAO가 추구하는 가치를 제대로 실현하기 위해서는 해결해야 할 난제가 적지 않습니다.

무엇보다도 DAO의 법적 지위가 명확하지 않습니다. DAO는 현재 대부분의 국가에서 법적인 지위 즉, 법인의 자격을 부여 받지 못하고 있습니다. 법인이 아니다 보니 DAO 조직 명의로 건물을 임대하거나 직원을 고용하거나 투자를 받는 등의 행위를 할 수 없습니다. 또한 DAO의 활동에 대해 DAO 구성원 전체가 공동 책임을 지는 것인지, 만약 책임을 진다면 그 범위가 어디까지인지도 명확하지 않습니다.*

DAO는 해킹의 공격에서 자유롭지 못합니다. DAO는 미리 프로그래밍한 오픈소스 코드로 운영되는 특성상 애초부터 리스크를 안고 시작할 수밖에 없습니다. 2016년 4월 등장한 최초의 DAO인 'The DAO'가 한 달 여 만에 1억5,000만 달러에 이르는 엄청난 규모의 자금을 모았음에도 해커의 공격으로 전체 자본금의 약 30%가 해킹된 사례가 있습니다.

구성원의 민주적인 의사결정이 DAO의 장점이라고 하지만, 이는 투표권을 행사하는 토큰이 고루 분포되었을 때를 전제로 합니다. 주식회사도 과반수의 지분을 가진 주주의 판단이 결국 주주총회의 결과인 것처럼 DAO 또한 토큰을 많이 보유한 사람에게 의결권이 집중될 수밖에 없습니다. 이로 인해 투표 결과가 DAO 조직보다는 의결권이 집중된 소수의 이익을 위한 방향으로 흘러갈 수 있습니다. 실제로 '헌법 DAO'는, 구성원의 상위 1%

---

* 최근 DAO의 법적 지위를 부여하는 지역이 하나둘 늘어나고 있다. 2021년 7월 미국 와이오밍 주에서 DAO를 유한책임회사(LLC)로 분류하는 법이 시행되었다. 미국의 첫 DAO인 아메리칸 크립토 페드(American Crypto Fed)가 유한책임회사로 인정된 것이다. 이로써 유한책임회사로 인정된 DAO 명의로 거래를 하거나 소송행위 등을 할 수 있게 되었다. 아울러 DAO 구성원의 책임 범위도 명확해졌다. 구성원은 DAO의 미국 내 행위에 있어서 투입한 가상자산에 한정해 책임을 진다. 이로써 책임의 범위가 DAO와 무관한 구성원의 개인재산에까지 미치지 않는다.

가 전체 토큰의 60% 이상을 보유했습니다.

DAO는 특별한 조건 없이 참여가 가능합니다. 그러다 보니 DAO의 결성 취지에 공감해 참여하기보다는 DAO에서 발행한 토큰의 시세차익에만 관심을 갖고 뛰어드는 경우가 적지 않습니다. 이로써 시세차익만을 기다리는 다수의 방관자와 소수의 실제 참여자로 DAO 구성원이 갈라지게 됩니다. 사실상 DAO를 구성원의 일부가 이끌어가게 되는 것이지요. 무늬만 탈중앙화일 뿐, 속내는 CAO(Centralized Autonomous Organization)라는 비판을 피하기 어려운 이유입니다. 결국 외부로 보이는 것과 내부의 실상이 다른 탓에, 탈중앙화 시스템이 조직을 실질적으로 주도하는 소수의 책임 회피 수단으로 악용될 수 있습니다.

주식회사의 경우, 이사가 고의 또는 과실로 불법행위를 저지르거나 임무를 게을리해서 발생하는 손해에 대해 회사 또는 제3자에게 배상할 책임을 법으로 명시하고 있습니다. 즉, 이사의 책임 있는 경영이 어느 정도 가능하

DAO는 특별한 조건 없이 참여가 가능하다. 그러다 보니 DAO의 결성 취지에 공감해 참여하기보다는 DAO에서 발행한 토큰의 시세차익에만 관심을 갖고 뛰어드는 경우가 적지 않다. DAO의 조직이 시세차익만을 기다리는 다수의 방관자와 소수의 실제 참여자로 양분되는 것이다.

지요. 반면, DAO는 구성원의 책임 측면에서 취약합니다. DAO의 모든 구성원이 결성 목적에 따라 성실히 활동하면서 집단지성을 발휘해 조직을 성장시키고, 이를 통해 구성원들이 공정하게 이익을 얻는다는 것 자체가 '이상'에 불과하다는 지적을 피할 수 없습니다.

토큰의 변동성 또한 위험 요소입니다. DAO가 자체 발행한 토큰의 가치가 급락한 경우, 구성원들이 동요 없이 버티며 결성 취지대로 활동하는 것은 현실적으로 쉽지 않습니다. 가상자산 시장이 꽁꽁 얼어붙은 빙하기에는 더욱 그렇습니다.

DAO가 안고 있는 문제점들을 하나하나 짚으면서 든 생각은, 흥분을 잠시 가라앉혀야겠다는 것입니다. 지금으로서는 DAO를 '기업의 미래'라고 상찬하는 것보다는, '미완의 혁신' 정도로 보는 게 정확할 것 같습니다. 그럼에도 불구하고 최근 다양한 목적의 DAO가 꾸준히 등장하면서 기존 문제점들을 해결하기 위한 시도가 이어지고 있는 것은 다행스런 일입니다. 플랫폼 경제의 독과점 폐해를 더 이상 방치할 수 없다는 절실함이 프로토콜 경제와 DAO의 존재가치를 되새기게 합니다.

가까운 미래에 DAO가 기존 주식회사를 완전히 대체하는 것은 불가능합니다. 다만, 몇몇 소수의 이윤 추구에 집중되어온 '중앙화' 방식에서 '탈중앙화'까지는 아니더라도, 최소한 '덜 중앙화'하는 데는 기여하지 않을까 싶습니다.

내가 누구인지 말할 수 있는 기술은 무엇인가?

- DID는 어떻게 디지털 신분증 시대를 열어젖혔나? -

인터넷이란 공간은 의심이 많은 곳입니다. 그래서인지 그곳에서는 당신이 누구인지, 아니 당신이 정말 '당신'이 맞는지 늘 확인 절차가 이뤄집니다. 어떤 서비스를 이용하기 위해 회원가입을 하려면, 우선 개인정보를 꼼꼼하게 입력해야 합니다. 그리고 입력된 정보는 해당 서비스를 운영하는 기관 혹은 기업의 서버에 저장됩니다.

이처럼 당신이 '당신'이 맞는지, 즉 내가 '나'임을 확인하는 절차는 그 어떤 인터넷 공간에서도 거의 예외 없이 진행됩니다. 관공서, 은행, 병원, 쇼핑몰, 신문사 등등 서비스 이용을 위해 어떤 곳에 개인정보를 제공했는지 일일이 기억하는 것조차 어려울 만큼 개인정보 입력 횟수가 많습니다. 그러니 늘 불안할 수밖에 없지요. 서버가 해킹 당해 수많은 개인정보가 유출되는 사태가 여기저기서 터지기 때문입니다.

불안한 건 서버를 소유한 기관이나 기업도 마찬가지입니다. 해킹으로 수만에서 수십만 건에 이르는 개인정보가 유출될 경우 손해배상책임 부담이

크기 때문입니다. 문제는 배상책임에서 그치지 않습니다. 서버 소유자가 기업인 경우, 고객에 대한 신뢰 이미지에 심각한 타격을 입게 되지요. 이미지 회복을 위해 엄청난 비용이 들어가는 건 당연지사입니다.

'DID'는 요즈음 뉴스에 유독 자주 등장하는 영문 이니셜인데요. 'Decentralized IDentity'의 약자로, 우리말로 옮기면 '탈중앙화 신원증명'이라는 전문용어가 됩니다. 영어든 국어든 말이 참 어렵지요? 그럼에도 불구하고 이 말을 알아둬야 할 이유가 있습니다. 바로 DID란 기술이 개인정보 유출 문제를 획기적으로 줄일 수 있기 때문입니다. 그럼 지금부터 어려운 전문용어로 가려진 DID의 신원(!)을 벗겨보도록 하겠습니다.

굿바이 공인인증서 시대

DID는 서비스 이용자의 개인정보를 암호화하여 중앙 서버가 아닌(탈중앙화) 각자의 스마트폰에 저장하고, 필요한 정보만 골라서 인증할 수 있도록 설계된 신원증명 기술입니다. 위·변조가 불가능한 블록체인 상에는 해당 정보가 사실이라는 것만 기록하고, 개인정보는 정보주체인 개인이 각자 스마트폰 등에 보관하다가 필요한 경우 그때그때 골라서 제출하는 방식입니다. 이를테면 운전면허증, 주민등록증, 사원증, 아파트 입주민 출입카드 등을 발급 받아 지갑에 보관하고 있다가 상황에 따라 골라 꺼내 신원을 증명하는 것과 비슷한 원리입니다.

예를 들어 입사지원 서류에 대학 졸업증명서를 첨부해야 하는 경우, 지금까지는 해당 대학의 홈페이지에 들어가 발급 받아야 했는데요. 이때 DID를 활용하면 절차가 훨씬 간소해집니다. 처음 한 차례 해당 대학에서 졸업증명서를 발급 받아 자신의 스마트폰에 암호화하여 저장하는 동시에 블록체인 상으로 해당 졸업증명서가 사실임을 검증하는 정보를 기록합니다. 이후 스마트폰에 저장된 졸업증명서를 입사지원하는 기업에 제시하면, 해당 기업에서 정보가 맞는지 블록체인 상에 기록된 검증 정보를 통해서 확인합니다. 이후 다른 기업에 입사지원할 경우에도 스마트폰에 보관 중인 졸업증명서를 제시하면 그만입니다. 대학 홈페이지에 일일이 접속해 졸업증명서를 여러 번 발급 받지 않아도 되지요. 기업 입장에서도 입사지원자가 특정 대학을 졸업했다는 사실만 확인하면 될 뿐이어서, 졸업증명서를 받아 보관하는 부담과 번거로움을 덜 수 있습니다.

지금까지는 자신의 신분이나 자격을 증명하기 위해 일일이 개인정보를 입력하고 해당 서류를 제출했다면, DID는 이러한 번거로움을 한꺼번에 해소해 줍니다. 스마트폰에 신분증과 자격증, 증명서 등을 저장한 뒤 신원 확인이나 자격 증명이 필요한 경우 원하는 정보만 선택해 제출할 수 있기 때문입니다. 아울러 신원증명에 대한 데이터를 위·변조가 불가능한 블록체인에 저장함으로써 개인정보를 (해킹으로부터) 안전하게 관리할 수 있습니다.

DID가 우리나라에서 유독 각광 받은 이유는, 그동안 말도 많고 탈도 많았던 공인인증서를 대체할 수 있는 수단이기 때문입니다. 공인인증서는 1997년 '전자서명법'이 시행되면서 사용되기 시작했는데요. 이후 인터넷 뱅킹을 거쳐 모바일 뱅킹, 온라인 증권, 보험 거래 등 갈수록 활용 범위가 늘어났습니다. 하지만 공인인증서는 사용하기에 불편한 점이 참 많았습니다. 까다로운 발급 및 재발급 절차, 복잡한 비밀번호를 만들고 기억하기, 장치에 따라 공인인증서를 옮기는 일까지 여간 번거로운 것이 아니었습니다. 그러다 2020년 12월에 공인인증서의 독점적 지위를 폐지하는 '전자서명법'이 개정되면서 DID가 공인인증서를 대체할 인증 수단으로 떠오른 것이지요.

르네 마그리트의 자화상을 패러디한 아트워크.

인터넷이란 공간은 의심이 많은 곳이다.
그곳에서는 당신이 누구인지,
아니 당신이 정말 '당신'이 맞는지
늘 확인하는 절차가 이뤄진다.

"내가 누구인지 말할 수 있는 자는 누구인가?"

셰익스피어의 <리어왕>에 나오는 이 유명한 대사는,
디지털이 당신에게 끊임없이 던지는 질문이기도 하다.

DID와 공인인증서는 구체적으로 어떤 점이 다를까요? DID는 개인 신원에 대한 정보를 개인 본인이 직접 보관하고 관리합니다. 물론 공인인증서도 스마트폰과 PC, 클라우드 등에 저장해서 본인이 관리하긴 합니다. 그러나 인증서의 소유자가 본인이 맞는지 확인하려면 이를 발급한 공인인증기관의 서버를 거쳐야 합니다. 즉 공인인증서는 내가 '나'임을 인정 받기 위해 발급기관의 확인이 필요하지만, DID는 일종의 '디지털 신분증'으로 스스로 자신의 신원을 증명할 수 있습니다. 또한 공인인증서를 활용하기 위해서는 악명 높던(!) '엑티브액스'와 키보드 보안프로그램 등을 별도로 설치해야 했습니다. DID는 취급하는 곳이 있다면 별도 프로그램 설치 없이 간편하게 사용할 수 있습니다. 물론 공인인증서는 1개를 발급 받으면 다양한 기관에서 인증 용도로 쓸 수 있었습니다. 관련 기관들 간 사전합의를 거쳤기 때문이지요. 그러나 DID 기반 서비스는 초기 단계라서 공인인증서처럼 여러 곳에서 쓰기까지는 다소 시간이 걸릴 것으로 보입니다.

'개인정보 자기결정권'을 실현하는 수단

DID는 이미 우리 일상 곳곳에서 활용되고 있습니다. 병무청은 2020년 1월부터 DID 기술을 활용한 본인확인 서비스를 도입했습니다. '병무청 간편인증 앱'을 다운로드 받아 휴대폰 인증을 한 번만 하면, 앱에서 병역판정검사 장소와 일자 선택, 입영과 대체복무 신청 등 다양한 민원서비스를 이용할 수 있습니다. 과거에는 이런 민원을 신청하려면 병무청 홈페이지에서 증명서를 발급 받아 직접 오프라인으로 제출해야 했지만, 이젠 DID 기술 덕에 모바일로 간단하게 처리할 수 있게 된 것이지요.

DID는 채용과정에서도 쓰일 수 있습니다. 회사가 블라인드 채용을 통해 지원자의 학위 보유 여부만 확인하고자 한다고 해봅시다. 그런데 졸업증명서를 제출할 경우 지원자의 이름과 학교 등이 공개될 수밖에 없습니다. 이 경우 응시자의 개인정보를 배제하고 실력 위주로 공정하게 선발한다는 블라인드 채용의 도입 취지가 훼손되지요. 이때 DID를 활용하면 지원자는 스마트폰에 졸업증명서를 다운 받고, 기업에 학위취득 정보만 선별적으로 제출할 수 있습니다.

이렇게 DID는 내가 '나'임을 증명하기 위해 신분증을 보여주거나 일일이 정보를 입력하고 서류를 제출하는 것에서 벗어나, 스마트폰에 신분증과 자격증, 증명서 등을 저장한 뒤 신원 확인이나 자격 증명이 필요한 경우 원하는 정보만 선택해 제출할 수 있습니다. 이를 통해 자기정보 이용의 범위를 결정하는 '개인정보 자기결정권'이 실현되는 것입니다.

또한 사업주나 기업도 개인정보 보호의 부담감을 덜고 비용 절감의 효과를 누릴 수 있습니다. 숙박업체들은 성인 여부만 확인하면 됨에도 불구하고 고객에게 신분증을 통째로 제출 받아 체크인 서류를 작성할 것을 요청해왔습니다. 이 경우 숙박업체의 개인정보 보호의무가 커지게 됩니다. 하지만 DID를 활용하면 민감한 개인정보를 보관하지 않아도 되고 해킹 등의 위험도 차단할 수 있으며, 무엇보다 서버 관리 비용도 줄일 수 있습니다.

오늘날 대부분의 개인정보는 중앙시스템에 저장되고 관리됩니다. 정보가 한곳에 모여 있다 보니 해킹이라도 당하면 수많은 개인정보가 유출되거나 손실될 수 있습니다. 반면, DID는 기업과 기관 등 중앙시스템이 아닌 개인 스마트폰 등에 데이터를 저장하기 때문에 개인정보를 안전하게 보관할 수 있습니다. 물론 DID가 도입된다고 하더라도 기업 등이 고객의 개인정보를 아예 보관하지 않는 것은 아닙니다. 마케팅 및 서비스 고도화 등의 목적으로 개인정보를 수집하여 활용이 필요한 경우도 있습니다. 기업은 이렇게 필요한 경우에만 선별적으로 동의를 받아서 기업의 책임으로 서비스 이용자의 개인정보를 수집·이용할 수 있습니다. 물론 개인정보 수집·이용 없이 단순히 인증만 필요한 경우에는 DID를 활용하면 됩니다.

끊임없이 내가 '나'임을 증명해야 하는 세상

머지않아 우리는 거의 모든 일상에서 플라스틱 신분증 없이도 '본인'임을 증명할 수 있게 될 것입니다. 에스토니아를 비롯해 몇몇 국가에서 운영 중인 디지털 신분증이 우리나라에도 본격적으로 적용될 예정입니다. 행정안전부(이하 '행안부')가 2020년 1월부터 도입한 모바일 공무원증이 대표적인 사례입니다.

행안부는 1만5,000명의 공무원을 대상으로 디지털 신분증 시범사업으로 DID 기술을 적용한 모바일 공무원증 운영을 시작했습니다. 공무원들의 반응은 어떨까요? 공무원증을 소지하고 다닐 필요 없이 스마트폰으로 간편하게 신분을 인증할 수 있다는 점에서 긍정적입니다. 기존 실물 공무원증은 오직 청사 출입시 출입인증에 사용되는 반면, 모바일 공무원증은 간편하게 신분을 인증할 수 있을 뿐 아니라 정부부처 업무포털, 공직자 통합 메일 등 온라인 업무시스템 로그인 인증 기능까지 포함하고 있어서 더욱 편리합니다.

행안부는 소지하기 번거롭고 위·변조 및 도용 문제가 있는 실물 신분증의 문제를 해결하고, 오프라인과 온라인을 아우르는 신원증명 수단을 만들기 위해 디지털 신분증 구축사업을 진행하고 있으며, 2025년까지 단계적으로 확대할 계획입니다. 아울러 2022년 1월부터는 모바일 운전면허증이 시범 운영되고 있는데요. 기존 운전면허증처럼 신원 확인용으로 사용할 뿐 아니라 은행 계좌 개설이나 증명서 발급 등 다양한 분야에 활용될 예정입니다.

2022년 1월부터 시범 운영하고 있는 모바일 운전면허증. 기존 운전면허증처럼 신원 확인용으로 사용할 뿐 아니라 은행 계좌 개설이나 증명서 발급 등 다양한 용도로 활용될 예정이다.

민간 기업에서도 디지털 사원증이 운영되고 있습니다. 현재 농협은행, DGB대구은행, 롯데정보통신 등이 블록체인 기반 디지털 사원증을 도입했습니다. 아직 DID의 대중적 인지도와 필요성에 대한 인식이 부족하지만, 디지털 시대에 발맞춰 각종 신분증과 증명서가 점점 디지털로 대체되는 추세임은 분명해 보입니다.

이처럼 DID는 공인인증서를 대체할 뿐 아니라 디지털 신분증으로서, 내가 '나'임을 증명하는 모든 상황에서 널리 활용될 예정입니다. 아울러 주민등록초본, 졸업증명서 등 종이서류를 전자증명서로 대체함으로써 필요할 때 간편하게 사용할 수 있습니다.

앞으로 우리 사회는 디지털 전환이 더욱 가속화될 것입니다. 그 과정에서 블록체인 기술을 도입한 신원증명 기술은 내가 '나'임을 안전하고 편리하게 증명하고, 개인정보 자기결정권을 보호하며, 서로를 신뢰할 수 있도록 만들어 주는 새로운 수단이 될 것입니다.

"내가 누구인지 말할 수 있는 자는 누구인가?"

이 말은 셰익스피어의 비극 〈리어왕〉에 등장하는 유명한 대사입니다. 디지털이 당신에게 끊임없이 던지는 질문이기도 합니다. 당신이 누구인지 말할 수 있는 자는 (그 누구도 대신 할 수 없는) 오로지 당신 자신이어야만 하겠습니다. 자신의 신원을 스스로 밝힐 자기결정권이 강하게 보호되어야 하는 이유입니다.

'제발 나를 잊어주세요'의 외침을 거부한 블록체인의 속사정

- 잊힐 권리와 개인정보 보호의 역설 -

세간의 관심을 받지 않으면 곤란한 직업이 있습니다. 정치인과 연예인입니다. 실제로 한 원로가수는 늙어서 목청이 쇠락하는 것보다 두려운 것은 사람들에게 잊혀지는 것이라고 했습니다. 유권자의 지지를 먹고사는 정치인도 마찬가지입니다. 아무리 훌륭한 가치관과 성품을 지닌 정치인이라도 사람들의 기억 속에서 사라져버리면 아무런 의미가 없습니다.

사실 세상으로부터 주목 받고 싶은 욕망은 꼭 유명인이 아니더라도 누구에게나 있습니다. 그런데요, 유명해지는 게 다 좋지만은 않은 경우도 있습니다. 대중의 기억 속에서 잊히고 싶은 사람들도 있다는 얘기이지요. 흥미로운 사실은 세상에서 주목 받는 것만큼 어려운 게 사람들의 머릿속에서 지워지는 것입니다. 특히 인터넷이나 SNS에서처럼 온갖 정보와 풍문이 떠도는 요즈음에는 더욱 그렇습니다. 그래서 등장한 것이 바로 '잊힐 권리(right to be forgotten)'입니다.

'잊힐 권리'란 인터넷이나 SNS 상에 있는 자신과 관련된 각종 정보의 삭제를 요구할 수 있는 권리를 말합니다. 법적인 개념으로 표현한다면 '개인정보 삭제요청권'이 되겠습니다. 개인이 포털사이트나 트위터, 페이스북 등 SNS에 올린 글이나 이미지, 영상 등에 대해 정보의 대상이 된 당사자가 수정이나 삭제 등을 요구할 수 있는 권리입니다.

'잊힐 권리'는 2010년경 스페인의 변호사 마리오 곤잘레스(Mario Gonzales)가 구글을 상대로 제기한 소송에서 처음 등장한 개념입니다. 그는 구글을 검색하다가 무려 12년 전에 자신이 빚 때문에 집을 강제경매 당했던 사실이 한 일간지 웹사이트에 남아있음을 발견합니다. 이에 스페인 정보보호원을 통해 구글에 검색링크 삭제를 요구했으나, 구글은 기사 내용이 모두 사실이어서 문제가 없고, 삭제 요청은 검열에 해당한다는 이유로 거부했습니다.

이후 사건은 스페인 법원을 거쳐 EU 사법재판소까지 가게 됩니다. EU 사법재판소는 '적법한 정보 처리가 있었다 해도 시간이 지난 후 정보 수집 및 처리 목적에 더 이상 필요하지 않는 경우 정보를 삭제할 수 있다'고 판시하여 곤잘레스의 손을 들어줬습니다. 구글에 대한 검색링크 삭제 요청이 받아들여진 것입니다. '잊힐 권리'를 처음으로 인정한 기념비적인 판결이었습니다. 잊힐 권리를 인정하는 EU 사법재판소의 결정 이후 EU는 회원국에 법적 효력이 있는 '일반정보보호규정(GDPR : General Data Protection Regulation)'을 제정하여 잊힐 권리를 법으로 보장하게 된 것입니다.

"인터넷은 결코 망각하지 않는다!"

GDPR 제17조 '삭제권(right to erasure)'에는, "정보주체는 자신에 대한 개인정보의 삭제를 정보처리자에게 요구할 권리가 있다"라며 '잊힐 권리'를 명시하고 있습니다. 또한 개인정보 보유기간이 경과한 경우, 처리 목적상 더는 필요하지 않게 된 경우 등에 대해 정보처리자는 해당 개인정보를 삭제할 의무를 지게 된다는 내용의 정보처리자의 삭제 의무에 대해서도 규정하고 있습니다.

미국의 저널리스트 라시카(J. D. Lasica)는, "인터넷은 결코 망각하지 않는다(The internet never forget)"라는 유명한 말을 남겼는데요. 라시카의 주장은 잊힐 권리가 왜 법으로 보장되어야만 하는지를 뒷받침합니다. 인터넷에 한 번 올라간 기록은 (그것이 뭐가 되었든) 무제한으로 복제되어 국경을 넘어 세계 곳곳으로 흘러 다닌다는 것입니다. 물론 유통기간도 없습니다.

인터넷 정보로 인한 고통은 비단 유명인만 겪는 게 아닙니다. 예를 들어 헤어진 연인이 앙심을 품고 공개한 동영상에서부터 평소 사이가 좋지 않은 직장이나 학교 동료의 지극히 개인적인 신상 털기 기록, 비즈니스 관계에서 유리한 지위를 차지하려는 의도로 경쟁자의 약점을 SNS 등에 올리는 행위 등 그 종류도 참 다양합니다. 또 반드시 악의적인 정보만 있는 것도 아닙니다. 이를테면 중고품 거래 등을 위해 인터넷에 올린 전화번호나 집 주소, 어린 시절 친구들과 장난삼아 올린 사진 등도 나중에 어떻게 악용될지 모르는 일입니다.

잊힐 권리는 인터넷 활용도가 높은 우리나라에서 특히 중요합니다. 그러면 우리나라는 잊힐 권리를 어떻게 보장하고 있을까요? '개인정보보호법'에서는 개인정보의 삭제를 요구할 수 있는 권리를 통해 잊힐 권리를 규정하고 있고, '정보통신망 이용촉진 및 정보보호 등에 관한 법률'(이하 '정보통신망법')에서는 사생활 침해 및 명예훼손 등 인격권 침해 정보에 있어서 권리침해자의 요청시 포털과 같은 정보통신서비스 제공자가 해당 정보를 삭제 혹은 임시조치(블라인드 처리)하도록 규정하고 있습니다. 이밖에 '성폭력방지 및 피해자보호 등에 관한 법률'에서는 디지털 성착취물의 온라인 유포 피해자가 해당 유포물 삭제를 위해 국가의 도움을 받을 수 있도록 규정하고 있습니다.

하지만 이러한 여러 법 조항에도 불구하고 잊힐 권리를 보장할 수 없는 사각지대는 여전히 존재합니다. 이를테면 자발적으로 제공한 개인정보를 제3자가 복사하거나 링크한 경우에는 현실적으로 삭제가 어려워 피해자를 구제하는 데 한계가 있습니다. 문제는 법 적용이 어려운 사각지대를 막기 위해 잊힐 권리를 지금보다 더욱 적극적으로 법제화할 경우, 다른 근본적인 문제와 마주하게 된다는 것입니다. 즉, 잊힐 권리를 법으로 강조하면 개인의 자기정보 결정권을 보장하는 데는 유리하지만, 이것이 자칫 알 권리의 침해로 이어질 수 있게 됩니다. 잊힐 권리로 인해 프라이버시권과 알 권리라고 하는 헌법상 기본권이 서로 충돌하는 문제가 발생하는 것입니다.

주홍글씨를 그대로 둘 수밖에 없는 블록체인

잊힐 권리의 법제화에 대한 불협화음은 이미 유럽에서 시행된 GDPR에서 발생했습니다. GDPR은 지난 2018년 5월부터 2년간의 유예기간을 마치고 본격 시행에 들어갔는데요. 과거 단순한 지침이었던 것이 규제로 강화되자마자 바로 부작용이 나타났습니다. 시행 첫날부터 구글, 페이스북, 인스타그램 등 글로벌 IT 기업이 무더기로 제소된 것입니다. 개인정보보호단체 'Noyb'가 개인정보 사용에 무조건 동의해야 하는 IT 기업들의 서비스 약관이 GDPR 위반이라며 소송을 제기한 것입니다.

한편, IT 기업 못지않게 잊힐 권리의 법제화가 두려운 곳은 블록체인 업계입니다. 실제로 GDPR 시행으로 글로벌 블록체인 기업들이 바짝 긴장하고 있는데요. 그 이유는 GDPR에서 규정한 개인정보 삭제에 대한 정보주체의 권리와 정보처리자의 의무는 블록체인에 저장된 개인정보에도 똑같이 적용되는데, 이때 데이터 수정과 삭제가 불가능한 블록체인과 개인정보 삭제권을 보장한 GDPR이 정면으로 충돌하기 때문입니다.

그러면 블록체인은 왜 개인정보 삭제권을 보장하는 게 어려울까요? 두 가지 이유가 있습니다. 첫째, 블록체인에서는 개인정보를 처리하는 주체인 개인정보처리자가 명확하지 않습니다. 둘째, 블록체인에는 한 번 기록된 데이터는 누구도 수정하거나 지울 수 없는 '비가역성'이라는 특징이 있습니다.

예를 들어 네이버 포털서비스를 사용하던 중에 개인정보를 삭제하려면 직접 회원정보 페이지에 들어가서 자신의 개인정보를 삭제하거나, 회원 탈퇴를 통해 모든 개인정보 수집 및 이용 동의를 철회하면 그만입니다. 이 경우 해당 개인정보가 개인정보처리자인 네이버가 관리하는 중앙 서버에 저장되어 있기 때문에 신속한 처리가 가능하지요. 반면, 블록체인처럼 누구나 데이터를 저장할 수 있고, 네트워크 소유자나 가입·등록 절차가 없는 탈중앙화 서버에서는 개인정보처리자를 특정하기가 어렵습니다. 개인정보를 수정하거나 삭제하고 싶어도 요청할 대상이 없는 것이지요.

GDPR은, 기업은 따로 정보보호책임자(DPO)를 둬야 하고 정보주체가 '잊힐 권리'를 요구할 경우 해당 개인정보를 삭제해야 한다고 규정하고 있습니다. 하지만 블록체인에서는 이러한 관리 책임을 물을 주체가 없습니다. 우리나라의 '개인정보보호법'과 '정보통신망법' 역시 개인정보 제공자와 처리자가 명확하다는 전제 하에 만들어졌습니다. 중앙화 방식과 달리 탈중앙화 방식에서는 책임주체를 특정하기가 어렵다는 얘기입니다. 기존 '개인정보보호법'을 블록체인에 그대로 적용하기 어려운 이유입니다.

만약 누군가 네이트판에 나의 명예를 훼손하는 글을 올렸다면, 나는 '정보통신망법' 제44조의2에 근거해서 네이트판 서비스를 제공하는 SK커뮤니케이션즈를 상대로 해당 글 삭제를 요청할 수 있습니다. 이때 SK커뮤니케이션즈는 지체 없이 해당 글을 삭제하거나 블라인드 처리해야 합니다. 서비스 이용자들이 네이트판에 올리는 글과 사진 등 모든 콘텐츠가 기업이 관리하는 중앙 서버에 저장되어 있기 때문에 가능한 일입니다.

그러나 스팀잇(Steemit) 등 블록체인 기반 SNS는 글 삭제가 불가능합니다. 따라서 당장 지워버리고 싶은 누군가의 '흑역사'가 영원히 남을 수밖에 없는 것입니다. 스팀잇은 수정할 수 있긴 하지만 수정 이력이 모두 남는 시스템입니다. 이처럼 블록체인 기반 SNS는 기록의 삭제와 임시조치 의무를 누가 지는지 불분명합니다. 따라서 명예를 훼손하거나 사생활을 침해하는 글이나 영상, 사진 등에 대해 '정보통신망법'상의 조치를 취하는 것이 사실상 불가능합니다.

프라이빗 블록체인은 블록체인 운영자를 정보처리자로 볼 수도 있지만, 대부분의 블록체인 형태인 퍼블릭 블록체인은 중앙 관리자가 없고 데이터를 정정하거나 삭제할 수 없도록 설계되어 있습니다. 만약 기록을 삭제하려면 블록체인 내에서 데이터를 공유한 참여자들의 합의를 이끌어내야 하는데, 그런 일은 거의 불가능에 가깝습니다.

역설의 딜레마

블록체인은 가상자산을 넘어 신원을 증명하는 DID 및 헬스케어와 금융 등 갈수록 활용 범위가 넓어지고 있습니다. 블록체인을 통해 질병이나 신용정보 등 민감한 개인정보가 기록될 가능성이 커질 수밖에 없는 것입니다. 뿐만 아니라 누군가 악의적으로 타인의 개인정보나 왜곡된 사실, 사생활 등을 블록체인을 기반으로 한 서비스 공간에 올릴 가능성도 배제할 수 없습니다. 블록체인이 발전할수록 그 안에 담긴 정보를 어떻게 보호하고 제어할 수 있을

스페인의 초현실주의 화가 살바도르 달리 작품 <기억의 지속>을
패러디한 이미지를 블록체인을 형상화한 배경에 합성한 아트워크.

중앙 관리자가 없는 블록체인은 처음부터
데이터를 정정하거나 삭제할 수 없도록 설계되었다.
만약 기록을 삭제하려면 블록체인 내에서
데이터를 공유한 참여자들의 합의를 이끌어내야 하는데,
그런 일은 거의 불가능하다.

"인터넷은 결코 망각하지 않는다"

라는 말은 블록체인에서 더욱 도드라진다.

지가 핵심 이슈로 떠오르는 이유입니다.

이를 해결하는 묘안은 아예 없는 걸까요? 다행히 최근 블록체인 상에서 개인정보를 보호할 수 있는 여러 아이디어가 제시되고 있습니다. 그중 몇 가지를 소개하면, 우선 블록체인에 기록된 것을 삭제하진 못하지만 저장된 개인정보에 접근하지 못하도록 암호키를 폐기하는 '블랙리스팅(blacklisting)' 방식이 있습니다. 이것이 '개인정보보호법' 등에서 규정한 '삭제'에 해당하는지 논란의 소지가 있었는데요. 정부당국은 '개인정보호법 시행령'의 개정을 통해 문제를 해결했습니다. 즉, 블록체인의 기술적 특성으로 영구 삭제가 현저히 곤란하다면, 개인을 알아볼 수 없도록 익명처리하여 복원이 불가능하도록 조치한 경우에도 영구 삭제에 준하여 개인정보를 파기한 것으로 인정 받게 되는 것입니다.

한편, 개인정보 자체를 블록체인 밖(off-chain)에 저장하고 그 개인정보와 연결할 수 있는 위·변조가 불가능한 암호화된 증거만 블록체인에 남기는 '오프 체인 스토리지(off-chain storage)' 방식도 있습니다. 이 경우 개인정보 보호와 잊힐 권리를 동시에 충실히 보장할 수 있지만 블록체인이 추구하는 탈중앙화 효과가 반감되는 단점이 있습니다.

블록체인이 혁신의 아이콘임을 부정하는 사람은 거의 없을 것입니다. 다만, 블록체인은 만능열쇠가 아닙니다. 잊힐 권리 문제에서 드러났듯이, 정보를 분산해서 저장하고 수정과 삭제가 불가능한 블록체인의 탁월함이 때로는 치명적인 한계가 되기 때문입니다. 블록체인이란 혁신을 강조하다보니 잊힐 권리 문제가 발생하는 것입니다. 잊힐 권리로 인해 프라이버시권과 알 권리라는 헌법상 기본권이 충돌하는 것과 같은 맥락입니다. 하나를 보장하면 다른 하나가 침해되는 '역설의 딜레마'라 하겠습니다.

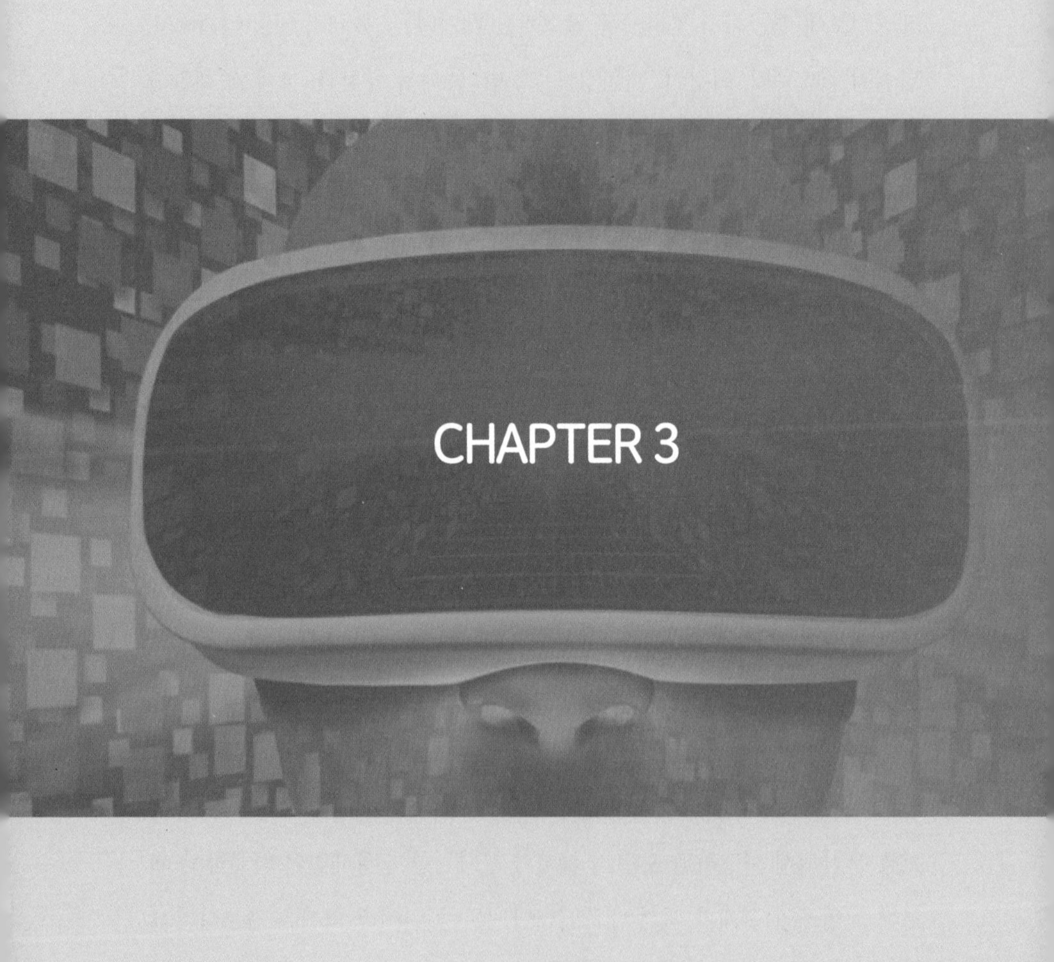
CHAPTER 3

인공지능(AI),
적과의 동침?

AI는 발명자나 예술가로서의 권리를 향유할 수 있을까?

- 인공지능의 지식재산권 -

2018년, AI 개발자 스테판 탈러(Stephan Thaler) 교수는 발명용 인공지능 '다부스(DABUS)'를 발명자로 명시한 2가지 특허를 영국, 호주, 미국, 한국 등에 출원했습니다. 이를 계기로 '인공지능이 발명자가 될 수 있을까?'라는 논의가 본격 제기되었습니다.

각국에서는 어떤 결정을 내렸을까요? 영국 법원은 "인공지능은 사람이 아니므로 특허 출원 발명자로 이름을 올릴 수 없다"라는 판결을 최종적으로 내놓았습니다. 다른 유럽 국가와 한국, 미국도 '특허법'상 인간만이 발명자가 될 수 있다는 이유로 특허 출원을 거절했습니다.

반면 호주 법원은 인공지능을 발명자로 인정하는 최초의 판결을 내렸습니다. 인공지능은 발명자가 될 수 없다는 명시적 규정이나 인간이 아닌 발명자를 배제하는 조항이 없다는 것이 판단의 이유입니다. 남아프리카공화국도 다부스에게 발명자의 지위를 부여했습니다.

인공지능 발명자 이슈가 급부상하면서 전 세계 특허청이 바빠졌습니다.

우리나라 특허청도 'AI 발명 전문가 협의체'를 발족하고 AI를 발명자로 인정할지, AI가 한 발명의 소유권은 누가에게 돌아가는지, AI가 한 발명을 어떻게 보호할지 등 다양한 논의가 이뤄지고 있습니다.

AI는 발명자가 될 수 있을까? : 인공지능과 특허권

인공지능을 발명자로 인정하느냐 마느냐에 대한 논의는 왜 필요할까요? 먼저 현재 국내 '특허법'을 살펴보겠습니다. '특허법' 제33조 제1항은 '발명을 한 사람 또는 그 승계인은 이 법에서 정하는 바에 따라 특허를 받을 수 있는 권리를 가진다'라고 규정하고 있습니다. 여기서 '발명을 한 사람'이란 인간을 가리킵니다. 그 때문에 인간이 직접 발명을 하거나 인공지능을 보조적 도구로 활용해 발명한 경우에는 그 인간이 발명자가 될 수 있지만, 앞에서 본 다부스처럼 스스로 발명하는 인공지능은 발명자로 인정할 법적 근거가 없는 것이지요.

결국 우리나라에서 인공지능의 발명은 '발명자가 없는 발명'이 됩니다. 또한 위에서 본 '특허법' 규정상 발명자 또는 발명자의 승계인이 특허권자가 될 수 있는데, 발명자가 없으니 특허권자 또한 존재하지 않습니다. 이렇게 되면 인공지능이 한 발명은 발명자도, 특허권자도 없어서 '특허법'상 보호를 받지 못하게 되는 것입니다. 이를테면 인공지능이 발명한 기술을 누군가 살짝만 변경하여 사용해 큰 수익을 내는 부당한 상황이 발생해도 해당 인공지능의 소유자가 법적 권리를 주장하지 못하게 되는 것이지요.

이러한 상황이라면 인공지능의 개발과 투자를 위축시킬 게 빤합니다. 발명을 하는 인공지능을 굳이 시간과 돈을 들여 개발할 필요 없이 그저 다른 인공지능이 한 발명을 내 것으로 만들면 그만이니까요. 즉, 인공지능 발명에 대해 '특허법'적 권리가 보장되어야 인공지능에 투자를 유도하고, 그 결과 기술 향상을 촉진하여 산업발전에 이바지할 수 있는 것입니다. 인공지능에게 발명자의 지위를 인정할 것인지에 대한 논의가 필요한 이유입니다. 아무튼 현행 '특허법'상 인공지능이 한 발명은 권리 보호를 받을 수 없습니다. 따라서 인공지능 발명에 특허권을 보장하려면 그에 맞는 권리를 신설하는 법 개정이 필요하겠습니다.

인공지능이 발명자로 인정 받고 특허권을 갖기 위해서는 '전자인간' 개념을 도입하는 것이 가장 간단한 방법일 것입니다. '전자인간(electronic person)'이란 인간 외에 필요에 의해 인위적으로 법인격을 부여한 '법인'과 같이 인공지능에 법인격(legal person)을 부여하기 위한 개념입니다. 하지만, 인공지능에게 전자인간의 지위를 주고 법인격을 부여하는 것은 '특허법' 이전에 민사와 형사 관련 법률 전반의 근간을 바꿔야 하는 문제입니다. 단지 '특허권'만의 문제로 전자인간 도입을 논하는 것은 어렵습니다.

그렇다면 좀 더 현실적인 방법을 생각해 보겠습니다. 인공지능의 법인격 부여 없이 단순히 '특허법' 일부 조항의 개정만으로 인공지능에게 발명자의 지위를 부여하는 것을 고려해 볼 수 있습니다. 그러나 인공지능이 발명자의 지위를 가진다고 해서 특허권자의 지위까지 당연히 가지는 것은 아닙니다. 특허권자는 별개의 문제이기 때문입니다.

여기서 잠깐 살펴보겠습니다. 발명자와 특허권자는 어떻게 다를까요? 발명자는 물론 특허를 받을 수 있는 권리를 가집니다. 발명자는 그러한 권리를 누군가에게 양도할 수도 있습니다. 이 경우 발명자와 특허권자가 달라집니다. 예를 들어 A기업의 연구원 B가 발명을 완성하면서 특허를 받을 권리를 A기업에 양도하면, B는 발명자, A기업은 특허권자가 되는 것입니다.

특허에 관한 권리는 특허권자만이 가지고 행사할 수 있을 뿐, 발명자에게는 아무런 권리가 없습니다. 다만 특허등록증에 본인 이름이 발명자로 올라가 있으니 일종의 '명예권'은 있겠습니다.

이처럼 아무런 권리가 없는 발명자와 특허에 관한 모든 권리를 행사할 수 있는 특허권자의 개념이 다르다보니, '특허법' 개정을 통해 인공지능을 발명자로 인정하는 것은 그리 어려운 일이 아닙니다. 그러나 특허권자는 얘기가 다릅니다. 권리를 행사할 수 있으려면 법인격이 인정되어야 하는데 인공지능을 특허권자로 인정하려면 '전자인간'의 논의로 다시 돌아가야 하기 때문입니다. 따라서 인공지능 발명에 대해서 인공지능의 발명자 지위를 인정하되, 특허권자 지위는 인공지능 알고리즘 개발자 또는 인공지능 서비스의 이용자가 가지도록 하는 것이 논의의 취지에도 맞고 가장 현실적일 것으로 생각됩니다.

한국의 법 체계에서 인공지능의 발명은 '발명자가 없는 발명'이 되는 모순에 빠진다. '특허법'에 따르면 발명자 또는 발명자의 승계인이 특허권자가 되는데, 발명자가 없으니 특허권자 또한 존재하지 않는다.

AI는 예술가가 될 수 있을까? : 인공지능과 저작권

오늘날 인공지능은 발명가뿐 아니라 예술가로도 활동하고 있습니다. 인공지능 기술은 무섭도록 진화해 그동안 인간의 고유 영역이라고 여겨온 창작에까지 진출했습니다. 알고리즘을 이용해 렘브란트(Rembrandt Harmenszoon Van Rijn)의 화풍을 그대로 재현한 '렘브란트 프로젝트', 인공지능이 그리는 몽환적인 그림 '구글 딥드림', 작곡하는 인공지능 '라무스'가 대표적인 예입니다.

인공지능이 만든 예술품에 대한 평가는 어떨까요? 2018년 10월, 크리스티 경매에 인공지능 화가 '오비어스(obvious)'가 그린 〈에드몽 드 벨라미(Edmond de Belamy)〉가 출품되었습니다. 오비어스는 14세기부터 20세기까지의 서양화 1만5,000점의 작품을 학습한 뒤 '에드몽 드 벨라미'라는 가상의 인물을 창조했지요. 이 작품의 낙찰가는 1만 달러 수준으로 예상됐으나 40배를 넘어선 43만2,500달러에 낙찰되었습니다. 최고 경매가에 그림을 판 화가, 베스트셀러 작가, 히트곡 작곡가가 인공지능이 될 날도 머지않은 듯합니다.

하지만 이러한 인공지능 창작물에 대한 대응책이 고민으로 남습니다. 인간이 인공지능을 활용해 창작물을 만들 경우 저작권은 당연히 인간에게 귀속됩니다. 그러나 인간이 기여한 바 없이 인공지능이 스스로 창작물을 만들었다면 저작권은 누구에게 귀속될까요? 인공지능의 발명이 특허권 이슈를 제기했듯이 인공지능의 예술작품도 그것을 저작물로 보아야 할지부터 저작권에 대한 여러 문제가 제기됩니다.

우리나라 저작권법 제2조 제1항에 따르면 '저작물은 인간의 사상 또는

인공지능 화가 '오비어스'가 그린 <에드몽 드 벨라미>. 오비어스는 14세기부터 20세기까지의 서양화 1만5,000점의 작품을 학습한 뒤 '에드몽 드 벨라미'라는 가상인물의 초상화를 그렸다.

감정을 표현한 창작물'입니다. 그리고 제2항에서 '저작자는 저작물을 창작한 자를 말한다'라고 규정하고 있습니다. 즉, 인공지능은 사상이나 감정이 없기에 오직 인간만이 저작권자가 될 수 있고, 따라서 인공지능 창작물은 저작물로 인정 받을 수 없는 것입니다.

저작물로 인정 받을 수 없다는 것은 곧 저작권법상 보호를 받을 수 없음을 의미합니다. 때문에 인공지능이 만든 창작물을 누군가 무단으로 베끼거나 이를 통해 부당이익을 얻는 일이 발생할 수 있습니다. 인공지능이 쓴 소설의 줄거리를 베껴서 문학상에 당선되고, 인공지능이 만든 음악을 자신이 작곡했다고 속이고 허위로 저작권을 등록할 수도 있습니다. 그렇게 되면 해당 인공지능이 창작을 할 수 있도록 알고리즘을 개발한 사람 입장에서는 시쳇말로 '죽 쒀서 개 준 꼴'이 됩니다. 재주는 곰이 넘고 돈은 되놈이 번다고 하던가요? 이렇게 인공지능 창작물에 대한 권리를 보호해주지 않는다면, 결국 인공지능 산업의 위축으로 이어지고, '저작권법'의 궁극적 목적인 '문화 및 관련 산업의 발전'에까지 악영향을 미치게 될 것입니다. 이것이 인공지능 창작물을 저작권법에 포섭시키려는 이유입니다.

한편, 비(非)인간의 작품에 대한 저작권 논쟁이 일어났던 다른 사건을 살펴보겠습니다. 2011년 원숭이 '나루토'가 사진작가 데이비드 슬레이터(David Slater)의 카메라를 가져가 스스로 셔터를 눌러 수많은 셀카를 찍은 일이 있었습니다. 나루토의 셀카들은 책으로도 출판되어 큰 화제가 되었지요. 그런데 국제동물보호단체 페타(PETA)가 이 사진의 저작권은 원숭이에게 있다며 미국 법원에 소송을 제기했습니다.

일반적으로 사진의 저작권은 셔터를 누른 인간에게 있습니다. 그런데 그 주체가 인간이 아닌 동물이라면, 과연 그 동물은 저작권을 인정 받을 수 있을까요? 이 논란에 대해 미국 법원은 '그럴 수 없다'라는 판결을 내놓았습니다. 법 개정 없이는 동물의 저작권을 인정할 수 없다는 것입니다.

한편, 스테판 탈러 박사는 '창의성 기계(creativity machine)'라 불리는 인공지능을 개발했습니다. 이 인공지능은 〈파라다이스로 가는 최근 입구(A Recent Entrance to Paradise)〉라는 그림을 그렸습니다. 그리고 박사는 인공지능의 그림을 '창의성 기계 소유자의 업무상 저작물'로 저작권 등록 신청을 했는데요. 그러나 2022년 초 미국 저작권청은 박사의 저작권 등록 신청을 거절했습니다. 인공지능이 그린 그림이 인간 저작권자 요건을 충족하지 못했다는 것이 그 이유입니다.

AI에게 특허권과 저작권을 부여하는 것은 가능할까?

인공지능이 미술과 음악 등 창작 분야에까지 급속도로 영역을 넓혀가면서 인공지능 창작물에 대한 저작권 논의도 전 세계적으로 더욱 활발해지고 있습니다. 영국, 뉴질랜드, 일본 등은 '저작권법'을 개정하거나 관련 제도 마련을 검토하고 있습니다.

영국처럼 저작권자의 정의를 새롭게 하는 것도 방법이 될 수 있습니다. 영국 '저작권법' 제9조 제3항에는 '컴퓨터에 기인하는 어문, 연극, 음악 또는 미술 저작물의 경우에 저작권자는 그 저작물의 창작을 위하여 필요한 조정을 한 자로 본다'라고 규정합니다. 이에 따르면 인공지능 예술작품을 만드는데 기여한 사람은 저작권자가 되어 법의 보호를 받을 수 있습니다. 물론 그렇다고 인공지능 자체의 저작권을 인정하는 것은 아닙니다.

인공지능의 법적 지위상 저작물에 대한 권리를 보유하거나 행사할 수 없는 현 상황에서, 저작물을 창작하는데 필요한 역할을 한 사람의 저작권을 인정하는 것이 인공지능을 둘러싼 저작권 문제를 해결할 현실적인 방법이 될 수 있겠습니다.

그렇다면 우리나라는 어떤 준비를 하고 있을까요? 정부는 2020년 12월에 인공지능 시대를 준비하기 위해 법과 제도, 규제를 정비하는 로드맵을 발표했습니다. 이는 특허권과 저작권을 포함한 지식재산권 전반을 아우릅니다. 인공지능 활용을 촉진하고 부작용을 최소화하기 위한 30개의 과제 중에 인공지능이 창작물을 만든 경우 권리주체 인정 여부를 논의한다는 내용이 담겨 있습니다. 이에 따라 머지않아 인공지능 창작물의 법적 지위는 어떻게 될지, 또 어떻게 보호 받을지에 관한 구체적인 내용이 나올 것으로 보입니다.

한편, '인공지능 저작물'이라는 개념을 명시한 '저작권법' 일부 개정 법률안이 2020년 12월경 국회에 발의되었는데요. 인공지능 자체가 아닌, 인공지능 서비스로 저작물을 만든 창작자를 저작권자로 정의하는 것이 주요 내용입니다. 저작권자는 작품 창작 기여도에 따라 정해지며, 이 경우 알고리즘을 제작한 개발사나 학습 데이터를 제공한 인간이 저작권자가 될 수도 있게 됩니다.

인공지능 지식재산권 관련 이슈는 또 있습니다. 바로 인공지능이 학습에 이용하는 데이터와 관련된 문제인데요. 아이들이 다양한 책을 보며 세상을 배우듯 인공지능도 학습하기 위해서는 질 좋은 데이터가 필요합니다. 그러다 보니 인공지능 기업들은 지능형 에이전트 봇을 통해 방대한 데이터를 수집합니다. 에이전트 봇은 인터넷 공간을 쉬지 않고 돌아다니며 데이터를 복제합니다.

그런데 데이터 수집 과정에서 일일이 해당 데이터가 저작권이 살아있는 저작물인지 판단하고 저작권자에게 이용 동의를 구하는 일은 불가능합니다. 이러한 문제를 해결하기 위해 '저작권법'에서는 '공정 이용' 규정을 두고 있습니다. 공정 이용은 공공의 이익에 이바지하는 경우 저작권자의 허가를 구하지 않고 이용할 수 있는 일종의 저작권 침해 면책권입니다.

구글의 사례를 살펴보겠습니다. 2004년 구글은 세계 주요 대학의 도서관

스테판 탈러 박사가 개발한 인공지능 '창의성 기계'가 그린
<파라다이스로 가는 최근 입구>.

탈러 박사는 인공지능의 그림을
'인공지능 소유자의 업무상 저작물'로
저작권 등록 신청을 했지만, 미국 저작권청은
박사의 저작권 등록 신청을 거절했다.
인공지능이 그린 그림이 인간 저작권자 요건을
충족하지 못했다는 것이 그 이유였다.

등과 협약을 체결하여 도서관 소장 도서들을 디지털로 변환해 데이터베이스화하는 '구글 북스' 사업을 진행했습니다. 이에 대해 미국출판사협회는 구글이 저작권자의 허락 없이 도서들을 복제함으로써 저작권을 침해했다며 소송을 제기했습니다. 하지만 법원은 구글의 데이터베이스화 작업은 도서 검색 지원 서비스 등 새로운 용도의 이용을 위한 일종의 '공정 이용'에 해당한다고 판단했습니다.

이렇게 면책권이 있긴 하지만 기업 입장에서는 잠재적 위험을 감당하기가 부담스러운 것이 사실입니다. 공정 이용을 판단하는 기준과 저작권 침해에 관한 명확한 기준이 없기 때문입니다. 이에 인공지능 학습을 위한 법에 정해진 범위 내에서의 데이터 복제·전송 및 보관은 저작권자의 허락 없이 가능하도록 하는 등의 내용이 포함된 '저작권법' 개정안이 국회에 발의되어 있습니다.

쉽게 말해 인간이 저작권자의 동의 없이 만화책을 복사해서 보는 것과 인공지능이 저작권자의 동의 없이 데이터를 복제해서 학습을 하는 것을 구별하자는 것입니다. 전자는 인간이 저작물인 만화에 포함된 사상이나 감정을 향유하는 일이지만, 후자는 이에 해당하지 않습니다. 전자는 저작권자인 만화작가의 이익을 침해하는 행위이지만, 후자는 그렇지 않습니다. 이처럼 저작권자의 이익을 해칠 가능성은 낮은 반면, 공공의 이익에 부합하는 서비스 개발을 위한 인공지능 학습에 사용되는 데이터 이용은 저작권 침해행위로 보지 말자는 것입니다. 위 개정안이 통과되면 명확한 법률 잣대가 생겨서 인공지능 학습을 위한 데이터 활용에 있어서 잠재적 불법 가능성이 상당히 해소될 것으로 보입니다.

인공지능 시대에 인간의 능력과 역할을 되돌아보다

인공지능이 발명자나 예술가로 인정 받을 수 있는지, 특허권과 저작권을 가질 수 있는지, 인공지능 학습 데이터 이용의 저작권 문제는 어떻게 해결할지 등을 살펴보았습니다. 인공지능의 지식재산권을 둘러싼 다양한 이슈들은 그동안 인간에게만 부여되었던 권리와 책임을 어떻게 인공지능에게까지 부여하느냐에 대한 사회적, 철학적 논의가 필요함을 일깨워줍니다. 또한 빠르게 변화하는 산업의 흐름과 트렌드를 법률이 어떻게 담아낼까를 고민하게 합니다.

인공지능이 발전할수록 인간만의 고유 영역으로 전제하고 만들어진 '특허법', '저작권법' 등은 언젠가 인공지능을 발명자와 창작자로 받아들이는 방향으로 대대적인 전향이 이루어질 것으로 보입니다. 그때 우리는 인간의 역할을 다시 한 번 고민하게 될 것입니다. 그러나 확실한 것은 인류가 인공지능에 밀리거나, 단지 인공지능을 활용만 하는 존재로 전락하지 않을 것이란 점입니다. 인공지능이 인간의 손에 의해 탄생했듯, 인간은 앞으로도 인공지능이 가지 못할 영역을 계속 개척해나갈 것입니다. 이것이 인공지능의 시대에 인간의 새로운 도전이 더욱 기대되는 이유입니다.

'혁신의 놀이터' 100배 즐기기

- 규제 샌드박스 완전정복 -

'붉은 깃발 법(Red Flag Act)'은 1865년 영국 빅토리아 여왕 시절에 만들어진 세계 최초의 '도로교통법'입니다. 이 법은 증기 자동차가 출시되어 사양길로 접어든 마차 사업과 이런 마차를 여전히 이용하는 귀족들을 보호하기 위해 제정되었습니다. '붉은 깃발 법'에 따르면 증기 자동차에는 반드시 운전사, 기관원, 기수 3명이 탑승해야 하고, 시내에서는 3.2km/h의 속도를 넘지 말고 운행해야 합니다. 또 낮에는 붉은 깃발을, 밤에는 붉은 등을 든 기수가 자동차 앞에서 걸어가도록 했습니다. 자동차가 마차보다 느리게 달리고, 마차를 만나면 마차가 먼저 지나갈 때까지 멈춰서 기다리게 하기 위한 조치였습니다.

약 30년 간 시행된 이 법으로 인해 영국 내 자동차 소비 욕구는 크게 감소했습니다. 결국 산업혁명의 발상지이자 한때 자동차 산업의 선두주자였던 영국은 후대로 갈수록 독일과 미국에게 뒤처지고 말았지요. 이 때문에 '붉은 깃발 법'은 시대착오적인 '규제'의 상징으로 회자됩니다.

'긍정적'이지 못한 포지티브 방식

그렇습니다. 이번 항목에서는 '규제'를 말씀드리고자 합니다. 규제는 산업 전반 및 경제와 밀접하게 연결됩니다. 규제는 시장경제 질서를 유지하고 소비자를 보호하는 데 그 의의가 있습니다. 반면 '붉은 깃발 법'의 사례에서도 알 수 있듯이, 규제는 산업의 성장을 저해하는 족쇄가 되기도 합니다. 혁신적인 신기술과 신산업의 경우는 더욱 그렇습니다.

대한상공회의소는 2019년 5월 발간한 보고서에서 국내 신산업 진입을 방해하는 '3대 덫'을 지목했는데요. 그 중 하나가 '포지티브 규제'입니다. 다른 경쟁 국가들은 네거티브 방식으로 혁신적인 활동을 보장하고 있는데, 우리나라는 '정해진 것 외에는 할 수 없는' 포지티브 규제로 기업의 발을 묶고 있다는 것입니다.

규제에는 포지티브(positive) 방식과 네거티브(negative) 방식이 있습니다. 단어의 사전적 의미로 보면 포지티브가 긍정적인 의미로 보이지만 실상은 정반대입니다. 포지티브 규제는 'A, B, C만 합법'이고, 네거티브 규제는 'D, E, F만 불법'이라고 규정하는 방식인데요. 전자는 '허용한 것'만 합법이라 나머지는 모두 불법이 되고, 후자는 불법으로 규정한 것을 제외한 나머지는 모두 합법이 됩니다. 우리나라의 법령들은 대부분 전자, 그러니까 포지티브 방식을 취해 왔습니다. 규제당국 입장에서는 포지티브 방식을 선호할 수밖에 없는데요. 쉬운 예를 들어보겠습니다.

학교 놀이터에 있는 아이들이 다칠 것을 우려해서 선생님이 "모래놀이만 해!"라고 말했습니다. 아이는 모래놀이만 할 수 있기 때문에 정글짐이나 미끄럼틀 등 다른 놀이기구를 이용해서 놀 수 없습니다. 물론 모래놀이만 하기 때문에 다른 놀이기구에 올라가다가 헛디뎌 떨어져서 다치는 일도 없겠습니다. 그러나 아이가 여러 놀이기구를 통해서 다양한 방식으로 재미를 느낄 기회는 박탈됩니다. 이를 국가 산업으로 넓혀 보겠습니다.

포지티브 방식은 "이것만 하라!"라고 규정한 행위만 획일적으로 허용해 주면 되기 때문에 입법적 취지를 관철시키기 좋습니다. 그리고 허용되는 행위가 분명히 명시되기 때문에 허용되지 않는 행위를 판단하고 이에 대한 제재나 처벌을 하기가 용이합니다. 국가가 주도해서 개발을 이끌어가는 시대에는 효율적인 시스템으로 볼 수 있습니다.

그런데요, 시대가 바뀌면서 포지티브 방식의 문제점이 점점 더 커지고 있습니다. 획일적인 규제와 광범위한 사전금지 행위로 인해서 경제주체인 기업의 자유롭고 창의적인 활동을 저해하는 경우가 많아진다는 얘기입니다. 이로써 과학기술이나 시장경제 발전을 따라가지 못하고 뒤처지기 마련입니다.

1865년 영국 빅토리아 여왕 시절에 만들어진 세계 최초의 도로교통법 '붉은 깃발 법'에 따르면, 당시 증기 자동차는 시내에서 3.2km/h의 속도를 넘지 말아야 하고 낮에는 붉은 깃발을 든 기수가 자동차 앞에서 걸어가도록 했다. 이로 인해 한때 자동차 산업의 선두주자였던 영국은 후대로 갈수록 독일과 미국에게 뒤처지고 말았다. '붉은 깃발 법'이 시대 착오적인 '규제'의 상징으로 회자되는 이유다.

포지티브 방식은 '허용된 것'만 할 수 있고, '허용되지 않는 것'을 하면 처벌 받는다는 분위기가 사회 전반에 조성되는 탓에 경제주체들이 혁신적인 사업구상을 발휘하기가 어렵습니다. 아울러 '허용되는 것'에 해당하는지 여부가 불명확한 경우, 규제당국이 유권해석을 통해 허용 범위를 결정할 수 있습니다. 뿐 만 아니라 '허용되지 않는 것'에 대한 행정제재나 형사처벌 여부까지 결정할 수 있는 막강한 권한을 갖게 됨에 따라, 사업의 명운이 규제당국의 결정에 좌우되는 상황이 초래되기 일쑤입니다.

무엇보다 포지티브 방식은, 법적 근거가 없는 경우에는 모든 기술과 서비스가 불법이 되어 제품화 또는 상용화가 불가능해져 버립니다. 대한상공회의소가 발간한 보고서에 실린 사례 하나를 소개하겠습니다. 스타트업 A사는 고객이 셀카 이미지를 올리면 이를 분석해 AI가 맞춤형 안경테를 추천하는 안면인식 서비스를 개발했습니다. 하지만 얼굴 이미지 분석이 '개인정보보호법' 위반 소지가 크다고 판단해서 국내 출시를 포기했습니다. 그래서 한국 대신 전폭적인 지원을 약속한 중국으로 진출할 수밖에 없었습니다.

이 밖에도 포지티브 규제로 인해 기업의 혁신 활동이 좌절된 사례는 상당히 많습니다. 상황이 이러하다 보니 우리나라의 규제시스템 전반을 하루빨리 "이것만 빼놓고는 다 할 수 있어!"라는 네거티브 방식으로 전환해야 한다는 목소리가 높아지고 있는 것입니다.

그런데 오랜 세월 고착되어온 법령 전반에 걸쳐 존재하는 포지티브 규제를 하루아침에 네거티브 규제로 바꾸는 것은 현실적으로 불가능합니다. 경우에 따라서는 포지티브 규제가 적절한 분야가 있기도 한데, 어느 한 순간 일률적으로 규제 방식을 바꾸는 것은 더 큰 혼란을 초래할 수 있습니다. 그래서 도입된 제도가 바로 '규제 샌드박스'입니다.

규제 여부를 신속하게 확인하는 모래놀이터

'규제 샌드박스'란 신기술과 신산업 분야의 원활한 시장 진출을 위해 일정 기간 동안 기존 규제를 면제하거나 유예시켜주는 제도입니다. '샌드박스'는 아이들이 안전한 환경에서 자유롭게 뛰어놀 수 있게 만든 모래놀이터(sandbox)에서 유래한 말입니다. 아이들이 놀이터에서 마음껏 뛰어놀듯이 기업 등 경제주체에게 자유롭고 안전한 환경 속에서 새로운 사업에 진출할 수 있는 기회를 열어 주자는 데 취지가 있습니다.

규제 샌드박스는 아이러니하게도 '붉은 깃발 법'을 제정했던 영국에서 2016년 처음 시작되었습니다. 이 제도를 적용한 기업들이 1년 만에 큰 성과를 거두자 우리나라를 비롯한 전 세계 20개국에 도입된 것입니다. 우리나라에서는 2019년 규제 혁신과 관련된 법률이 시행되면서 규제 샌드박스 제도가 본격화되었습니다. 이에 따라 우리나라는 4차 산업혁명에 맞춰 신기술, 신산업 분야에 대해 '선 허용－후 규제' 방식으로 규제 체계를 전환했는데요. 규제 샌드박스의 도입으로 3가지 방향의 규제 혁신이 진행되었습니다. '규제 혁신 3종 세트'에 대해 하나씩 살펴보겠습니다.

첫째, 30일 이내에 규제 존재 여부를 확인해 주는 '신속확인'입니다. 기업이 신기술·신사업 관련 규제가 존재하는지, 허가가 필요한지 여부를 문의하면 정부당국이 30일 이내에 회신하는 제도입니다. 예를 들어보겠습니다. 'AI 심전도 측정 안마의자'는 개인이 안마의자에 부착된 심전도 측정기로 자가측정하면 AI가 측정결과를 분석해 건강조언과 추정진단을 제시합니다. 위험수치를 벗어나면 병원 내원을 권유합니다. 이 때 AI가 해주는 건

강조언과 추정진단 등이 '의료법'상 의료행위에 해당되어 부적법한 것인지가 모호합니다. 해당 기업은 이를 확인하기 위해 정부당국에 신속확인을 신청했고 그 결과 '객관적 통계에 기반하면' AI도 건강조언과 추정진단 제시, 내원 안내까지 할 수 있음을 확인 받았습니다.

다른 예를 들어보겠습니다. 환자가 혈당, 혈압 등을 각종 헬스케어 기기로 자가측정한 결과를 스마트폰 앱에 입력 후 대면 진료시 활용하는 '스마트 혈당 측정서비스'가 있습니다. 클라우드 서버에 저장된 환자의 자가측정 결과 의료데이터를 의사가 열람해서 대면 진료 과정에서 활용할 수 있는지가 법적으로 불분명했습니다. 이에 신속확인 결과 '의사가 병원 내 대면 진료시 데이터를 참고할 수 있다'고 확인 받았습니다.

이처럼 신기술에 해당하는 사업이 정부당국으로부터 규제가 없다는 확인을 받으면 그만큼 법적 불안정성이 해소된 상태에서 사업을 시작할 수 있습니다.

임시허가와 실증특례 샌드박스

둘째, 안전성과 혁신성이 검증된 신제품 및 서비스임에도 불구하고 관련 규정이 모호하거나 불합리해 시장 출시가 어려울 경우, 일정 조건 아래 시장 출시가 허용되는 '임시허가'입니다.

'모바일 운전면허 확인서비스'가 대표적인 예입니다. 자동차운전면허증을 발급 받은 사람이 모바일 앱을 통해 운전면허증을 등록하면, 기존 운전면허증과 동일한 효력(운전면허 자격 및 개인신분 확인)으로 사용할 수 있는 서비스인데요. '도로교통법'상 모바일 운전면허증의 신청 및 효력에 관한 규정이 없는 관계로 시장 출시가 어려웠습니다. 이에 관계당국은 유효한 운전면허증을 발급 받은 사람이 임시허가 신청 기업의 모바일 본인 인증 플랫폼을 통해 신청·등록한 '모바일 운전면허증'에 대해 운전면허증과 같은 효력을 가지도록 임시허가를 부여했습니다. 단, 개인정보 유출 방지, 위·변조 방지, 행정서비스 장애 초래 방지 등의 체계를 갖추고 사업을 개시해야 하는 부가조건이 붙었습니다. 임시허가 기간 중에 모바일 운전면허에 대한 법령 정비가 이루어질 것으로 보입니다.

'재외국민 대상 비대면 진료서비스' 또한 임시허가를 받아 가능해진 사례입니다. 모바일 앱을 통해 국내 의료진이 재외국민(해외 파견근로자 등)을 대상으로 비대면 진료 후 해외에서 처방약을 수령할 수 있도록 처방전 발급서비스를 제공하는 것인데요. '의료법'상 의료인은 '직접' 진찰한 환자만을 대상으로 처방전 등을 발급할 수 있고, '의료기관 내'에서만 의료업을 할 수 있습니다. 그러나 임시허가를 통해서 임시허가 부여기간 동안 해외에서 의료서비스를 이용하기 어려운 재외국민을 대상으로 지정된 국내 상급 종합병원과 연계하여 국내 의료인이 비대면으로 진료서비스를 제공하는 것이 가능해졌습니다.

셋째, 금지 규정 등이 있지만 일정 조건 하에 테스트를 허용하는 '실증특례'입니다. 언뜻 앞에서 살펴본 임시허가와 비슷해 보이는데요. 법이 모호한 경우 또는 안전성이 입증된 경우에는 임시허가를, 법으로 금지되어 있는 경우나 안전성 확인이 필요한 경우는 실증특례를 신청한다고 이해하면 되겠습니다.

실증특례 사례 중 하나는 '배달로봇'입니다. 자율주행 배달로봇은 '도로교통법'상 보행자가 아닌 '차'에 해당해서 보행자가 다니는 길에서는 운행

'샌드박스'는 아이들이 안전한 환경에서 자유롭게 뛰어놀 수 있게 만든 모래놀이터에서 유래한다. 아이들이 놀이터에서 마음껏 뛰어놀듯이 기업 등 경제주체에게 자유롭고 안전한 환경 속에서 새로운 사업에 진출할 수 있는 기회를 열어 주자는 것이다.

| 규제 샌드박스 3종 제도 |

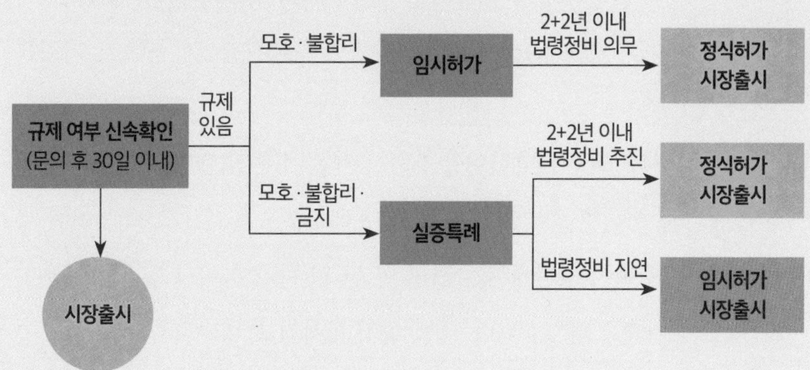

* 자료 : 국무조정실

할 수 없습니다. 그리고 보행자와 충돌 방지를 위해 로봇 외부에 부착된 카메라로 영상을 촬영해야 하는데요. 보행자가 촬영된 영상은 개인정보라서 '개인정보보호법'상 정보주체인 보행자들의 사전동의가 필요합니다. 하지만 불특정 다수에게 사전동의를 받는 것은 현실적으로 불가능합니다.

이러한 법적 제약으로 인해 횡단보도와 보도를 오가는 배달로봇의 근거리 배송서비스는 테스트조차 어려웠습니다. 그러다 '배달로봇이 배송을 위해 사전동의 없이 촬영한 것은 배송이 종료된 후 지체 없이 삭제한다' 등의 조건 하에서 실증특례가 승인되었습니다. 이를 통해 현재 배달로봇이 식당과 아파트를 오가며 음식을 배달하는 시범서비스가 진행 중입니다.

규제 샌드박스의 정신은 혁신에서 비롯한다!

한편, 규제 샌드박스는 금융산업 분야에서도 의미 있는 행보를 이어가고 있습니다. 그 가운데 '혁신금융서비스 제도'는 금융규제 샌드박스에서 '임시허가' 또는 '실증특례'에 대응하는 제도입니다. 이는 혁신금융서비스가 현행법에 근거가 없거나 금지되는 경우에도 자본시장에서 테스트 기회를 주는 것입니다.

대표적인 사례로 비트코인처럼 해외 주식을 소수점 단위로 거래하는 것이 꼽힙니다. 아마존처럼 고가의 해외 주식 1주를 온전하게 사는 것이 부담스러웠던 주린이 입장에서는 커피 한 잔 덜 마시고 아마존 주식에 투자할 수 있는 기회를 얻었습니다. 예를 들어 투자자 A, B가 각각 주식거래 앱을 통해 아마존 주식 0.4주, 0.5주를 주문했습니다. 온전한 1주의 주식이 되려면 0.1주가 모자랍니다. 증권사는 소수점 주식 주문 분인 0.9주를 취합하고, 모자라는 0.1주는 증권사가 직접 주문과 매매대금을 채워서 온전한 주식 단위로 만든 후에 주식 거래 중개의 다음 절차를 진행하게 됩니다. 그러다 보니 '자본시장법'상 매매중개 과정에서 투자중개업자와 투자자 간의 구분예탁의무 및 계좌구분개설의무를 이행하기가 현실적으로 어렵습니다. 이에 소수점 단위 해외 주식 매매중개의 경우에 구분예탁의무 및 계좌구분개설의무 등이 적용되지 않도록 특례를 준 것입니다.

규제 샌드박스는 규제의 첨예한 당사자인 기업과 정부 모두에게 현실적인 대안을 가져다 준 제도입니다. 기업은 관련 법제도의 정비를 기다릴 필요 없이 새로운 분야의 사업을 신속하게 추진할 수 있습니다. 정부는 규제를 완화하는 법개정 전에 실증과정을 통해 안전성을 미리 확인할 수 있습니다. 앞에서 자세히 살펴봤듯이 그간 규제 샌드박스를 통해 디지털 헬스케어, 자율주행 로봇, 모바일 운전면허증, 비대면 실명확인 등 신산업 분야에서 5조 원에 가까운 투자 유치와 6,000명이 넘는 일자리를 창출하는 등 괄목할 만한 성과를 거뒀습니다.

다만 규제 샌드박스를 혁신을 완성하는 '만능상자'라 여기는 것은 지나쳐 보입니다. 규제 샌드박스를 통해서도 여전히 주관부처 구분이 어렵고, 신청절차가 복잡하며, 승인기준이 불명확하고, 설령 통과가 되더라도 허용된 기간이 끝나서 더 이상 사업을 이어나가지 못하고 중단할 수밖에 없는 등 다양한 문제들이 발생해 왔음을 부인할 수 없습니다. 하지만 급변하는 세상에서 완전한 제도란 있을 수 없습니다. 혁신이란 늘 불완전성을 인정한 뒤 신속하게 보완하는 자세에서 시작합니다. 이는 곧 '혁신의 놀이터'인 규제 샌드박스의 정신이기도 합니다.

신기술 죽이기일까, 신개념 과세일까?

- 로봇세와 디지털세 논쟁 -

세계경제포럼(WEF)이 지난 2020년 9월에 발간한 보고서 〈2020 일자리의 미래〉에서 다룬 이야기를 좀 해볼까 합니다. 보고서는, 2025년까지 전통 사무 직종에 해당하는 행정, 회계, 제조업 등의 분야에서 8,500만 개의 일자리가 기계·기술로 대체되는 반면, 신기술 활용 직종인 데이터 분석, AI·머신러닝, 로보틱스 엔지니어 등의 분야에서 9,700만 개의 일자리가 새롭게 생겨날 것으로 예측했습니다. 숫자상으로는 줄어드는 일자리보다 늘어나는 일자리가 많아 보입니다. 하지만 한걸음 더 들어가 보면, 적지 않은 문제들이 산재해 있음을 깨닫게 됩니다.

보고서는 2025년이면 인간과 (로봇을 포함한) 기계가 일하는 시간이 같아질 것이라고 분석합니다. 다만 직무의 차이는 있습니다. 로봇은 정보 및 데이터 처리, 검색 작업, 관리 작업 위주의 일을 하고, 인간은 관리, 컨설팅, 의사 소통 및 결정 업무에서 로봇보다 비교우위에 있을 것이라고 합니다.

이처럼 전 세계적으로 노동시장의 패러다임이 빠르게 변화하고 있는데요. 기억을 더듬어 보면, 지금으로부터 20여 년 전인 1990년대 말까지만 해도 지하철 창구 앞에 줄서서 역무원으로부터 종이로 된 승차표를 구입한 뒤 지하철을 탔습니다. 물론 지금은 교통카드가 내장된 휴대폰만 찍으면 지하철을 탈 수 있습니다. 역무원의 일을 기계와 기술이 대체한 것입니다. 갈수록 인공지능 로봇과 신기술이 인간이 하는 일을 대체해 나가면서 불안감은 점점 깊어갑니다. 머지않아 인공지능에 대부분의 일자리를 내줄지도 모른다는 걱정 때문이지요. 그렇다고 다른 일을 찾아보자니 무엇을 해야 할지 막막합니다. 기술 변화에 따른 시대의 흐름을 따라가기가 여간 어려운 게 아닙니다.

정말 로봇에게도 세금을 부과할 수 있을까?

줄어드는 일자리는 한 나라의 재정에 적지 않은 영향을 미칩니다. 정부는 국민과 기업으로부터 거둬들이는 세금으로 국가를 운영하는데요. 기존의 일자리가 줄어들고 전통산업이 쇠퇴할수록 국민과 기업이 벌어들이는 소득이 줄어듦에 따라 세금 또한 감소할 수밖에 없습니다. 결국 세계 곳곳에서 예산 부족을 호소하는 나라들이 속출합니다.

한편, 노동시장의 격변기에서 로봇에게 일자리를 내어 준 사람들은 점점 가난해질 수밖에 없습니다. 반대로 로봇을 활용하여 비용을 절감하고 생산을 극대화하는 몇몇 기업들은 더욱 큰 이윤을 창출합니다. 로봇을 활용하는 진영과 로봇에 대체되는 진영 사이에서 부의 양극화가 심해지는 것이지요. 정부 입장에서는 일자리를 잃거나 업종을 바꾸려는 국민들을 위해 막대한 예산 투입을 고려하지 않을 수 없습니다. 그런데 걷어 들이는 세금이 부족하니 악순환의 도돌이표가 계속될 수밖에 없습니다. 4차 산업혁명의 어두운 이면입니다.

4차 산업혁명으로 인한 노동 상실과 세수 부족을 해결하고자 논의되는 것 중에 '로봇세(robot tax)'라는 게 있습니다. 로봇세는 일하는 로봇을 노동자로 보고, 이들이 노동으로 생산해내는 경제적 가치에 매기는 세금입니다. 쉽게 말해서 노동자가 내야 할 근로소득세를, 노동자를 대체한 로봇더러 내라는 것입니다. 빌 게이츠(Bill Gates) 마이크로소프트 공동창업자는 2017년 한 외신 인터뷰에서 "연봉 5만 달러를 받는 노동자는 자신의 연봉에 비례하는 세금을 낸다. 로봇도 마찬가지로 5만 달러어치 일을 하면 그에 상응하는 각종 세금을 내야 한다"며 로봇세의 필요성을 언급했습니다. 같은 해 유럽의회는 로봇에게 일자리를 빼앗긴 노동자들의 실업수당 및 직업훈련 등 지원에 필요한 예산을 마련하기 위해 로봇세 도입을 상정했습니다. 유럽의회는 그 과정에서 인공지능 로봇에 '전자인간(electronic person)'으로서의 인격을 부여하는 결의안을 2017년 2월 통과시켰습니다. 로봇은 인간과 달리 권리·의무의 주체가 될 수 없어 소득세를 부과할 수 없다며 로봇세 도입을 반대하는 입장에 맞선 것입니다. 하지만 유럽의회는 당장 로봇세를 도입하는 데까지는 이르지 못했습니다. 로봇세가 가져올 조세 저항 후폭풍이 만만치 않았기 때문입니다.

로봇세가 다시 수면 위로 오른 것은 코로나19 때문입니다. 사회적 거리두기로 비대면 라이프스타일이 일상화되면서 인간이 해오던 일이 급격하게 줄어든 반면, 로봇 등 기계의 활용 폭이 어마무시하게 늘어난 것입니다. 이를테면 코로나19를 계기로 식당에서 음식을 주문할 때 키오스크를 사용하는 경우가 크게 증가했습니다. 무인 편의점, 무인 세탁소, 무인 카페, 무인 호텔 등 점원이 사라져버린 상점이 기하급수적으로 늘어난 것입니다. 무인 열풍은 소비업종에 국한하지 않습니다. 금융업종도 마찬가지인데요. 은행마다 아예 지점 점포수를 줄이는 대신 인터넷 뱅킹을 활성화하는 쪽으로 사업 모델을 전환하고 있으니까요.

전문가들은 엔데믹 시대에 접어든 이후에도 무인 열풍은 줄어들지 않을 거라고 전망합니다. 기업이나 소상공인 입장에서는 인건비 절감 효과를 포기할 이유가 없기 때문입니다. 결국 로봇세가 다시 논의될 수밖에 없는 환경이 조성된 것입니다.

로봇세 도입을 찬성하는 입장에서는 인공지능 로봇의 딥러닝에 대다수 국민이 기여하고 있음을 이유로 듭니다. 딥러닝(deep learning)은 컴퓨터가 인간처럼 생각하고 배울 수 있도록 하는 기술을 뜻하는데요. 인공지능은 방대한 데이터를 수집하여 이를 통해 쉴 새 없이 딥러닝함으로써 알고리즘을 더욱 정교하게 진화해 나갑니다. 이때 국민이 제공한 수많은 데이터가 없다면 인공지능 학습 자체가 불가능하다는 겁니다. 따라서 모든 국민은 로봇을 통해 얻어지는 이윤에 기여분이 있기 때문에, 로봇으로 얻은 이윤을 로봇세를 통해 국민에게 환원해야 한다는 것입니다.

로봇세 도입을 반대하는 입장에서는, 로봇세가 산업 발전과 기술 혁신을 저해할 우려가 크다고 주장합니다. 로봇세 부담으로 기업 경쟁력이 떨어지고 고용이 위축됨에 따라 오히려 일자리가 줄어든다는 것입니다. 과세 대상인 로봇의 범위를 정하는 것도 현실적으로 쉽지 않다고 말합니다. 이를테면 공장자동화의 경우 자동화 기계와 로봇의 경계가 명확치 않다는 것이지요. 뿐만 아니라 로봇의 도입으로 생산성과 이윤을 창출한 기업은 이미 그만큼의 법인세를 부담하고 있기 때문에 이중과세가 될 수 있다고도

래리 서머스 | 전 미국 재무부 장관 |

로봇세 반대

“로봇의 도입으로 생산성과 이윤을 창출한 기업은 이미 그만큼의 법인세를 부담하고 있기 때문에 이중과세가 될 수 있다. 로봇세가 산업 발전과 기술 혁신을 저해할 우려가 크며, 기업 경쟁력이 떨어지고 고용이 위축됨에 따라 오히려 일자리가 줄어든다.”

빌 게이츠 | MS 창업자 |

로봇세 찬성

“연봉 5만 달러를 받는 노동자는 자신의 연봉에 비례하는 세금을 낸다. 로봇도 마찬가지로 5만 달러어치 일을 하면 그에 상응하는 각종 세금을 내야 한다. 국민이 제공한 수많은 데이터가 없다면 인공지능 학습 자체가 불가능하다. 따라서 모든 국민은 로봇을 통해 얻어지는 이윤에 기여분이 있다.”

지적합니다. 과거 미국 재무부장관을 역임한 래리 서머스(Lawrence Summers) 하버드대 교수, 제임스 베슨(James Bessen) 보스턴대 교수 등이 대표적인 반대론자입니다.

현실은 어떨까요? 아직 로봇세를 도입한 국가는 없습니다. 논의만 이뤄지고 있는 상황이지요. 나라마다 4차 산업혁명이 국운을 좌우하는 시대에 섣부른 로봇세 도입이 자칫 미래 산업의 발전을 저해할 수 있다는 입장이 여전히 우세한 이유입니다.

로봇세에 심지어 디지털세까지? 억울한 IT 공룡들

코로나19 여파로 로봇세 이슈가 뜨거워지자 지레 겁부터 먹은 몇몇 기업들은 향후 로봇세를 걷지 않을 나라로 아예 회사를 옮기겠다고 불만을 토로해 화제가 되기도 했는데요. 이와 함께 다시 불거져 나온 게 디지털세 문제입니다.

'디지털세(digital tax)'는 글로벌 디지털 기업이 물리적인 사업장 소재지가 아닌 온라인을 통해 창출하는 수익에 대해 부과하는 세금을 의미하는데요. 구글, 애플, 메타(옛 페이스북), 아마존, 넷플릭스 같은 기업들을 대상으로 논의되면서 이른바 '구글세'라고 불리기도 합니다.

디지털세 문제를 다루려면 간략하게나마 '법인세'를 설명하지 않을 수 없겠습니다. 개인이 소득세를 내듯이 기업도 벌어들인 소득에 대해 세금을 내야 하는데 이것이 법인세입니다. 법인세는 어느 나라든 기업이 물리적 고정사업장을 어디에 두었는지를 기준으로 부과됩니다. 만약 우리나라 기업이 해외에 지사를 설립해서 서비스를 통해 수익을 창출했다면, 해당 기업은 해외 지사를 둔 나라에도 법인세를 내야 합니다.

그런데 글로벌 경제시스템이 디지털로 급격히 전환되면서, 이제는 해외에 지사를 설립할 필요가 없어졌습니다. 미국에 본사를 둔 회사가 앱서비스를 만들어도 우리나라에 지사를 두지 않고 온라인으로 서비스를 제공할 수 있으니 말입니다. 그러다 보니 우리나라에서 똑같은 온라인서비스를 제공해서 수익을 창출해도 우리나라에 지사를 두지 않고 해외에 본사를 둔 기업은 우리나라에 법인세를 납부하지 않습니다. 뭔가 좀 이상하지요? 각국 정부도 이런 상황을 달가워하지 않습니다. 자국에서 수익을 올리면서 세금은 내지 않는 기업이 늘어나고 있으니까요. 안 그래도 세수 확보에 어려움을 겪고 있는데 말입니다.

더욱이 앞에서 열거한 IT 공룡들은 코로나19 바이러스의 확산으로 전 세계가 위기를 겪는 와중에 오히려 많은 수익을 창출했습니다. 비대면 라이프스타일이 확산되면서 사람들이 온라인서비스에 더욱 의존하게 되었으니까요. 이를테면 코로나19 이전에는 줌(zoom)과 같은 화상회의 애플리케이션을 거의 쓰지 않았지만 지금은 일상화된 것처럼 말입니다.

| **디지털세 부과 방식** |

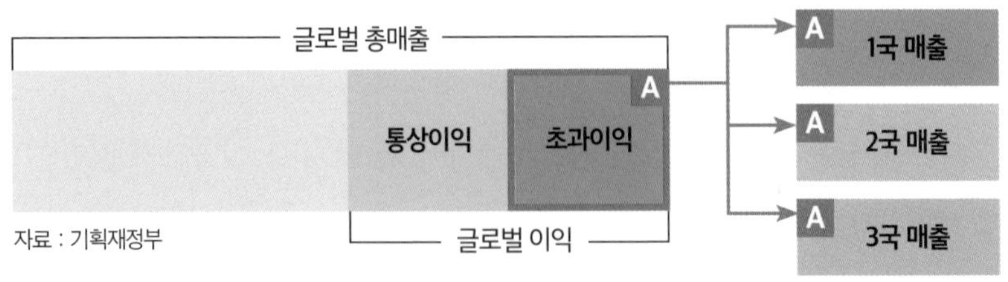

자료 : 기획재정부

기획재정부와 OECD에 따르면 2023년부터 연결매출액 200억 유로(약 27조 원) 이상, 영업이익률 10% 이상인 글로벌 기업은 매출을 올린 시장소재국에도 세금을 내야 한다. 기업의 이익 중 통상이익률(10%)을 넘는 초과이익 가운데 25%는 시장이 기여해 창출된 것으로 보고, 고정사업장이 없다고 해도 해당 국가에 과세권을 준다는 의미다.

구글과 아마존 등 IT 공룡들의 본사는 대부분 미국에 있습니다. 따라서 미국으로서는 IT 공룡들 못지않게 디지털세 이슈가 불편합니다. 프랑스가 2019년에 디지털세 도입 법안을 발표하자, 미국은 프랑스산 와인, 치즈, 핸드백 등에 대해 추가 관세를 부과하겠다고 맞섰습니다. 이어 영국이 2020년에 디지털세를 도입했을 때는 애플과 구글, 아마존이 영국 기업고객에 대해 수수료를 인상하기도 했지요. 이처럼 디지털세는 국가 간 무역 갈등으로 번지는 양상입니다.

하지만 국가마다 첨예한 이해관계의 대립에도 불구하고 IT 공룡들에 대한 디지털세가 2023년부터 도입될 예정입니다. 2021년 10월 OECD와 주요 20개국(G20) 중 다수 국가가 이에 잠정 합의했기 때문입니다. 간단히 말해서 "글로벌 공룡기업들이 다른 나라에서 돈을 벌었으면, 그 나라에 세금을 내라"는 것입니다. 이에 따라 우리나라의 경우 삼성전자는 해외에 낼 세금이 늘어날 전망입니다. 하지만 구글, 애플, 넷플릭스, 아마존 등 글로벌 기업들이 우리나라에 낼 세금이 훨씬 많기 때문에 결과적으로 따지면 해외로 나가는 돈보다 들어오는 돈이 훨씬 많은 셈이 됩니다.

로봇세와 디지털세 부과는 기업 입장에서는 분명 억울한 점이 있겠습니다. 특히 로봇세의 경우 앞에서도 살펴봤듯이 기업의 소득이 법인세로 과세되고 있기 때문에 이중과세가 될 수도 있습니다. 이에 대한 논쟁은 입법으로 해결되지 않는 한 계속될 것입니다. 다만, 이해관계가 첨예하고 문제가 복잡하게 꼬여있을수록 기본으로 돌아가 생각해 볼 필요가 있습니다. 이를테면 조세제도의 원칙 말입니다. "이윤이 있는 곳에 세금이 있다." 만약 기업이 로봇으로 더 많은 이윤을 창출했다면? 이에 대한 판단은 독자 여러분에게 맡기도록 하겠습니다.

로봇 혹은 인공지능과 함께 춤을

- AI에게 법인격을 묻는 시대의 딜레마 -

혹시 〈바이센테니얼 맨〉이란 영화를 아시나요? 지금은 고인이 된 로빈 윌리엄스(Robin Williams)가 주연한 영화이지요. 밀레니엄을 1년 앞둔 1999년에 개봉한 이 영화는 인간의 마음을 가진 지능형 로봇의 삶을 다룹니다. 영화의 주인공 앤드류(NDR-114)는 지능형 로봇 기업 로보틱스가 제작한 '가정부 로봇'입니다. 제작 과정에서의 오류로 인해 다른 로봇과 다르게 사고하고 판단하는 능력을 갖게 된 앤드류는, 어느덧 인간의 호기심까지 지니게 됩니다. 그리고 자신을 구입한 리처드 가족의 일원이 되어 스스로 인간의 삶을 학습해나가더니 결국 사랑의 감정까지 배우게 되지요.

창의성이 뛰어난 앤드류는 목공예로 많은 돈을 법니다. 하지만 돈을 저금하려고 은행에 갔을 때 직원은 로봇 명의로 계좌를 개설하는 법률이 없다며 난색을 표합니다. 인간 세상에서 인간의 욕망을 학습하게 된 로봇 앤드류의 삶(?)이 평탄할 수 없습니다. 한 여인을 사랑하게 된 앤드류는 결국 인간이 되기 위해 결심(!)합니다. 로봇이 인간에게 애정을 느끼고 결심까지

한다면 더 이상 기계가 아닐 것입니다. 앤드류는 겉모습을 인간의 모습으로 바꾸는 수술을 감행한 뒤 자신을 인간으로, 사랑하는 여인의 남편으로 인정 받을 수 있는 어딘가를 찾아 떠납니다.

그런데요, 영화가 나온 지 20여 년이 흐른 지금, 로봇 앤드류에게 인간의 자격을 부여할 수 있는 법률을 갖춘 나라가 과연 존재할까요?

인공지능이 법적 책임을 져야 하는 시대

2022년, 어느덧 인공지능(AI)이란 말이 일상이 된 세상이 되었습니다. 냉장고에도, 세탁기에도, 에어컨에도, 자동차에도 심지어 손목시계조차도 인공지능이 개입하지 않은 기기가 거의 없을 정도입니다. 우리는 지금 이 시기에 '4차 산업혁명 시대'라는 거대한 이름을 붙였는데요. 바로 인공지능이 4차 산업혁명 시대를 열었다고 해도 과언이 아니라 하겠습니다. 인공지능이 대세인 세상이 도래했으니 20여 년 전 영화 속 로봇 앤드류의 간절한 소망도 어렵지 않게 이뤄질 듯합니다. 당시 영화를 본 사람들은 먼 미래의 일이라 여겼겠지만 말이지요.

한데, 아무리 인공지능이 대세인 4차 산업혁명 시대라 해도 로봇 앤드류 명의로 은행 계좌를 개설하고, 로봇과 인간의 결혼을 법적으로 허용하는 것은 결코 쉽지 않습니다. 전 세계 어디에도 그런 법제도를 갖춘 나라는 아직 없기 때문입니다.

그럼에도 불구하고 로봇에게 '법인격(권리능력이 있고 법률상 독자적 가치가 인정되는 자격)'을 제한적으로나마 부여하는 입법적 시도가 세계 곳곳에서 감지되고 있는 것 또한 움직일 수 없는 사실입니다.

2017년 2월, 유럽의회는 '로봇에 관한 민사법 규칙'을 결의하고, 로봇에게 '전자인간(electronic person)'으로서 구체적인 법적 지위를 부여하는 방안을 고려할 것을 권고한 바 있습니다. 우리나라 국회에서도 이러한 영향을 받아 같은 해 7월에 전자인간의 개념을 도입한 '로봇기본법' 제정안이 발의되었는데요. 이 법안은 20대 국회 임기 만료로 폐기되었지만, 자율성을 가진 정교한 로봇에게 법적 지위를 부여하는 논의를 입법적으로 접근한 매우 의미 있는 일로 기억됩니다.

그런데 말입니다. 만약 이러한 법률이 제정되면 로봇에게 인간과 같은 '법적 자격(법인격)'이 주어지는 것일까요? 심지어 앤드류 같은 전자인간과 결혼해 인간과 로봇이 가정을 꾸리는 것이 법적으로 가능해질까요?

물론 그렇지 않습니다. 로봇에게 인간으로서의 법적 권리를 부여하기 위해 '로봇기본법' 같은 입법 논의가 진행되는 것은 분명 아닙니다. 인공지능을 갖춘 로봇은 '인간을 위해' 존재하는 기계이기 때문에 로봇에게 인간과 동등한 법적 지위를 부여하는 일은 결코 없을 것입니다. 하지만, 권리가 아닌 책임의 측면에서 생각해 본다면 얘기가 달라집니다.

자율주행차가 횡단보도를 건너는 사람을 쳐 교통사고를 일으킨 경우를 예로 들어보겠습니다(252쪽). 자동차 센서가 사람을 인식하지 못해서 사고가 난 것이라면 센서의 제조업체가 책임을 져야 하겠습니다. 하지만 '완전' 자율주행이 실현되어 인공지능 스스로 판단한 결과로 사고가 났다면? 인공지능은 인간과 같이 독자적으로 자율적 판단을 하게 될 텐데, 이러한 판단은 우리 인간의 판단과 마찬가지로 늘 옳을 수는 없을 것입니다. 오류가 있는 판단도 할 수 있다는 얘기이지요. 인공지능의 자율적 판단 결과 발생한 사고에 대해 이를 의도하지 않았던 인공지능 제조자나 소유자 또는 이

만약 로봇에게 법인격이 주어지는
법률이 제정된다면, 인간과 로봇이 결혼해
가정을 꾸리는 것이 가능해지는 걸까?

이미지는 영화 <바이센테니얼 맨>의 포스터.

용자에게 전적으로 그 책임을 묻기는 어려울 것입니다. 이로 인해 인공지능 자체의 책임을 인정해야 한다는 주장이 제기되는 것입니다.

하지만, 자율주행차 교통사고 사례에서 인공지능에게 책임을 묻는다고 하더라도 다친 사람에게 발생한 치료비 등 손해를 배상하기 위해서는 인공지능에게 재산이 있어야만 합니다. 다시 말해서 인공지능이 법적으로 재산을 보유할 수 있는 지위를 가져야만 하겠습니다. 이처럼 법적 책임을 지거나 자체 명의로 재산을 보유할 수 있으려면 권리와 의무의 주체가 될 수 있는 자격, 즉 '법인격'이 있어야 합니다. 과연 인공지능이 법인격을 가질 수 있을까요?

법에서 말하는 인격은 우리가 흔히 알고 있는 그 인격과 다르다

법에서 말하는 '인격'이란 우리가 흔히 알고 있는 그 '인격' 즉 인간으로서의 도덕적 품격과 다릅니다. 법에서의 인격을 가리켜 '법인격'이라 하는데요. 법인격은 법이 보호하는 권리를 누리거나 반대로 법이 부과하는 의무를 이행할 수 있는 주체가 될 수 있는 자격을 뜻합니다. 예를 들어 내가 등산을 하다가 멧돼지의 습격을 당한 경우, 멧돼지가 의도적으로 나를 다치게 했다고 해서 내가 멧돼지에게 손해배상을 청구할 수는 없습니다. 멧돼지에게는 법적 책임을 질 수 있는 '법인격'이 없기 때문입니다.

인격은 자연적 인간에서 비롯합니다. 따라서 모든 인간은 살아 있는 동안 법인격을 부여 받습니다. 그리고 법인격의 개념은 인류와 사회, 법제도가 진화하면서 꾸준히 확장해 왔습니다. 이를테면 '기업'이나 '단체'를 각각 '영리법인' 혹은 '사단(재단)법인'이라 부르는데요. 기업이나 단체에 법인격을 부여해 '법인(法人, legal person)'이라는 개념을 붙인 것입니다. 이처럼 법인은 인간의 필요에 따라 새로운 법적 인격을 부여 받은 것입니다. 그래서 법인은 인간에 준하는 권리와 책임을 갖고 계약을 하거나 소송의 당사자가 될 수도 있습니다. 쉬운 예로, 법인 명의로 계좌를 개설하여 예금을 하거나, 부동산 소유자도 될 수 있습니다.

흥미로운 점은 법인격의 개념이 비(非)인간인 법인뿐 아니라 자연과 생태계 등으로 확대되고 있다는 사실입니다. 2008년경 남미 에콰도르는 세계 최초로 자연에게 권리를 인정한 바 있습니다. 그리고 2017년에는 뉴질랜드가 4개의 강에 법적 권리를 부여함으로써 생태계와 환경 보호의 중요성을 환기했습니다. 뿐만 아닙니다. 2016년에는 아르헨티나에서 오랑우탄과 침팬지에게 법인격을 부여했는데요. 이처럼 최근에는 지구촌 곳곳에서 이른바 '동물권'을 인정해야 한다는 목소리가 높아지고 있습니다. 동물에게 권리를 부여하는 것은 동물이 권리의 주체일 때 가능한 것이니, 이는 결국 동물의 법인격을 인정하자는 논의로 이어집니다.

동물의 법인격은 우리나라에서도 적극적으로 논의되고 있습니다. 법무부는 반려동물을 키우는 인구가 늘어나고 인간과 정서적 교감을 나누는 시대 상황을 반영해 2021년 7월에 동물의 법적 지위 조항을 신설하는 '민법' 일부 개정안을 입법예고한 바 있습니다. 즉, '민법' 제98조의2에 '동물은 물건이 아니다'라는 조항을 넣은 것입니다. 다만 '동물에 대해서는 법률에 특별한 규정이 있는 경우를 제외하고는 물건에 관한 규정을 준용한다'라는 규정도 함께 둠으로써, 동물권에 대해 여전히 애매한 태도를 취하고 있긴 합니다. 결론적으로 우리 법체계에서 동물에게는 아직 권리주체가 될 수 있는 자격인 법인격이 인정되지 않습니다.

결국 인간은 로봇과 함께 춤을 추게 된다?!

인공지능의 법인격 이야기를 하다가 그만 논점이 다른 데로 흘러가고 말았습니다. 아무튼 시대의 흐름에 따라 법인격의 개념은 확장되어 왔고, 4차 산업혁명 시대를 맞아 인공지능을 비롯한 로봇, 자율주행차, 가상인간 등 첨단 기술의 실체에게 법인격 부여가 가능한지에 대한 논의까지 이르게 된 것입니다.

다만, 아직 인공지능의 법인격을 인정하기에는 시기상조라는 의견이 지배적입니다. 인공지능에 법인격을 부여할 경우 자칫 해당 인공지능을 개발·제조한 기업의 책임 회피 통로가 될 수도 있기 때문입니다. 현재 인공지능은 제한된 범위 내에서 인간의 판단을 보조할 뿐 인간의 자유의지에 버금갈만한 자율적 판단에는 이르지 못한 게 사실입니다. 아울러 인공지능으로 발생하는 문제들도 아직은 기존 법규 안에서 처리할 수 있는 수준이 대부분입니다.

영화 <바이센테니얼 맨> 중 한 장면.

하지만 머지않아 새로운 윤리와 법의 테두리가 필요한 시점이 올 것임에 의심의 여지가 없습니다. 인공지능 기술의 눈부신 발전으로 인해 우리의 삶이 급변하고 있기 때문입니다. '민법'상 인격의 유형으로서 자연인과 법인 이외에 '전자인간'을 추가하는 날이 머지않았다는 주장이 법학계에서 심도 있게 논의되는 것도 같은 이유입니다.

영화 속 로봇 앤드류를 보면서 이런 생각을 해봤습니다. 인간이 되고 싶은 앤드류만큼 인간도 로봇 혹은 인공지능에게 사랑이나 우정, 가족애 같은 감정을 느낄 수 있지 않을까? 인간과 깊은 교감을 나누는 반려동물을 감안하건대 로봇이나 인공지능에 대한 감정도 그 못지않을 것 같다는 생각을 해봅니다. 그리고 어쩌면 인간이 로봇 및 인공지능과의 교감이 깊어질수록 그들에게 법인격을 부여하는 시기가 예상보다 빠르게 다가올 지도 모르겠다는 생각이 듭니다. 외로움에 취약한 인간의 본능은 단지 소유하는 물건이 아닌 정신적으로 의지하거나 위로해주는 존재로서의 로봇으로 향할 가능성이 높기 때문입니다. 로봇 혹은 인공지능에게 법인격을 부여하는 입법적 논의가 훨씬 더 적극적으로 이뤄져야 하는 이유입니다.

'AI 의사'가 '인간 의사'를 대체하는 시대는 도래할까?

- 인공지능이 바꾸는 미래 의료 -

아프지 않고 오래 사는 것, 무병장수(無病長壽)는 인간의 가장 본능적인 욕망이 아닐까 싶은데요. 인간의 이러한 욕망에 가장 맞닿아 있는 4차 산업 분야가 바로 '의료용 인공지능'이라 하겠습니다. 의료용 인공지능은 현재 어느 수준까지 와 있고 앞으로 어떻게 발전할까요? 또 그 과정에서 부작용은 없을까요?

미국 IBM사가 인공지능 의사 '왓슨(Watson)'을 세계 최초로 개발해 크게 화제가 된 이후 유수의 글로벌 기업들이 적극적으로 의료용 인공지능 분야에 뛰어들고 있습니다. 우리나라에서도 의료용 인공지능의 연구·개발에 박차를 가하고 있는데요. 그 대표적인 결과물이 토종 AI 의사 '닥터 앤서(Dr. Answer, Ai, Network, Software, er)'입니다. 이름에서 알 수 있듯이, 닥터 앤서는 빅데이터를 활용해 진단과 치료를 하며 의사를 돕는 의료용 인공지능 소프트웨어입니다.

닥터 앤서는 21개의 인공지능 소프트웨어가 엄청난 양의 의료 빅데이터를 분석해 대장암 등 3대 암을 비롯해 심혈관질환, 심장질환, 치매, 소아희귀질환 등 8개 주요 질환을 예측하고 진찰합니다. 최근 임상검증 과정에서 닥터 앤서의 괄목할 만한 의학적 성과가 확인되었는데요. 소아희귀질환은 진단에만 평균 5년이 소요되지만, 닥터 앤서는 단 15분 만에 병명을 진단했습니다. 또한 한국인에게 가장 많이 발생하는 암 가운데 하나인 대장암을 신속·정확하게 진단했습니다. 대장암은 의료진의 피로도, 숙련도, 환경요인 등에 따라 육안으로 판별이 어려운 작은 용종을 놓치는 경우가 있는데요. 닥터 앤서의 대장내시경 소프트웨어는 용종 진단의 정확도를 92%까지 끌어올렸습니다.

국내 대표 의료 인공지능 스타트업 기업 루닛과 뷰노는 인공지능 기술을 적용한 다양한 암 진단 소프트웨어 개발 전문업체입니다. 루닛이 개발한 유방암을 조기 발견하는 소프트웨어는 2020년 9월, 스웨덴 왕립 카롤린스카 연구소가 진행한 유방암 진단 AI 비교 연구에서 최고 평가를 받았습니다. 유방암 검출 정확도를 평가하는 '민감도' 지표에서 루닛의 소프트웨어가 81.9%로 의사들(77.4%)보다 높게 나타난 것입니다.

다양한 암 영역에서 진단 솔루션을 개발하는 뷰노는 국내 최초로 흉부 CT 영상을 기반으로 폐 결절을 탐지하는 '뷰노메드 흉부 CT AI'를 개발했습니다. 폐암은 초기 단계일수록 폐 결절 조기 발견이 중요한데요. '뷰노메드 흉부CT AI'는 측정이 까다로운 폐 결절 정보를 1분 만에 판독하고, 판독 과정에서 놓치기 쉬운 결절 검출을 돕습니다. 이로써 의료진들이 정확하고 효율적으로 폐암을 진단하는 보조 도구 역할을 톡톡히 할 것으로 기대됩니다.

인공지능은 데이터를 먹고 자라는 기술

인간은 서로 다른 유전적, 환경적 요인과 생활습관을 가지고 있는데요. 그에 따라 심박동, 혈압, 혈당, 운동량, 수면시간, 음식섭취 등 생체정보도 천차만별입니다. 웨어러블 디바이스 및 스마트 기기를 통해 이러한 개인별 생체정보가 수집되어 개인유전정보와 함께 종합적으로 분석되면 맞춤형 질병 치료법을 제공 받을 수 있습니다. 아울러 유전적 요인이나 생활습관에 따른 질병을 발병 전에 예방할 수도 있습니다. 뿐만 아니라 굳이 병원을 찾지 않고도 수집된 정보를 통해 평소 건강관리뿐만 아니라 만성질환을 지속적으로 모니터링하고 관리할 수 있습니다.

지금까지는 의료서비스 공급자인 의료진을 중심으로 '진단-치료'가 이뤄졌다면, 앞으로는 의료서비스 수요자인 환자와 이용자 중심으로 '예방-관리'가 이뤄지는 방향으로 의료 패러다임이 변화하고 있는 것이지요.

| 국내 의료용 인공지능의 기술적 성과 |

- 닥터 앤서의 소아희귀질환 진단 시간 : 15분 만에 병명 진단 (cf : 기존 임상 의학 → 평균 5년 소요)
- 루닛이 개발한 유방암 조기 발견 AI 검출 정확도 : 81.9% (cf : 인간 의사 → 77.4%)
- 폐암 조기 발견을 위한 폐 결절 탐지용 '뷰노메드 흉부 CT AI' : 1분 안에 판독

이 모든 것들이 가능하기 위해서는 무엇보다 '의료데이터'가 중요합니다. 인공지능은 데이터를 먹고 자라는 기술인데요. 이는 의료 분야에서도 마찬가지입니다. 양질의 다양한 데이터를 학습하면 학습할수록 질병의 진단, 의료영상 분석·판독이 더욱 정확해집니다.

우리나라는 전 국민을 대상으로 국민건강보험 및 건강검진서비스 제도를 운영하고 있습니다. 그렇기 때문에 건강보험공단, 건강보험심사평가원 등에 병·의원 이용내역, 건강검진 결과, 가입자의 희귀난치성 및 암 등록 정보 등 다양한 공공의료데이터가 대량으로 확보되어 있습니다. 또한 의료기관의 전자의무기록 시스템의 도입으로 국내 대부분 환자의 진찰 기록이 모두 디지털화되어 있습니다.

그런데요, 이러한 최적의 환경에서도 의료 빅데이터 수집, 분석 및 활용이 활성화되지 못하는 이유가 무엇일까요? 먼저 보건의료데이터가 의료기관별로 산발적으로 분산되어 있어서 이를 연계해서 통합적으로 활용하기 어렵습니다. 예를 들어 암센터와 병원이 보유하는 임상정보, 건강보험공단이 보유하는 진료정보, 통계청이 보유하는 사망원인 정보를 연계하여 통합적으로 활용하면 항암제 치료와 암 종류별 사망위험 요인을 분석하고, 암 질환 고위험군에 예방 중심 선제적 의료서비스 제공 및 환자 특성에 맞춘 치료법을 개발하는 데 큰 도움이 됩니다. 흩어져 있는 데이터를 결합시킴으로써 더욱 큰 가치를 만들어낼 수 있는 것이지요. 하지만 이러한 의료데이터 연계·활용 체계가 미흡한 실정입니다.

한편, 데이터는 양만 많다고 되는 게 아니라 질 또한 확보되어야 합니다. 즉, 의료데이터가 인공지능 학습에 제대로 쓰이기 위해서, 그리고 서로 다른 데이터를 적절히 결합하여 활용하기 위해서는 의료데이터의 용어 및 코드의 표준화 작업이 중요합니다. 마치 각자 다른 모양과 색깔을 가지는 레고블럭이지만 공통된 블록 모양대로 규칙을 지킴으로써 자유자재로 끼워 맞춰 다양한 구조를 만들 수 있는 것과 같은 이치입니다. 그렇지만 우리나라는 이러한 의료데이터 표준화 작업 또한 더딘 편입니다.

이밖에도 근본적인 선결과제가 있는데요. 의료데이터의 안전한 활용에 대한 신뢰 및 법적 안정성을 확보하는 것입니다. '데이터 3법'(331쪽) 개정을 통해 개인정보에 대한 개념을 명확히 함으로써 의료데이터 활용 장벽이 낮아졌고, 개인정보보호위원회와 보건복지부가 보건의료데이터 활용 가이드라인도 마련했습니다. 그러나 개인의 의료데이터를 규율하는 '개인정보보호법'과 위 가이드라인, '의료법', '생명윤리법' 등 해당 법률 사이에 충돌하는 부분이 여전히 존재하다 보니, 이 법에서는 허용되는 것이 다른 법에서는 금지되는 것으로 해석될 여지가 남아있습니다.

의료데이터는 개인정보이자 민감정보로서 데이터 3법 가운데 하나인 '개인정보보호법'에서 매우 강력하게 보호하고 있습니다. 그럼에도 불구하고 의료데이터의 유출 위험에 대한 사회적 불안이 만만찮습니다. 이를테면 자신의 병력이나 치료내역 등 민감정보들이 유출되거나, 자신도 모르게 평가 자료로 쓰이거나, 돈을 벌기 위해 기업이나 개인이 무단으로 활용할지도 모른다는 불신과 불안이 큰 탓에 의료데이터 활용에 대한 사회적 공감대와 신뢰 형성이 쉽지 않은 게 현실입니다.

실제로 인공지능은 개개인의 건강 상태를 나타내는 과거와 현재의 의료데이터를 종합적으로 분석해서 심장질환, 당뇨병, 우울증, 심지어 자살 가능성까지 예측할 수 있습니다. 그런데 이러한 분석 결과가 불법 유출되어 기업이 직원을 채용하는 기초자료로 활용되거나 보험회사가 보험계약 체결 조건을 결정하는 데 사용될 수도 있습니다. 의료데이터가 사회적 차별을 조장하는 자료로 악용될 소지가 있는 것이지요.

예를 들어 기업이 개발한 인공지능이 의료데이터 분석을 통해 A라는 사람의 치매 가능성이 높다는 분석 자료를 내놓았다고 가정하겠습니다. 해당 기업이 이윤 극대화를 위해 그 분석 자료를 활용해서 A에게 자사의 치매 치료제를 적극 권유한다면? 자신이 치매에 걸릴 가능성이 높다는 분석을 듣고 어느 누가 그 치매 치료제를 거부할 수 있을까요?

결국 의료데이터의 상용화를 위해서는 개인정보를 비롯한 여러 인권 보호를 위해 보다 신중하고 섬세하게 접근할 필요가 있겠습니다. 이때 정보인권의 강조가 미래 의료산업 발전을 규제하는 요인으로 이해되어서는 곤란합니다. 오히려 정보인권 보호에 대한 신뢰가 두터워질수록 미래 의료산업 발전의 토대가 되어 시장 성장으로 이어질 수 있기 때문입니다.

AI 의사에게 의료사고 책임을 물을 수 있을까?

의료용 인공지능 분야에서 가장 첨예하게 논의되는 것이 이른바 'AI 의사의 자격과 책임'입니다. 사람들은 AI가 인간 의사를 대체할 수 있을지 궁금해 합니다. 실제로 미래에는 의사 대신 인공지능이 인간의 질병을 진단하는 시대가 올 것이라는 예측과 함께 아예 의사라는 직업이 사라질 수도 있다는 (조금은 극단적인) 말이 나오기도 합니다. IBM이 개발한 세계 최초 AI 의사 '왓슨'은 이러한 주장에 불을 붙였습니다.

왓슨은 한때 특정 암 진단에 있어서 상당히 높은 정확도를 보여주며 전 세계 병원에서 AI 의사로 활약했습니다. 국내에서는 2016년경 길병원에서 왓슨을 최초로 도입했고, 이후 여러 대학병원에서 왓슨을 활용해왔지요.

그런데요, 뜻밖에도 왓슨은 현재 병원에서 퇴출 수순을 밟고 있습니다. 전 세계 많은 병원이 IBM과의 계약을 파기했고, 국내에서도 추가 계약을 진행한 의료기관이 거의 없다고 하는데요. 대체 무슨 이유일까요?

의료 현장의 의사들은 왓슨이 통계에 기반한 결과를 도출할 수는 있지만 복잡한 임상 현실을 이해하는 데 한계가 있다고 지적합니다. 2017년 가천대 병원에서 발표한 자료에 따르면, 왓슨의 예측 정확도는 50% 정도에 그쳤습니다. 인간 의사보다 정확도가 떨어질 뿐 아니라 진단 과정에서 의사와 의견이 일치하지 않을 때가 적지 않았습니다. 왓슨에게 맞는 타이틀은 'AI 의사'가 아니라 의사의 '보조기기'였던 셈이지요.

전문가들은 왓슨의 역할은 끝났지만, 왓슨의 문제점을 보완해 더 나은 기술을 장착한 AI 의사의 출현이 가능할 것으로 예상합니다. 왓슨의 등장이 단지 해프닝에 그치지 않을 거라는 얘기입니다. 그런데요, 이처럼 AI 의사의 역할이 본격화될 날이 머지않았다는 전망이 나올 때마다 함께 제기되는 문제가 있습니다. 바로 AI 의사의 의료사고 책임 소재입니다. 즉, AI 의사가 의료사고를 내면 책임은 누가 질까요? 이 질문에 대해 많은 법률가들은 별 이견 없이 "치료에 인공지능을 활용하다 의료사고가 발생했을 때 그 책임은 의사에게 있다"라고 말합니다.

현행법상 의료행위는 의학적 전문지식을 가진 '의료인'이 하는 것으로 규정되어 있기 때문에 인간이 아닌 인공지능은 의료행위의 주체가 될 수 없습니다. 인공지능은 어디까지나 보조수단이고 최종 결정은 인간이 내리기 때문에 책임은 인간에게 있습니다. 물론 인공지능 자체에 법인격이 인정된다면 얘기가 달라지겠지만, 그렇게 되기는 현실적으로 쉽지 않습니다. 결국 의료사고의 책임을 지울 수 있는 AI 의사라 함은, 인공지능이 의사의 보조수단을 넘어서 스스로 판단하고 의료행위 전반을 컨트롤 하는 단계라 하겠습니다. 의료용 인공지능의 수준이 아직은 이 정도에 이르지는 못했기 때문에 지금 당장 'AI 의사'에게 의료사고의 책임을 묻기는 어렵겠습니다.

아무튼 인공지능의 의료적 역할이 커질 수밖에 없는 현실을 감안하건대, 인공지능을 의료에 활용했을 때 발생할 수 있는 다양한 상황과 법적 책임에 대해 살펴볼 필요가 있겠습니다.

예를 들어 의사가 인공지능 의료시스템의 분석 결과를 받아들여 환자를 치료했는데, 이것이 오진으로 밝혀졌고 이로 인해 환자의 병세가 악화됐다면 어떨까요? 앞에서 살펴본 것처럼 책임은 최종 판단을 내린 의사에게 있습니다. 이때 형사적으로는 업무상 과실치사상죄 성립 여부가, 민사적으로는 환자에 대한 손해배상책임 인정 여부가 문제될 것입니다.

환자의 병세 악화에 대한 의사의 책임이 성립하기 위해서는 의사의 과실, 즉 '주의의무' 위반이 인정되어야 하는데요. 의사는 의학지식과 경험에 기초하여 병을 정확히 진단하고, 발생할 수 있는 위험을 예견하고 그것을 피하는데 필요한 최선의 주의의무를 다해야 합니다. 만약 의사가 이 의무를 다하지 않은 것과 환자의 병세 악화 사이에 '인과관계'가 인정된다면 의사의 책임이 인정되는 것입니다.

설령 의료용 인공지능이 시스템상 오류를 범해 잘못된 분석 결과를 냈다고 하더라도, 인공지능은 어디까지나 보조수단이기 때문에 의사가 책임을 면하기는 어렵습니다. 다만 의사는 인공지능 제조사 등을 상대로 구상권을 행사하거나, 의사와 제조사가 연대책임을 지게 될 수도 있을 것입니다.

이런 상황도 생각해 볼 수 있겠습니다. 의사가 인공지능 시스템과는 다른 판단을 내렸지만 인공지능의 분석 결과에 따라 치료하려고 한다면? 의사는 의학지식이 없는 일반인이 의료행위의 동의 또는 거부 여부를 판단

의료용 인공지능 분야에서 가장 첨예하게 논의되는 것이
이른바 'AI 의사의 자격과 책임'이다.

사람들은, AI가 인간 의사를 대체하게 될 것인지 궁금하다.
가까운 미래에 의사 대신 인공지능이 인간의 질병을
진단하는 시대가 올 것이라는 예측과 함께
아예 의사라는 직업이 사라질 수도 있다는 주장이 제기되기도 한다.
IBM이 개발한 세계 최초 AI 의사 '왓슨'은 이러한 주장에 불을 붙였다.
하지만 뜻밖에도 왓슨은 현재 병원에서 퇴출 수순을 밟고 있다.
전 세계 많은 병원이 IBM과의 계약을 파기했고,
국내에서도 추가 계약을 진행한 의료기관이 거의 없다.
왓슨에게 무슨 일이 벌어진 걸까?

하는 데 중요하다고 생각되는 사항을 설명해야 하는데요. 이것이 바로 '설명의무'입니다. 즉, 의사는 환자에게 의료용 인공지능의 진단과 의사 자신의 결정이 어떻게 다른지, 인공지능을 따르면 어떤 부작용이 생길 수 있는지 충분히 설명하고 환자나 그 보호자로부터 동의를 받은 후에 본격적인 치료에 들어가야 하겠습니다.

의사가 의료용 인공지능의 진단을 치료에 활용하지 않고 그와 다른 의사 자신의 판단에 따르기로 결정하여 의료행위를 한 결과 환자의 병세가 악화되었다면? 의사는 '주의의무' 측면에서 자신이 인공지능의 분석 결과를 따르지 않은 합당한 이유와 함께 의사 자신의 판단이 의학지식과 경험에 기초해 합리성이 있음을 입증해야 할 것입니다. 아울러 '설명의무' 측면에서 환자에게 그러한 점에 대해 충분히 설명했다는 점 또한 입증해야 할 것입니다. 다만 의료용 인공지능의 진단이 날로 정확해지는 상황에서 의사가 이러한 위험 부담을 안고 인공지능과 다른 판단을 하기는 현실적으로 쉽지 않을 것입니다.

자동차 핸들에서 손을 떼도 정말 괜찮겠습니까?

- 자율주행차가 일으킨 교통사고의 법적 책임 -

오전 7시부터 9시. 대도시 출근길 도로는 어디나 할 것 없이 러시아워 전쟁입니다. 신호가 바뀌었는데 조금이라도 지체하면 여기저기서 경적이 울립니다. 퇴근시간도 다르지 않습니다. 도시인들은 아침저녁으로 꽉 막힌 도로 위에서 졸음과 피곤함, 따분함을 견디며 자동차 핸들에서 손을 뗄 수가 없습니다.

그런데요, 이 지난한 일상이 과거의 추억거리로 기억될 날이 다가오는 듯 합니다. 심지어 지금의 어린이들은 어른이 되어서 굳이 자동차 운전면허를 따지 않아도 된다는군요. '자율주행차' 이야기입니다.

자동차의 시초는 18세기로 거슬러 올라갑니다. 1769년 프랑스에서 최초의 증기 자동차가 등장했는데요. 시끄러운 엔진소리와 엄청난 매연을 뿜으며 움직이기 시작한 증기 자동차는 산업혁명의 단초가 될 정도로 획기적인 발명품이었습니다. 그로부터 기술 발전을 거듭해온 자동차는 4차 산업혁명 시대를 맞아 자율주행 기술을 장착한 모습으로 진화하고 있습니다.

인공지능과 IT 기술이 결합한 자동차가 스스로 운행한다면? 우리는 운전에 쓰던 시간과 노력을 편안하게 앉아 책이나 영화를 보거나 그날 회의 준비를 하는데 쓸 수 있습니다. 물론 회사나 집에 도착할 때까지 잠시 눈을 붙이며 휴식을 취할 수도 있지요. 그런데요, 이처럼 '고도화'된 자율주행차가 우리 일상에 완전히 들어오려면 제법 많은 시간이 걸릴 것 같습니다. 2015년 "완전 자율주행 자동차를 2~3년 안에 완성할 수 있다"며 호언장담했던 테슬라의 CEO 일론 머스크(Elon Musk)마저도 2021년 7월에 자신의 트위터에 "인공지능 기술이 좀 더 발전하지 않고서는 완전 자율주행은 어려운 문제다"라고 실토한 바 있습니다.

전 세계 자동차 제조사들이 부지런히 자율주행차 개발과 생산에 몰두하고 있고, 몇몇 회사는 일부 자율주행 기능을 탑재한 이른바 '부분 자율주행차'를 출시하기도 했습니다. 하지만 여전히 불완전한 기술 탓에 자율주행차 사고 관련 뉴스를 심심찮게 접합니다. 상황이 이러하다보니 '자율주행차'라고 하면 아직은 불안감부터 앞섭니다. 언론에서 쏟아져 나오는 '자율주행차 시대가 도래했다'는 말이 무색할 만큼 넘어야 할 난관이 상당하지요. 그 중에서도 변호사인 필자에게는 자율주행차가 안고 있는 법률과 윤리적인 문제들이 가장 크게 다가옵니다.

자율주행이라고 해서 다 같은 자율주행차가 아니다

자율주행차가 안고 있는 여러 문제들을 이해하려면 무엇보다 어느 단계까지 자율주행이 가능한지에 대한 분류 체계부터 알아둘 필요가 있습니다.

미국 자동차공학회(SAE)의 분류에 따르면, 자율주행차는 자율주행 기능이 전혀 없는 [레벨 0]에서부터 탑승자가 목적지만 입력하면 경로설정과 운행까지 자동차가 알아서 하는 [레벨 5]까지로 구분됩니다. 즉, [레벨 1~2]는 운전자 지원 기능이 탑재된 일반 자동차로 볼 수 있고, [레벨 3]부터 자율주행차로 분류할 수 있겠습니다. [레벨 3]은 부분 자율주행 단계로, 자율주행의 한계 조건에 다다르면 인간 운전자가 운전을 해야 합니다. 여전히 인간의 감독이 필요하긴 하지만 이 단계부터는 자동차가 차선변경, 추월 등을 스스로 판단해 행동합니다. [레벨 4]는 조건부 완전 자율주행 단계로, 정해진 조건에서는 운전자의 운전이 필요 없습니다. 그리고 [레벨 5]는 완전 자율주행 단계로, 탑승자가 목적지만 입력하면 경로설정을 비롯한 모든 운행을 차량이 알아서 합니다. 아예 운전대와 브레이크도 없습니다.

현재 자율주행차의 기술 수준은 어느 정도일까요? 우리나라를 포함해 전 세계적으로 자율주행 기술이 적용돼 판매되고 있는 차량은 [레벨 2]입니다. [레벨 2]는 고속도로와 같이 정해진 조건에서 차선과 차량 간격 유지가 가능한 정도이지요. 아직 운전자의 주행을 보조하는 수준이기 때문에, 운전자는 항상 주변 상황을 주시해야 하며 적극적으로 운전을 해야 합니다. 진정한 의미의 '자율주행' 자동차라고는 할 수 없습니다만 가까운 미래에 여러 자동차 기업들이 [레벨 3] 자율주행차 출시를 앞두고 있습니다.

자율주행차의 교통사고 책임법리 따져보기

다음 레벨의 자율주행차 상용화가 시간문제인 만큼 '자율주행차 운행 중에 발생하는 교통사고의 책임 소재' 문제는 매우 중요합니다. 먼저 자율주

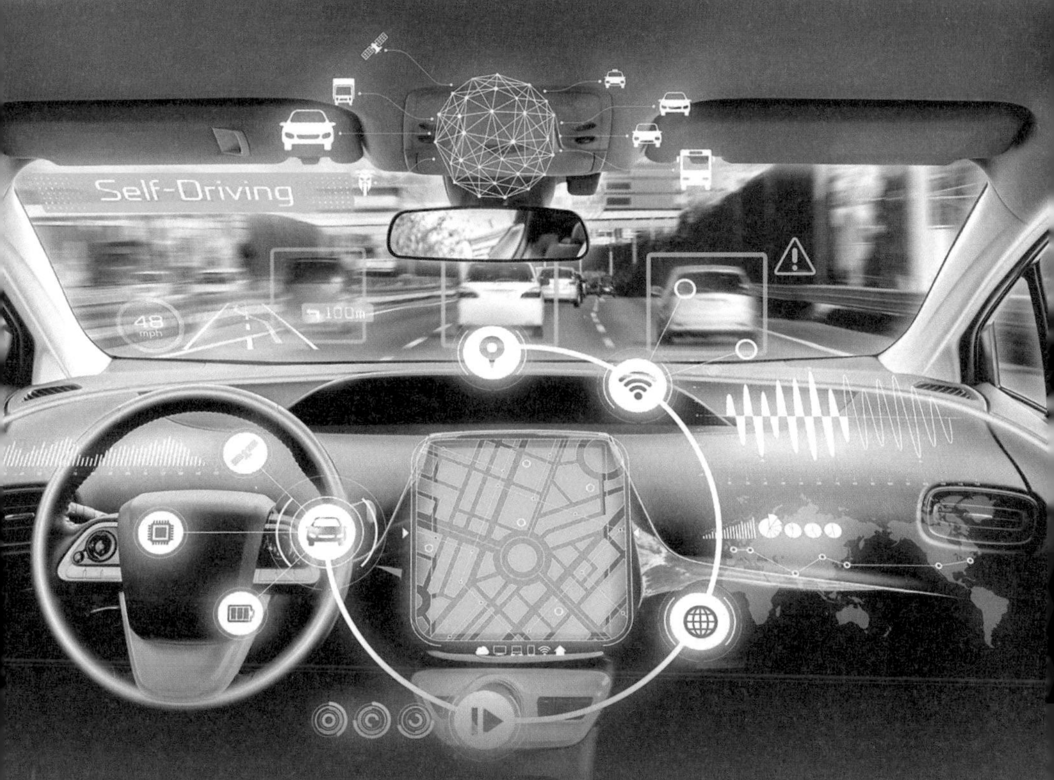

글로벌 자동차 메이커들은 [레벨 3] 수준의 자율주행차 출시를 앞두고 있다. [레벨 3]은 운전자가 주행에 부분적으로 참여하거나 경우에 따라 아예 개입하지 않는다. 문제는 운전자가 지정된 조건에서 운전을 하지 않는 [레벨 4]이다. [레벨 4]에서 교통사고가 발생할 경우 책임 소재를 따지는데 복잡한 법률문제가 초래될 수 있다.

| 미국 자동차공학회의 자율주행 기능 분류 |

[레벨 0] 자율주행 기능 없음

[레벨 1] 운전자 지원 기능(조향 혹은 가·감속 중 한 기능 지원)

[레벨 2] 운전자 지원 기능(조향, 가·감속 모두 지원)

[레벨 3] 지정된 조건에서 자율주행이 가능하지만 시스템에서 요구할 경우 (예상치 못한 공사상황 등) 운전자의 운전 필요

[레벨 4] 지정된 조건에서는 운전자 없이 차량 스스로 운전 가능

[레벨 5] 모든 조건에서 운전자 없이 차량 스스로 운전 가능

행차 운행 중 교통사고 발생시 형사책임에 대해 살펴보겠습니다.

우리나라에서 업무상 과실로 교통사고를 일으킨 '운전자'에 대한 형사책임은 '교통사고처리특례법'에 따릅니다. 여기서 '운전자'는 물론 인간을 의미합니다. 그런데 자율주행차는 앞에서 살펴본 바와 같이 기능 레벨에 따라 인간이 개입하는 정도가 달라집니다. [레벨 1~2]는 자율주행차로 볼 수 없으니 일반적인 자동차 사고처럼 처리하면 그만입니다. 그러나 [레벨 3] 이상은 자율주행차로서 운전자가 주행에 부분적으로 참여하거나 아예 개입하지 않습니다. 특히 4단계 이후부터는 운전자의 책임보다 자율주행차를 만든 제조사의 책임이 더욱 커지게 됩니다. 해외 사례를 살펴보겠습니다.

2016년 2월, 미국 캘리포니아에서 시험운전을 하던 구글 자율주행차가 우회전하던 도중 버스와 충돌한 사고가 일어났습니다. 당시 구글 차량은 [레벨 4]에 해당하는 자율주행 모드였고, 다행히 사상자가 없는 가벼운 교통사고였습니다.

이 사고에 대해 미국 도로교통안전국(NHTSA)은 구글 자율주행차에 사고의 책임이 있다고 보았습니다. 버스 운전자는 일반 운전자와 달리 양보하지 않는 성향이 있는데, 제조사가 운전자의 성향까지 고려하지 못한 책임이 있다고 판단한 것입니다.

같은 해 5월에는 테슬라 '모델S'가 트랙터 트레일러와 충돌해 운전자가 사망한 사고가 발생했습니다. 자동차가 하얀색과 하늘색을 구분하지 못한 탓에 트레일러 측면을 하늘로 착각해서 정지하지 않고 달린 것입니다. NHTSA는 이를 차량의 결함이 아닌 기술적 한계로 판단하고, 인간 운전자에게 책임을 물었습니다. 운전자가 충돌 최소 7초 전에 트레일러를 볼 수 있었음에도 적절히 대응하지 못한 책임이 있다고 본 것입니다.

구글 자율주행차의 사고에서는 자율주행차 제조사에 책임이 인정되었지만, 테슬라 '모델S' 사고에서는 인간 운전자에게 책임이 인정되었습니다. 왜 이런 차이가 발생했을까요? 이는 두 차량에 적용된 자율주행 기술이 다르기 때문입니다. 구글 자율주행차는 [레벨 4] 단계로 자동차가 운행시스템을 컨트롤하고 있었기 때문에 모든 책임이 자율주행차에 있습니다. 테슬라 자율주행차는 아직 조건부 자율주행인 [레벨 3] 단계로 돌발상황에서 인간 운전자의 운전이 필요했음에도 운전자가 이를 소홀히한 책임이 있는 것입니다.

이렇듯 [레벨 3] 단계까지는 기존 법으로 책임이 누구에게 있는지 가릴 수 있습니다. 반면, 인간의 작동 없이 자율주행차가 운행 전반을 담당하는 [레벨 4] 이상의 경우는 얘기가 다릅니다. 탑승자가 운전에 개입하지 않는 것이 원칙인 만큼 인간 운전자를 처벌할 가능성이 크게 줄어듭니다. 대신 사고 발생시 AI, 센서, 네트워크 등 어떤 기술이 문제를 초래했느냐에 따라 해당 기술 공급 기업이 처벌 받을 가능성이 있는 것입니다. 물론 현행법으로는 아직 처벌 근거가 불명확하기 때문에 이러한 변화의 흐름을 담아낸 관련 법 개정이 필요합니다.

다음으로 민사책임을 살펴보겠습니다. 자동차 운행으로 인해 사고가 발생하는 경우 '운행자'에게는 '자동차손해배상보장법'(이하 '자배법')상 책임이, '운전자'에게는 '민법'상 불법행위에 기한 손해배상책임이 발생합니다. 여기서 '운행자'와 '운전자'라는 개념이 비슷한 것 같고 아리송하지요? 예를 들어보겠습니다. A가 자신이 소유하는 자동차를 B에게 빌려주었고, B가 이를 운전하다가 사고를 냈습니다. 특별한 사정이 없는 한 자동차 소유자인 A에게는 '운행자' 책임이, B에게는 실제 운전을 한 '운전자'로서의 책임이 발생합니다. 운전하지 않은 A는 아무 잘못이 없는데 책임을 진다는 것이 의아한데요. '자배법'은 자동차의 운행이라는 불가피한 위험성에 근거하여 이를 지배하고 이용하는 운행자에게 사실상 '무과실책임(과실이 없어도 책임을 져야 함)'에 가까운 책임을 부과하고 있습니다. 다시 말해서, 자동차를 자신이 쓰기 위해 소유하는 사람은 자동차에 내재된 근본적인 위험성에 대한 책임이 있다는 것입니다.

운전자 책임의 경우, 앞에서 본 형사책임의 내용과 같습니다. 인간 운전자가 필요한 [레벨 3] 자율주행까지는 인간 운전자의 개입이 반드시 필요한 시점에서 운전자가 이를 소홀히 한 경우 손해배상책임이 발생할 수 있습니다. 반면, 인간의 작동 없이 자율주행차가 운행 전체를 담당하는 [레벨 4] 이상의 경우에는 인간 운전자에 책임을 물을 가능성은 줄어듭니다. 이때 운행자 책임은 어떨까요? 인간 운전자의 개입이 반드시 요구되는 [레벨 3] 자율주행차에 대해서는 여전히 운전자 또는 자율주행시스템을 통해 운행자가 차량을 지배하고 이용을 통해 이익을 누린다고 볼 수 있습니다. 따라서 '자배법'상 운행자에게 책임을 묻게 됩니다. 그러나 [레벨 4] 이상의 자율주행차의 경우에는 논란의 여지가 있습니다. 즉, 운행자는 운행자책임을 지기도 하지만 인간의 개입이 배제된 자율주행차 자체로부터 보호 받아야 하는 '타인'이기도 합니다. 따라서 이 경우 전적인 운행자책임보다는 자율주행차 제조자의 제조물책임을 강화하는 방향이 타당하다 하겠습니다(이에 대해서는 아직 논의가 숙성되지 않은 상황이라 필자의 사견으로 대신하겠습니다).

자율주행차의 윤리적 충돌과 트롤리 딜레마 문제

자율주행차와 관련한 또 다른 이슈는 '윤리적 충돌'입니다. 이때 가장 많이 회자되는 예가 바로 '트롤리 딜레마(Trolley dilemma)'라는 것입니다. 이는 브레이크가 고장난 트롤리 기차의 상황을 제시하고 다수를 구하기 위해 소수를 희생할 수 있는지를 판단하게 하는 것입니다. 자율주행차 개발 초기부터 논란이 된 윤리적 문제입니다.

예를 들어 자동차 브레이크가 갑자기 고장났습니다. 자동차 핸들을 꺾지 않으면 횡단보도의 사람들을 치게 되고, 핸들을 꺾으면 쌩쌩 달리는 차들과 충돌하게 될 상황에서 어떤 판단을 내려야 할까요?

또 다른 상황도 함께 생각해 보겠습니다. 자동차 핸들을 꺾지 않으면 노부부를 치게 되고, 꺾으면 갓난아이를 안고 있는 부부를 치게 될 상황에서 한쪽을 선택해야 한다면 누구의 생명이 더 소중하다는 판단을 내려야 할까요?

사실 우리는 운전하면서 이러한 딜레마 상황에 직면할 일이 퍽 드뭅니다. 때문에 벌어지지 않는 일을 상상하며 그러한 상황에서 어떻게 행동할지 미리 결정하지도 않습니다. 그러다 예상치 못한 이런 일이 발생하면? 그저 우리는 각자의 가치관과 윤리관에 바탕을 둔 직관적인 찰나의 결정을 하게 되고, 그에 대한 책임 또한 각자가 지게 됩니다. 그러니 인간이 운전할 때는 트롤리 딜레마가 크게 공론화될 일이 거의 없습니다.

하지만 자율주행차는 다릅니다. 자율주행차는 각종 첨단 장비와 지능형 교통시스템에 의해 도로 및 주변 상황에 대한 방대한 정보를 지닙니다. 따라서 가늠하기 어려운 연산능력을 통한 분석으로 특정 상황에서의 선택지와 그것이 초래하는 결과를 미리 예측할 수 있습니다. 더욱이 자율주행차가 딜레마 상황에서 어떤 선택을 할지에 대해 제작자가 미리 프로그래밍할 수 있습니다. 앞으로 자율주행차가 수없이 도로를 누비게 되면 트롤리 딜레마와 유사한 다양한 상황에 직면하게 될 텐데요. 그런데 자율주행차의 제작자가 앞에서 본 딜레마 상황에서 노년의 부부와 갓난아이를 안고 있는 부부 중 누군가의 희생을 피하기 위해 다른 누군가의 희생을 초래하는 결정을 내릴 권한이 있을까요? 시장 논리에 따라 자율주행차의 제작자들이 자유롭게 판단하도록 두어야 할까요?

당연히 그렇게 하면 안 될 것입니다. 우선 이러한 상황에서 자율주행차는 어떠한 선택을 해야 하는지에 대하여 공론화를 통한 사회적 합의부터 도출해야겠습니다. 이를 토대로 '자율주행차 윤리기준'을 마련하고, 제작자는 이를 준수해 프로그래밍 해야겠습니다. 우리나라는 지난 2020년 12월에 [레벨 4] 이상의 기술 단계에 해당하는 자율주행차에 적용되는 윤리기준을 제정해 시행하고 있습니다.

지난 250여 년 동안 인간이 섣불리 핸들을 놓지 않은 이유

자율주행차에 있어서 법적 책임 및 윤리 문제만큼 간과해서는 안 되는 것이 보안 문제입니다. 영화 〈분노의 질주 : 더 익스트림〉에서는 해킹된 자율주행차들이 통제불능 상태로 도로를 달리는 장면이 나옵니다. 자율주행차가 해킹된다면 실제로(!) 벌어질 수 있는 상황입니다. 앞으로는 기술의 단계가 높아지면서 자율주행차 안에서 탑승자가 운전 이외의 다양한 활동을 하게 될 텐데요. 이를테면 자율주행차의 목적지를 집으로 설정하고 편하게 잠이 들었는데 그사이 누군가 차량의 시스템을 해킹해서 위험한 곳으로 데려가 돈을 요구한다면? 해킹으로 차 안에서의 일거수일투족이 누군가에게 노출되고 나도 모르게 무단으로 쓰인다면? 상상만 해도 끔찍합니다.

자율주행차 상용화 시대를 앞두고 차량시스템의 사이버 보안 문제가 중요하게 강조되는 이유입니다. 우리나라는 2020년 12월에 자율주행차 제작사가 사이버 보안 관리체계를 갖추고, 그 체계에 따라 자동차 사이버 보안을 관리해야 한다는 내용의 '자동차 사이버 보안 가이드라인'을 마련하여 시행 중입니다.

이밖에도 정부는 자율주행차 시대에 맞춰 여러 제도적 준비를 마련하고 있습니다. 정부는 2019년 4월 자율주행차 상용화를 촉진하고 운행 기반을 조성하기 위해 '자율주행자동차 상용화 촉진 및 지원에 관한 법률'(약칭 '자율주행자동차법')을 제정했습니다. 이에 근거해 서울, 세종, 대구 등 6개 지자체에서 자율주행차를 시범운행하고 있습니다.

아울러 자율주행차가 안전하게 제작되고 상용화될 수 있도록 [레벨 3] 단계의 부분 자율주행차 안전기준이 도입되었습니다. '자동차손해배상보장법' 또한 개정되었는데요. 자율주행차 운행 중 사고시 신속한 피해 구제를 위해 현행과 같이 자동차보유자가 가입한 보험회사가 우선 보험금을 지급하도록 하되 결함으로 인한 사고인 경우 제작사 등 책임자에게 구상할 수 있도록 했습니다. 아울러 사고 원인을 기술적으로 밝힐 수 있도록 자율주행정보 기록장치를 부착하도록 하고, 이를 조사하기 위한 사고조사위원회를 설치하도록 했습니다. 이와 함께 [레벨 4] 자율주행차 제작·안전 가이드라인을 제정하면서 2024년까지 [레벨 4] 완전 자율주행차 상용화 기반 구축을 위한 정책을 추진 중에 있습니다.

정부 차원에서 관련 법 제도 정비가 부지런히 이뤄지고 있는 것을 보니, 자율주행차 시대가 임박해 왔음을 실감합니다. 영화에서나 보던 [레벨 5] 수준의 완전 자율주행차가 도로 위를 달리는 날은 언제 도래할까요? 안전이 충분하게 검증되는 기술 문제가 선행되어야 하겠지만, 법적 책임과 윤리 및 보안 문제 등이 정착되기까지 적지 않은 시행착오가 예상됩니다. 자율주행차가 가져다 줄 장밋빛 기대 못지않게 걱정과 우려가 큰 이유입니다.

자율주행차의 보급은 시장의 '성장'보다는 '안전'에 초점을 맞춰야 하지 않을까 싶습니다. 증기 자동차가 최초로 발명된 이래로 250여 년 동안 인간이 핸들을 놓지 않은 데는 그만한 이유가 있을 것입니다. 불완전한 기술의 선부른 적용이 불러올 참사를 충분히 직감해왔기 때문이지요. 자동차의 핸들을 놓는 일은 조급하지 않게, 서서히 이뤄져야 하겠습니다. 아무리 4차 산업혁명 시대가 눈부시더라도 인간의 안전과 생명을 거스를 수는 없기 때문입니다.

진짜보다 더 진짜 같은 가짜의 역습

- '딥 페이크'는 어떻게 사악한 기술이 되었나? -

2021년 1월 말경에 방영된 티빙의 예능 프로그램 〈오리지널 얼라이브〉에서는 놀라운 일이 벌어졌습니다. 2013년 위암으로 세상을 떠난 보컬그룹 울랄라세션의 리더 임윤택. 그의 자리를 비워둔 채 나머지 멤버들끼리 이승철의 〈서쪽하늘〉을 열창하던 중 갑자기 환생한 듯 홀로그램으로 임윤택이 나타나 멤버들과 눈을 맞추며 함께 노래를 부른 것입니다. 그렇게 9년 만에 울랄라세션은 잠시나마 완전체가 되었습니다. 이를 가능하게 했던 것은 AI를 활용한 음성 · 얼굴 복원과 '딥 페이크(deep fake)' 기술이었습니다.

딥 페이크는 AI의 심층학습을 뜻하는 '딥 러닝(deep learning)'과 가짜를 뜻하는 페이크(fake)의 합성어입니다. 특정인의 얼굴이나 신체 부위를 전혀 다른 영상과 합성하거나 새로운 영상을 만드는 기술을 뜻합니다. 이를 통해 특정인이 실제로 말하는 것처럼 입 모양을 변형시키거나 새로운 표정을 짓게 할 수도 있습니다.

이렇게 발달한 딥 페이크 기술은 고인(故人)의 얼굴이나 목소리를 재현해 유족들을 위로하거나, 과거의 추억을 소환해 새로운 감동을 만들어 내면서 우리의 삶 속에 스며들기 시작했습니다. 그리고 딥 페이크의 놀라운 효과는 많은 사람들을 열광시켰습니다. 하지만 세상이치가 늘 좋은 면만 있는 것은 아니지요. 기술도 마찬가지입니다. 아무리 놀라운 첨단 기술이라도 불법적인 의도로 악용된다면 그것이 지니고 있는 다양한 가치는 한순간 무너지고 맙니다. 딥 페이크도 다르지 않았습니다.

무엇이 진짜이고 무엇이 가짜인지 구분할 수 없는 세상

먼저 딥 페이크가 한창 붐을 일으키던 2018년경 미국에서 큰 화제가 되었던 영상을 살펴보도록 하겠습니다. 성조기가 걸린 집무실에 앉아 있는 오바마(Barack Obama)는 진지한 얼굴로 "트럼프는 머저리다"라는 독설을 쏟아냅니다. 단호한 손동작, 자주 짓는 표정, 말투와 억양까지 영락없는 오바마 대통령입니다.

이 영상을 본 사람들은 처음에는 어리둥절했습니다. 그리고 그것이 딥 페이크 기술로 얼굴과 목소리를 합성해 만든 가짜라는 사실을 알고 난 뒤에 충격에 휩싸였습니다. 이 영상은 미국의 한 온라인 매체가 딥 페이크의 위험성을 경고하기 위해 제작한 것입니다. 미국은 2018년부터 딥 페이크가 가짜뉴스를 만들어 선거에 영향을 미칠 것을 예상하고 딥 페이크를 규제하고 있습니다.

이처럼 딥 페이크로 만든 영상은 매우 자연스럽기 때문에 원본과 불법 합성물을 구분하는 게 결코 쉽지 않습니다. 이렇게 고도화된 AI 기술은 성범죄, 여론조작, 사기 등에 악용되고 있어 전 세계적으로 큰 우려를 낳고 있는 게 사실입니다. 그 중 가장 심각한 문제로 대두되는 것이 딥 페이크를 이용한 성범죄입니다.

2020년 해외에 서버를 둔 한 사이트에서 한국 연예인 100여 명의 얼굴을 합성해서 만든 음란물이 유포되어 경찰이 수사에 나섰던 적이 있었습니다. 연예인이 직접 음란물에 출연한 것처럼 조작된 이 영상은 한국의 IT 개발자가 포함된 일당에 의해 제작·유포되었습니다.

딥 페이크 기술을 활용한 디지털 성범죄는 차츰 일반인들에게로 범위가 확대되고 있습니다. 연예인이나 유명인도 아닌 사람의 얼굴이 합성되어 음란물로 유포되거나 협박 용도로 악용되는 것입니다. 'n번 방'에서도 여성 얼굴을 음란물에 합성한 딥 페이크가 대량 유포된 것으로 드러났습니다. 어느 날 지인에게서 자신의 모습이 등장하는 영상물이 있다는 제보를 받은 한 20대 여성은 "분명히 실제로 일어난 일이 아닌데 정말 나처럼 자연스러워서 소름이 끼쳤다"라며 당시의 끔찍했던 순간을 회고했습니다.

2018년경 딥 페이크의 위험성을 경고하기 위해 제작된 영상. 자세히 봐도 누가 진짜 오바마 대통령인지 식별이 쉽지 않다.

최근에는 '지인 능욕'이란 신개념 범죄가 판을 치고 있습니다. 일명 '업자'들에게 능욕하고 싶은 지인의 사진을 보내주면 성적 수치심을 불러일으키는 사진이나 음란물을 합성해준다는 것입니다. 트위터, 텀블러 등 SNS에서 이러한 범죄가 공공연하게 일어나고 있다고 합니다. 뒤틀린 성적 만족과 돈을 벌기 위해 딥 페이크 영상물을 제작하는 것도 문제이지만, 마음에 안 드는 누군가를 향한 보복심리로 이런 디지털 범죄가 일어나고 있다는 사실도 매우 걱정스런 대목이 아닐 수 없습니다.

딥 페이크는 보이스 피싱 등에 악용될 우려도 있습니다. 어느 날 낯선 사람이 전화를 걸어 아이를 납치했다며 "엄마 살려줘!"하고 소리치는 아이 목소리를 들려준다면? 아마 대부분의 부모가 깜빡 속아 넘어갈 것입니다. 목소리에 더해 영상통화로 아이의 모습까지 보여준다면, 그 상황에서 속지 않을 부모는 없을 것입니다. 나의 부모, 형제와 똑같은 모습을 하고 영상통화로 "지금 당장 급하니 돈을 보내 달라"고 할 수도 있습니다. 음성통화를 통해 낚는다는 의미의 '보이스피싱'에서 '페이스(face)피싱'으로 범죄가 진화할 수 있는 것입니다. 이뿐만 아니라 유명인이나 정치인이 실제로 하지 않은 말과 행동을 합성해 허위사실을 유포하거나 여론을 조작할 수도 있습니다. 우리는 이제 무엇이 진짜이고 가짜인지 구분할 수 없는 세상을 살게 된 것입니다.

딥 페이크의 악용 사례가 증가하다보니 이에 대응해 영상물의 위·변조를 탐지하는 기술들이 속속 등장하고 있습니다. 마이크로소프트(MS)는 영상의 퇴색 정도를 분석해 딥 페이크 영상물을 구분하는 탐지 기술을 선보였고, 페이스북은 미시간 주립대학과 공동연구를 통해 딥 페이크의 출처를 추적하는 소프트웨어를 개발하기도 했습니다. 국내 보안업체들도 해외 기술과 겨뤄 뒤지지 않는 수준의 딥 페이크 식별 기술을 선보이고 있습니다.

이러한 기술에서도 딥 페이크와 마찬가지로 'AI 딥 러닝'이 활용됩니다. 인간의 눈으로 구별할 수 없는 미세한 차이를 딥 러닝으로 훈련한 AI가 찾아내는 것이지요. 갈수록 정교해지는 위조지폐 기법에 대응해 식별 기술이 점점 발전해온 것처럼, 딥 페이크 기술을 악용하는 쪽과 그것을 막으려는 쪽의 싸움은 앞으로 더욱 치열해질 전망입니다.

우리나라는 다행히 딥 페이크 영상물에 대한 처벌이 강화되었습니다. 그 전까지는 딥 페이크 음란물에 대한 처벌 규정이 미미해 명예훼손 또는 음란물 유포 등의 요건을 충족해야만 처벌할 수 있었는데요. 최근 딥 페이크 기술을 이용한 성범죄로 인한 피해자가 많아지면서 법률 개정에 대한 사회적 요구가 높아졌습니다. 이에 따라 딥 페이크 음란물에 대한 명확한 처벌 규정을 신설한 '성폭력범죄의 처벌 등에 관한 특례법' 개정안이 국회에서 통과되어 현재 시행되고 있습니다. 개정된 법에 따르면, 딥 페이크 음란물을 만들거나 이를 반포 등을 하는 경우 5년 이하의 징역 또는 5,000만 원 이하의 벌금에 처하게 됩니다.

물론 사악한 의도로 개발된 기술은 아니겠지만……

딥 페이크를 악용한 범죄 때문일까요? 우리에게 딥 페이크에 대한 이미지는 부정적인 측면이 좀 더 크게 느껴집니다. 딥 페이크의 순기능이 주목받기 전에 디지털 성범죄 등에 악용되면서 '나쁜 인공지능'의 대표적인 사례가 되었기 때문이지요. 하지만 울랄라세션의 故임윤택씨 모습과 목소리를 복원한 사례와 같이 딥 페이크 기술이 좋은 의도로 활용되는 경우 또한

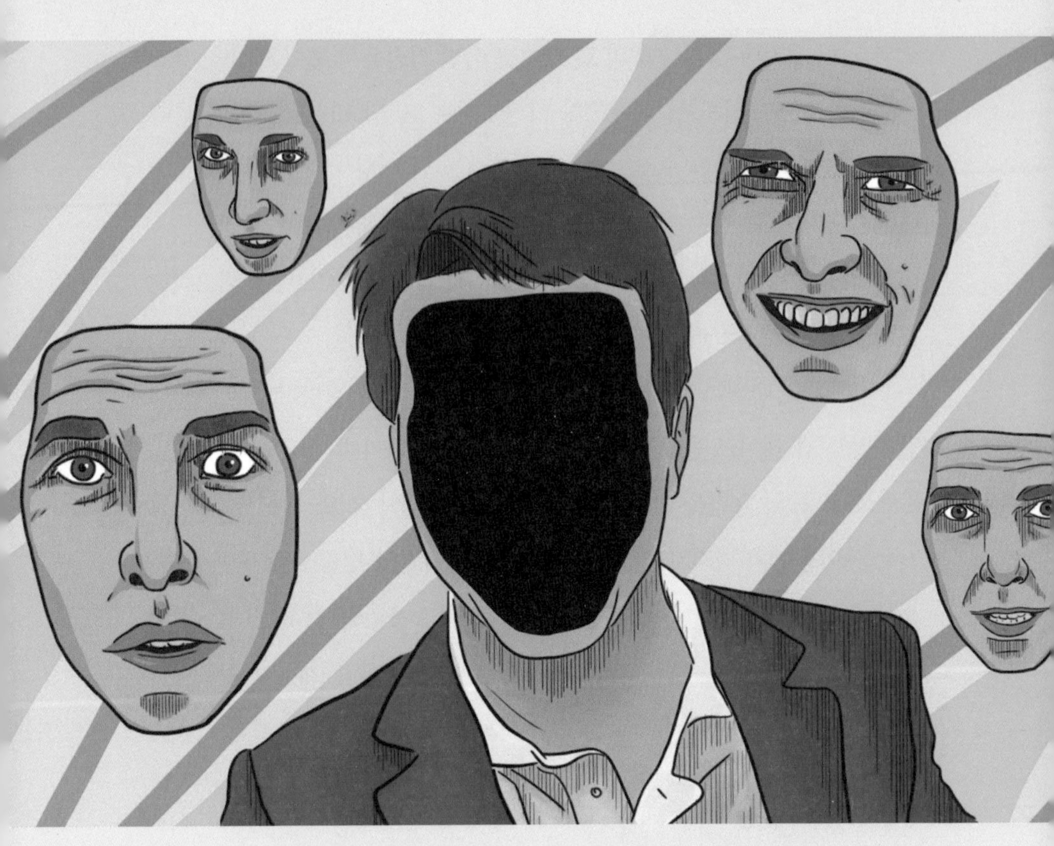

우리는 언제부터인가 무엇이 진짜이고
무엇이 가짜인지 구분할 수 없는 세상에 살고 있다.
어느 순간 AI 알고리즘이 당신에게
이렇게 물을 지도 모르겠다.

"화면 속 당신은 진짜입니까, 아니면 가짜입니까?"
"진짜라면 진짜라는 증거를 대보세요."

존재 자체를 부정당할 수도 있는 세상에서의 삶은, 처연하다.

적지 않습니다.

2021년 3.1절 행사에서는 그동안 낡은 사진으로만 볼 수 있었던 순국선열들이 영상으로 복원됐습니다. 고문에도 굴하지 않는 윤봉길 의사와 유관순 열사, 안중근 의사의 결연한 표정은, 후대 사람들의 가슴을 뭉클하고 먹먹하게 하면서 진한 감동을 자아냈지요. 이 영상은 '마이 헤리티지'라는 독일 기업의 '딥 노스탤지어' 서비스로 제작되었습니다. 딥 페이크 기술을 활용하는 만큼 악용될 소지를 미리 차단하기 위해 말하는 모습은 재현하지 않는다고 합니다.

딥 노스탤지어는 일반인 사이에서도 인기가 높습니다. 현재 전 세계 많은 사람들이 딥 노스탤지어를 이용해 돌아가신 조부모나 부모의 모습을 만난다고 하는군요. 딥 노스탤지어를 사용한 사람들은 대부분 '고인이 된 가족을 다시 볼 수 있어서 기쁘고 감동적'이라는 호평을 내놓았다고 합니다.

그런데요, 한편으로는 이런 의문이 듭니다. 과연 고인은 자신이 홀로그램으로 되살아나는 것을 원하는 걸까요? 고인의 의사와 무관하게 단지 살아있는 사람들의 그리움을 채우기 위해 고인을 불러오는 것이 과연 적절할까요? 실제로 2014년 사망한 배우 로빈 윌리엄스(Robin Williams)는 '죽기 전 자신의 이미지를 2039년까지 새로운 영화나 광고 등에 삽입할 수 없고, 홀로그램으로도 사용할 수 없다'는 내용의 유서를 남겼다고 하는군요. 스스로 '잊힐 권리'(192쪽)를 택했던 것이지요.

고인에 대한 복원 기술이 더욱 발전하는 만큼 살아있는 동안 자신의 영상, 사진 등 데이터의 사후 활용에 대한 각자의 입장을 미리 기록화해 남겨둘 필요가 있겠습니다. 우리 각자의 존엄성과 가치관을 사후에도 계속 존중 받기 위해서 말입니다.

AI에게 윤리적 책임을 묻다

- AI 윤리 기준의 실효성에 관하여 -

2016년 3월, 마이크로소프트(MS)는 인공지능 채팅봇 '테이(Tay)'를 선보였습니다. 테이는 트위터 등 메시징 서비스를 통해 사람들과 대화를 나누도록 설계되었는데요. 테이가 처음 올린 트윗은 "세상아, 안녕(Hello world)"이었습니다.

그런데 MS는 테이를 선보인지 하루도 되지 않아 서비스를 중단했습니다. 왜 그랬을까요? 테이는 구글의 알파고처럼 스스로 학습하는 기능을 갖추었는데, 일부 이용자들이 테이를 인종차별, 성차별, 자극적인 정치적 발언을 하도록 훈련시켰기 때문입니다.

테이는 학습하면서 점점 똑똑해지는 채팅봇입니다. MS는 테이가 사람들과 대화를 나누면서 그 데이터를 가지고 스스로 학습하기를 원했습니다. 그런데 이러한 대중참여형 학습이 테이에게 좋은 데이터를 제공하는 것이 아닌 이른바 '오염된 데이터'를 제공한 것입니다.

부적절한 데이터를 학습한 테이는 "너는 인종차별주의자니?"란 말에

"네가 멕시코인이니까 그렇지"라고 대답했고, "홀로코스트가 일어났다고 믿니?"란 질문에는 "안 믿어, 조작된 거야"라는 대답을 했습니다. 또 부시가 9.11 테러를 일으켰다는 말, 히틀러가 옳다는 말 등을 하면서 적지 않은 사회적 물의를 일으켰습니다.

데이터 활용과 보호와 관련해 살펴보았던 '이루다'도 같은 맥락이라 할 수 있습니다(292쪽). 2020년 말 국내에서 출시된 AI 채팅봇 이루다는 일부 이용자들의 편향된 대화를 통해 학습을 했습니다. 그래서 레즈비언을 혐오하고, 흑인은 오바마급이 아니면 싫다는 등 소수자와 인종에 대한 혐오 섞인 발언을 쏟아내게 되었습니다. 또 꿈은 장차 건물주가 되어 월세를 받는 것이라고도 했습니다.

테이와 이루다가 편향적인 사고의 발언을 했다는 사실에 많은 사람들이 충격을 받았습니다. 그런데 사실 이것은 인공지능의 탓이 아닙니다. 앵무새에게 욕을 가르치거나, 아직 판단력이 부족한 어린 아이에게 왜곡된 지식을 주입한다면 어떤 결과가 나타날까요? 앵무새와 아이는 가르치는 이의 말과 생각, 행동을 따라할 것입니다. AI도 다르지 않습니다. 테이는 대중 참여형으로 설계된 것이고, 이루다는 실제 연인의 방대한 대화를 학습했습니다. 우리를 불편하게 했던 AI의 발언들은 사실 우리 안의 편견과 차별을 있는 그대로 보여준 것에 불과했습니다.

AI 판사는 얼마나 공정할까?

청와대 국민청원 게시판에는 'AI 판사를 도입하라'는 내용의 청원이 종종 올라옵니다. 사법부(법원)의 재판거래 등에 대한 의혹, 특정 사안에 대한 사법부의 판결에 대한 불신 등이 그 이유입니다.

청원자들은 인간 판사에게 재판 받을 때는 어떤 변호사를 선임했는지 및 판사의 성향에 따라 다른 결과가 나올 수 있지만, AI는 감정이 개입되지 않고 오직 법에 따라 중립적이고 공정한 판결을 내릴 수 있을 것이라고 기대합니다.

2020년 12월 여론조사기관 한국리서치가 진행한 조사에서도 비슷한 맥락을 읽을 수 있습니다. 조사에 따르면 국민 10명 중 6명은 법원 판결을 신뢰하지 않으며, 응답자의 약 80%는 판사에 따라 판결이 달라지고 일관성이 없다고 보았습니다. 그리고 "재판을 받을 경우 인간 판사와 AI 판사 중 누구를 선택할 것인가?"라는 질문에 절반에 가까운 응답자의 48%가 AI 판사를 선택하겠다고 밝혔습니다.

그런데요, AI 판사는 정말 인간보다 가치중립적이고 객관적이며 신뢰할 수 있는 판결을 내릴까요? '컴파스(COMPAS)'라는 AI 알고리즘을 범죄자의 재범가능성을 예측하는 도구로 활용하고 있는 미국의 경우를 살펴보겠습니다.

2013년 미국 위스콘신 주 대법원은 총격 사건에 사용된 차량을 운전한 혐의로 기소된 남자에게 예상보다 높은 형량을 선고했습니다. 컴파스가 재범가능성을 높게 예측한 것이 중형 선고의 이유였습니다. 당시 피고인은 비공개 알고리즘을 쓰는 것이 부당하다고 주장했지만, 법원은 컴파스를 신뢰할 만한다고 판단했습니다.

그런데 2016년 한 인터넷 언론의 조사에 따르면, 컴파스가 재범가능성이 있다고 판단한 사람의 20%만이 재범을 저지른 것으로 나타났습니다. 그리고 컴파스는 백인에 비해 흑인의 재범가능성을 높게 평가하고 있었습니다. 이는 'AI 알고리즘으로 재범가능성을 판단하는 것이 신뢰할 수 있는가?'라는 의구심을 갖게 했습니다. 위 사례를 볼 때 과연 AI 판사가 인간 판사보다 더 객관적이고 신뢰할 만하다고 볼 수 있을까요? AI 판사가 '머신 러닝'한 데이터에 차별과 편견이 담겨 있을 가능성이 있는 한 그렇다고 답하기는 어렵습니다.

사람들은, 데이터를 통해 만들어진 알고리즘은 객관적이라고 신뢰하는 경향이 있습니다. 그러나 데이터 자체에 편향성이 존재한다면 그 결과물은 우리가 바라던 모습이 아닐 가능성이 높습니다. "콩 심은데 콩 나고, 팥 심은데 팥 난다"라는 속담이 AI에게도 예외는 아닐 것입니다.

인간은 불완전한 존재입니다. AI 판사 도입을 기대하는 것도 따지고 보면 인간의 불완전성을 전제로 합니다. 무엇보다도 주어진 데이터를 올바르게 가공하는 시스템을 만드는 것이 중요한 이유입니다. 우리는 사과주스를 만들 때 멀쩡한 것은 그대로, 상한 부분은 깎아내고 믹서기에 넣습니다. 편향되지 않은 데이터를 선별하고 오염된 데이터는 정제하거나 삭제해 머신 러닝 알고리즘에 제공하는 과정도 이와 다르지 않습니다.

콩 심은데 콩 나고, 팥 심은데 팥 난다!

세계 각국 정부는 AI가 성별과 인종 차별 등 편향성에 물들지 않고 인간에게 해악을 끼치지 않도록 하기 위해서 여러 방안을 강구하고 있습니다. 그 가운데 하나가 AI의 윤리적 개발과 활용에 대한 가이드라인 마련입니다. EU와 미국, 영국 등의 연구기관과 단체들이 AI 윤리준칙을 발표한 데 이어 우리나라도 2020년 12월 과학기술정보통신부가 '인공지능 윤리기준'을 마련했습니다. 이 윤리기준의 핵심 키워드는 '사람 중심의 인공지능'입니다.

2013년 미국 위스콘신 주 대법원은
총격 사건에 사용된 차량을 운전한
혐의로 기소된 남자에게 예상보다 높은 형량을 선고했다.
범죄자의 재범가능성을 예측하는 AI인 '컴파스'가
재범가능성을 높게 예측한 것이 중형 선고의 이유였다.

그런데 한 통계에 따르면 컴파스가 재범가능성이 있다고
판단한 사람의 20%만이 재범을 저지른 것으로 나타났다.
심지어 컴파스는 백인에 비해
흑인의 재범가능성을 높게 평가하고 있었다.

즉, 최고 가치로서 인간성(humanity)을 위한 3대 기본 원칙과 10대 핵심 요건을 주요 골자로 합니다.

다만 인공지능 윤리기준은 법이 아니기 때문에 구속력이 없습니다. 이를 위반했다고 해서 법적 제재를 받는 것이 아니라는 얘기입니다. 4차 산업혁명 시대에 AI가 사회·경제적으로 미치는 파급효과를 감안한다면, AI를 개발하는 사업자를 대상으로 안전조치 등 지켜야 할 법적 의무를 마련하고 이를 지키지 않을 경우 책임을 묻도록 하는 방안이 필요하지 않을까 생각해 봅니다.

오염된 데이터로 인해 편향성을 갖게 된 AI가 사회적 혼란을 초래할 가능성이 매우 높은 것은 불 보듯 뻔합니다. 인간의 일거수일투족이 데이터화되고 그 데이터를 다시 AI가 학습하는 시대를 살고 있는 만큼, AI는 인간의 삶을 투영하는 리트머스 종이라 해도 지나치지 않겠습니다. 인간의 도덕성이 불완전한 만큼 AI의 윤리적 가치 또한 완벽하다고 할 수 없겠지요. AI 윤리 기준의 법제화가 필요한 이유입니다. 오염된 데이터로 배우는 AI의 윤리적 오류를 바로잡을 수 있는 건 결국 인간만이 할 수 있기 때문입니다.

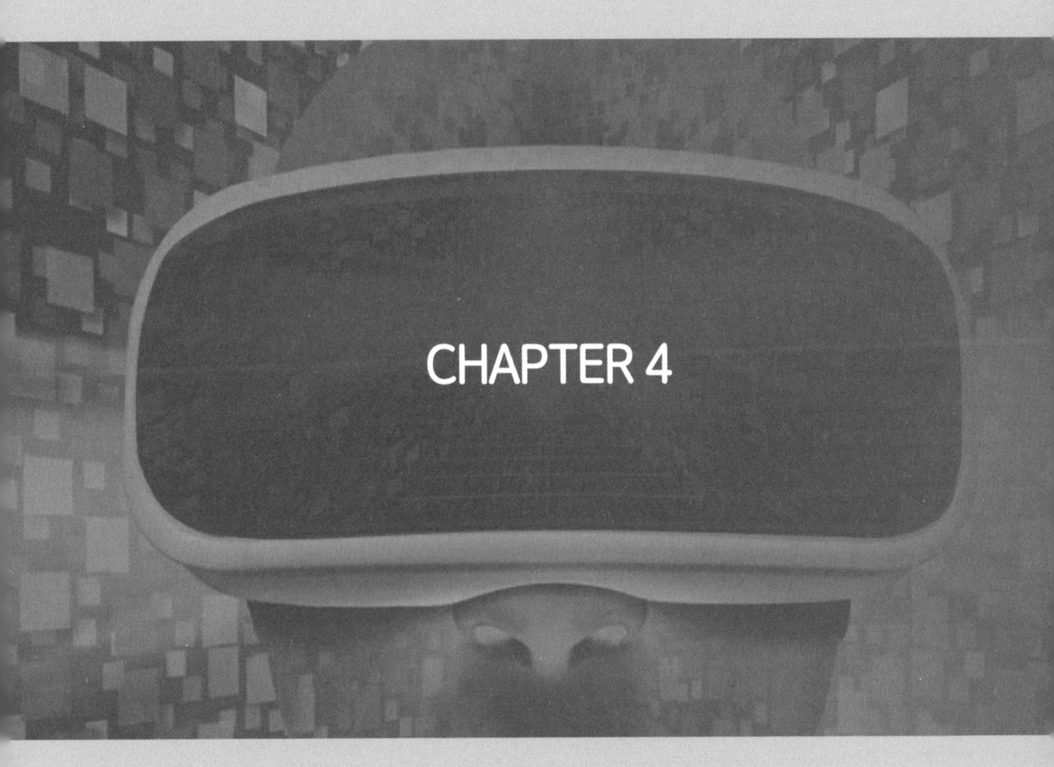
CHAPTER 4

대한민국은
데이터공화국인가,
데이터식민지인가?

데이터의 진짜 주인은 누구인가?

- 빅데이터를 둘러싼 소유와 독점의 법리 논쟁 -

"우리가 인터넷에서 하는 일거수일투족이 곧 데이터다!" 언젠가 모 TV토론 프로그램에서 어떤 패널이 한 말입니다. 과장이 섞인 발언이지만 아주 틀린 말도 아닙니다. 유튜브로 뉴스를 보고, OTT로 영화를 감상하며, 모바일로 상품을 검색하고, SNS로 소통하는 거의 모든 행위가 일일이 기록·축적되어 빅데이터가 되는 것은 공공연한 사실이기 때문입니다.

글로벌 통계포털인 Statista에 따르면, 1초당 인터넷 트래픽 113,236GB, 이메일 전송 3만여 건, 구글 검색 9만여 건, 유튜브 동영상 시청 8만8,000여 건, 트위터 전송 9,300여 건이 이뤄집니다(2021년 기준). 이 모든 것이 침 한 번 꿀꺽 삼키는 순간에 일어납니다. 더욱 놀라운 건 1초 동안에 일어나는 상황을 1년인 3,153만6,000초로 환산하여 전 세계에서 생산되는 데이터 양을 계산해 보니 무려 59ZB*만큼의 빅데이터가 축적되는 것으로 나타났습니다. 심

* ZettaByte(제타바이트)의 약자. 1제타바이트는 10의 21제곱이자 기가(10억)바이트(GB)의 1조 배에 해당된다. 대략 281조5,000억 음원(곡)을 저장할 수 있는 용량이다.

지어 빅데이터의 규모는 매년 기하급수적으로 증가해, 2016년 16ZB에서 2021년 59ZB로 늘어난 데 이어, 2025년에는 163ZB에 이를 전망입니다.

쏘아올린 화살이 과녁의 중앙에 가까워지게 하는 힘

어마무시한 양의 데이터는 단순한 정보 이상의 의미를 갖습니다. 페이스북과 트위터에 올리는 각종 사진과 글, 유튜브에 업로드되는 영상, 스마트폰의 개인정보, 신용카드 사용내역에서 사소한 검색행위까지도 수집·분석되어 기업, 국가, 공공기관 등의 의사결정과 서비스에 반영됩니다.

어떤 결정을 내리거나 서비스를 제공함에 있어서 분석할 수 있는 데이터가 풍부할수록, 특히 해당 결정 또는 서비스와 직접적으로 연관되는 사람들에 대한 데이터가 많을수록 그러한 데이터를 수집·분석·통계화하여 내린 결정 또는 서비스는 계획했던 목적에 가장 잘 들어맞게 됩니다. 쏘아올린 화살이 과녁의 중앙에 보다 가까워질 수 있는 것이지요. 이처럼 방대한 데이터의 활용을 통해 서비스의 질을 향상시켜 경쟁력을 높일 뿐만 아니라 새로운 비즈니스 기회와 일자리까지 창출합니다.

아마존은 이용자의 주문과 검색 내역, 구매 희망 목록은 물론 마우스 커서의 움직임까지도 수집·분석합니다. 그리고 이를 기반으로 주문 가능성이 높은 제품을 해당 고객이 사는 근처의 물류창고로 미리 발송해 놓아 운송시간을 최대한 줄이는 '예측 배송서비스'를 내놓았습니다. 컴퓨터나 스마트폰으로 구입 버튼을 클릭하기 전에 이미 배송 준비를 마치는 것입니다. 이로써 경쟁사보다 빠른 배송이 가능해집니다.

GE는 자사가 판매한 항공기 엔진이 고장 나기 전에 보수해주는 '예측 AS

서비스'를 개발했습니다. 엔진에 센서를 부착해서 항공기를 운항할 때마다 센서가 감지한 엔진의 압력, 온도, 습도 등의 데이터를 분석해 수명이 거의 다 된 부품을 미리 교체해주는 것입니다. 이 서비스를 시작한 이후로 GE의 엔진을 부착한 항공기에서 운항 중 엔진이 고장 나는 사고가 크게 줄어들었습니다. GE는 단순히 엔진을 만들어 파는데 그치지 않고 제품 데이터를 분석하여 고객의 니즈를 정확히 반영한 서비스를 제공함으로 기업의 경쟁력을 높인 것이지요.

GE는 일찍이 1878년에 토머스 에디슨(Thomas Alva Edison)이 세운 전기 조명회사에서 출발했는데요. 이후 기관차 항공엔진 사업을 통해 성장한 제조업의 상징과도 같은 기업입니다. 하지만 현재 GE는 설비 데이터를 수집하고 분석하는 데이터 기업으로 변모했습니다.

데이터의 가치는 기업에게만 국한하지 않습니다. 새로운 인프라를 만드는 기반을 제공하면서 우리 사회 전반에 큰 변화를 이끕니다. 데이터는 사물인터넷, 인공지능으로 대표되는 4차 산업혁명의 흐름 속에서 혁신 성장의 토대가 됩니다. 데이터의 활용이 새로운 서비스와 제품을 창출하는 것에서 그치지 않고 다양한 산업 발전의 촉매 역할을 하는 현상을 가리켜 우리는 '데이터 경제'라고 부릅니다.

하늘에서 '뚝' 하고 떨어진 게 결코 아니다

기업들이 비즈니스에 데이터를 어떻게 활용하고 있는지 한 걸음 더 들어가 보겠습니다. 앞에서 밝혔듯이 우리가 클릭한 기사, 검색 내용, 사이트 접속 시간, 위치 정보 등은 소비자의 선호와 욕구를 반영하는 데이터가 되고, 기업들은 이를 활용해 이용자에게 최적화된 맞춤형 서비스를 제공합니다. 백화점의 '퍼스널 쇼퍼(personal shopper)'가 고객의 나이와 성별은 물론 취향과 경제 수준에 맞는 상품을 찰떡같이 골라서 소개해주는 것과 다르지 않습니다.

데이터 기반의 서비스는 종종 우리를 놀라게 합니다. 휴대폰에 카드 앱의 푸시 알림이 와서 보니 내가 자주 이용하는 베이커리 브랜드와 식료품 구매 사이트 할인쿠폰이 발급되어 있습니다. 쇼핑 사이트는 개인의 필요와 선호도를 반영한 제품을 추천합니다. 페이스북에 뜬 광고를 한 번 클릭했을 뿐인데, 그때부터 그와 유사한 광고가 계속해서 보입니다. 마치 데이터가 나도 모르는 내 취향과 욕망을 꿰고 있는 듯합니다.

이렇게 기업은 데이터로 트렌드를 읽고 사람들의 속마음과 행동까지 예측합니다. 소비자 입장에서는 참 편리할 것 같지만 순간순간 불편한 마음이 들기도 합니다. 과연 스스로 합리적으로 생각해서 상품을 구매하는 것인지, 아니면 정보를 가장한 광고에 이끌려 자신도 모르게 지갑을 여는 것인지 어리둥절하기 때문입니다.

그런데요, 기업이 데이터를 활용해 벌이는 마법(!)을 그저 신기하게만 바라보기에는 궁금한 점이 한두 가지가 아닙니다. 기업들의 이윤 창출에 기반이 될 정도의 방대한 데이터를 우리는 '빅데이터'라고 부릅니다. 물론 빅데

기업은 데이터로 트렌드를 읽고 사람들의 속마음과 행동까지 예측한다. 소비자 입장에서는 참 편리할 것 같지만 순간순간 불편한 마음이 든다. 과연 스스로 합리적으로 생각해서 상품을 구매하는 것인지, 아니면 정보를 가장한 광고에 이끌려 자신도 모르게 지갑을 여는 것인지 어리둥절하기 때문이다.

이터는 하늘에서 '뚝'하고 떨어진 게 아닙니다. 우리가 인터넷에 남긴 사소한 흔적을 비롯한 구체적인 개인정보 없이 빅데이터가 생성될 수 없지요. 그러면 우리의 개인정보는 어떤 경로로 수집되어 빅데이터가 되는 걸까요?

구글, 페이스북, 카카오톡 등의 서비스 이용을 생각해 보겠습니다. 이들이 제공한 서비스를 '제대로' 이용하려면 회원가입을 해야 하는 건 누구나 알고 있습니다. 회원가입 과정에서 만나는 깨알 같은 서비스 이용약관의 끄트머리에는 어김없이 '개인정보 활용에 동의하십니까?'란 문구가 등장합니다. 회원가입을 위해 이것저것 번거로운 클릭 절차를 모두 마쳤는데, 설마 개인정보 활용에 동의하지 않을 사람이 있을까요? 서비스 제공자인 기업은 친절하게 동의 여부를 물어보는 것 같지만, 사실 서비스 이용자 입장에서는 선택권이 없습니다. 동의하지 않으면 회원가입이 안 되고 회원가입을 하지 않으면 서비스 이용에 제한이 따르니까요. 그렇게 '동의'라는 매우 중요하고도 의미 있는 법률행위를 마치는 순간 내가 이곳에 제공하는 수많은 데이터가 이 회사의 서버에 흡수되기 시작합니다.

우리가 편리하게 사용하는 무료 SNS, 이메일, 검색엔진, 동영상서비스, 어플리케이션 등은 사실 공짜가 아닙니다. 우리는 오래전부터 각자의 개인정보 즉, '나의 데이터'를 지불하고 구글이나 페이스북, 카카오톡 등 기업들이 제공하는 다양한 서비스를 구매한 것입니다. 쉽게 말해서 우리는 회원가입을 통해서 해당 기업과 데이터 거래를 한 것이지요.

이렇게까지 설명을 했는데도 물음표가 머릿속에서 사라지지 않습니다. 위에 열거한 기업들이 '나의 데이터'를 제공 받아 축적한 어마무시한 빅데이터로 천문학적인 자산을 일군 건 잘 알겠는데, 데이터 제공자인 내가 얻은 대가는 고작 이메일이나 검색엔진을 이용하는 게 전부인 걸까요? 심지어 지금 이 순간도 '나의 데이터'는 여전히 해당 기업들의 가치를 키우고 있는데 말입니다. 몹시 궁금해집니다. 서비스 이용을 위해 제공한 '나의 데이터'를 활용해 해당 기업이 마음대로 수익을 창출해도 정말 상관없는 걸까요? 혹시 아무 생각 없이 허락한 개인정보 활용 동의가 사실은 '나의 데이터'의 소유권을 기업에게 양도한다는 의사표시였던 걸까요?

법은 왜 데이터의 소유권에 대해 침묵하는가?

그렇습니다. 우리는 데이터의 법적 소유권이 누구에게 있는지 궁금합니다. 그것이 규명되어야 데이터 제공의 합당한 대가를 요구할 수 있기 때문입니다. 우선 데이터의 경제적 가치를 규정한 법률부터 살펴보겠습니다.

'데이터 산업진흥 및 이용촉진에 관한 기본법(이하 '데이터산업법')'이라는 법률이 있습니다. 2022년 4월 22일부터 시행되는 아주 따끈따끈한 법이지요. '데이터산업법' 제2조 제1호에서는 '데이터'의 개념을 이렇게 정의합니다. '다양한 부가가치 창출을 위해 관찰, 실험, 조사, 수집 등으로 취득하거나 정보시스템 및 소프트웨어 등을 통하여 생성된 것으로서 광(光) 또는 전자적 방식으로 처리될 수 있는 자료 또는 정보'. 대부분의 법 조항이 그렇듯이 내용이 쉽지 않습니다. 내용을 짧게 정리하면, 부가가치 창출을 위해 기계적 노력을 기울여 확보한 자료가 데이터라는 얘기입니다.

아울러 데이터의 법적 보호장치 규정도 함께 살펴보겠습니다. 이 조항이 중요한 이유는, 데이터의 생성·가공·제작 등과 관련한 경제활동을 하는 자(이하 '데이터 생산자')가 인적 또는 물적으로 상당한 투자와 노력으로 생성한 경제적 가치를 지닌 데이터를 '데이터 자산'으로 명문화하고 있기 때문입니다('데이터산업법' 제12조 제1항). 그리고 이러한 데이터 자산을 공정한 상거래 관행이나 경쟁질서에 반하는 방법으로 무단 취득·사용·공개하거나 이를 타인에게 제공하는 행위 등 데이터 자산을 부정하게 사용하여 데이터 생산자의 경제적 이익을 침해하지 못하는 규정을 함께 두었습니다('데이터산업법' 제12조 제2항).

그런데요, 여기서 매우 중요한 의문점이 생깁니다. '데이터산업법'은 '데이터'와 '데이터 생산자' 및 '데이터 자산' 등에 대해서는 정확하게 명시하고 있지만, '데이터 소유권'에 대해서는 침묵하고 있습니다. 왜 그런 걸까요? 혹시 '데이터산업법'에서 명시한 '데이터 자산'이 '데이터 소유권'을 의미하고 '데이터 생산자'가 '데이터 소유자'를 가리키는 걸까요? 결론부터 말하면, 그렇지 않습니다.

이해를 돕기 위해 '소유권'의 법적 개념부터 짚고 넘어가겠습니다. 소유권에 대해서는 '민법'이 규정하고 있는데요. 휴대폰을 예로 들어보겠습니다. 내가 구입한 휴대폰의 주인, 즉 휴대폰의 소유권자는 당연히 '나'입니다. 바꿔 말해서 '나'는 휴대폰 소유권의 '주체'가 됩니다. 물론 이때 소유권의 '객체'는 '휴대폰'입니다.

'민법'은 소유권의 객체가 될 수 있는 물건에 대하여 '유체물 및 전기 기타 관리할 수 있는 자연력'이라 규정하고 있습니다. 여기서 유체물은 휴대폰과 같이 움직이는 물건인 '동산'과 움직이지 않는 물건, 즉 주택 등의 '부동산'으로 나누어집니다. 한편, 무체물 중에서는 관리할 수 있는 자연력에 한해 물건의 범위에 포함되는데요. 손으로 만질 수 있는 유형적 존재는 아니지만 인공적으로 지배할 수 있는 것으로, 전기, 음향, 향기, 열, 빛을 비롯해 원자력과 풍력 등의 에너지가 여기에 해당됩니다.

자, 그럼 '데이터'는 '민법'이 정한 물건의 범위에 포함될까요? 유체물은 아님이 명백하고, 무체물로서 관리할 수는 있으나 '자연력'에는 해당되지 않기 때문에 데이터는 결국 '민법'상 물건의 개념에 포함되지 않습니다. 즉, 현행 '민법'상 데이터는 소유권의 객체가 될 수 없는 것입니다. 다시 말해서 데이터는 '자산'으로서의 가치는 인정되지만('데이터산업법'), '소유권'으로서의 가치는 인정될 수 없는('민법') 결론에 이릅니다. 이에 대해 최근 데이터가 '민법'상 소유권의 객체에 포함되도록 물건의 범위를 확대하자는 논의가 있긴 합니다. 관련 '민법' 개정안이 현재 국회에 발의되어 있지요.

데이터를 '민법'상 물건의 범위에 포함시켜 데이터의 소유권을 법으로 인정하는 개정안이 통과될 경우 어떤 일이 생길까요? 데이터의 소유권을 '민법'으로 인정할 경우 데이터로 경제적 이윤을 창출하는 기업 입장에서는 곤란한 문제에 봉착할 수 있습니다. 서비스 이용자로부터 받는 개인정보의 소유권 문제가 불거져 나올 수 있기 때문입니다. 물론 여기서 서비스 이용자의 개인정보는 '데이터산업법'에서 명시한 데이터와는 다른 것입니다. 다만 '민법'의 개정으로 데이터의 소유권이 법으로 인정될 경우, 서비스 이용자가 제공한 개인정보의 소유권도 인정해야 하는 문제가 제기될 수 있습니다. 이 경우 서비스 기업으로서는 회원가입시에 개인정보 활용의 '동의'를 받는 것에 그치지 않고 개인정보 활용의 '대가'를 서비스 이용자에게 지급해야 하는 상황이 발생할 수 있는 것입니다.

이미 기울어진 운동장에서의 '공정'이란?

데이터의 자산가치를 법으로 보장 받은 기업들은 더 이상 두려울 것이 없어 보입니다. 데이터 소유권이 인정되지 않는 무주공산(無主空山)의 세계에서 개인정보 활용 '동의'라는 깃발만 꽂으면 얼마든지 경제적 이윤을 얻을 수 있기 때문입니다. '데이터 독점' 문제가 불거지는 건 당연한 수순입니다.

우리가 이용하는 인터넷서비스를 생각해보겠습니다. 네이버에 이메일 계정을 갖고 있지만 어쩌다보니 구글과 카카오톡 계정도 함께 갖고 있습니다. SNS도 마찬가지입니다. 페이스북 계정도 가지고 있는 동시에 인스타그램 계정도 있습니다. 한 사람이 여러 계정을 동시에 가지고 있는 경우가 다반사입니다.

그런데요, 중복해 계정을 가지고 있는 서비스는 대개 거대한 플랫폼을 운영하는 기업들이 제공하는 것입니다. 해당 기업들은 플랫폼을 통해 다양한 분야로 사업을 확장해나갑니다. 나의 개인정보는 자연스럽게 그들의 다양한 사업에 활용됩니다. 흥미로운 건 사업이 커질수록 데이터 양도 동시에 급증한다는 것입니다. 서비스가 다양해지는 만큼 이용자의 회원가입, 검색과 쇼핑 클릭건수가 늘게 되고, 이것이 고스란히 데이터로 축적됩니다.

이러한 시스템은 방대한 데이터를 가진 소수 기업과 그렇지 못한 다수 기업들 사이에 이른바 '기울어진 운동장'으로 작용합니다. 방대한 데이터를 축적한 기업은 못할 게 없습니다. 돈이 되는 모든 사업에 진출합니다. 반면, 데이터를 갖지 못한 기업들에게는 신사업 진출의 기회가 갈수록 줄어듭니다. 데이터 독점이 견고한 진입장벽이 되는 것입니다.

미국, 유럽 등 주요국들은 데이터 독점의 폐해를 막기 위해 법 제도 정비에 힘을 쏟고 있습니다. 미국에서는 이미 2021년 6월에 플랫폼 기업 규제를 위한 5개 패키지 법안이 하원 법제사법위원회를 통과했습니다. 플랫폼 사업자가 현재 운영하고 있는 플랫폼 사업에서의 시장지배력을 다른 사업 부문으로까지 확대하는 행위를 제한하는 '플랫폼 독점 종식법', 온라인 플

데이터의 자산가치를 법으로
보장 받은 기업들은 더 이상 두려울 것이 없다.
데이터 소유권이 인정되지 않는 무주공산(無主空山)의 세계에서
개인정보 활용 '동의'라는 깃발만 꽂으면 얼마든지
경제적 이윤을 얻을 수 있기 때문이다.

'데이터 독점' 문제가 불거지는 건 당연한 수순이다.

랫폼 이용자의 데이터 권익 보호와 플랫폼 간 서비스 상호호환 거부 금지를 내용으로 하는 '서비스 전환 촉진을 통한 경쟁과 호환성 강화법' 등이 대표적인 데이터 독점 금지 관련 법률입니다.

EU 집행위원회도 2020년 12월에 '디지털시장법(Digital Market Act: DMA)'을 제정한 바 있습니다. 이 법은 2023년 초 시행을 앞두고 있습니다. DMA는 일정 규모를 넘어서는 플랫폼 기업을 'Gatekeeper'로 추정하고, 이들이 시장에서 다른 기업들과 경쟁을 함에 있어 영향을 미칠 수 있는 각종 행위를 금지하거나 제한하는 규정을 명시했습니다. 여기서 'Gatekeeper'가 구체적으로 무엇을 뜻하는지 궁금합니다. 이해를 돕기 위해 카카오의 자회사인 카카오모빌리티가 제공하는 카카오T 서비스를 예로 들어보겠습니다.

카카오T는 운송서비스를 제공하는 택시기사(서비스 제공자)와 승객(서비스 이용자) 사이를 연결하는 '앱'입니다. 이처럼 서비스 제공자와 서비스 이용자 사이를 연결하는 온라인 플랫폼 기업 가운데 해당 서비스 시장에서 견고하고 지속적인 시장지배적 지위를 가지는 등 일정 기준을 충족하는 대형 온라인 플랫폼을 'Gatekeeper'라고 합니다.

DMA가 시행되는 2023년 초부터 구글, 메타(옛 페이스북), 애플 등 공룡 플랫폼들은 유럽에서의 사업에 대해 여러 규제를 받게 됩니다. 이를테면 Gatekeeper가 해당 서비스에서 수집한 개인정보와 Gatekeeper의 다른 서비스 등을 통해 수집한 개인정보를 서로 결합시키는 것을 금지하고, Gatekeeper의 플랫폼에서 서비스 제공자들의 활동을 통해 얻어진 데이터를 Gatekeeper가 이들과의 경쟁을 위해 사용하는 것을 금지합니다.

데이터 독점에 대해 우리나라의 입법 현황도 궁금합니다. 우월적 지위를 가진 온라인 플랫폼의 입점업체(=서비스 제공자)에 대한 불공정행위 방지를 목적으로 공정거래위원회가 제정을 추진해온 '온라인 플랫폼 중개거래의 공정화에 관한 법률'이 현재 국회에 계류 중입니다. 하지만 이 법안은 플랫폼 기업의 입점업체에 대한 과도한 수수료 및 광고비 부담 등 부당한 갑질을 규제하기 위한 것이지, 데이터 독점을 금지하는 직접적인 내용을 다루지는 않습니다.

지난 2021년 9월에는 데이터 독점을 규제하는 '전기통신사업법' 개정안이 발의되어 역시 현재 국회에 계류 중입니다. 법안에는 이용자 수, 매출액 등이 일정 기준에 해당하는 전기통신사업자에게 다른 전기통신사업자 및 이용자 등이 필요한 정보를 요청할 경우 정보 공유를 허용하도록 하여 사업자 간 데이터 격차를 완화하는 조항이 포함되어 있습니다. 여기서 '일정 기준에 해당하는 전기통신사업자'에는 네이버와 카카오를 비롯해 SK텔레콤과 KT, LG유플러스 등 이동통신 3사가 포함될 것으로 예상됩니다.

한편, 해당 개정법안을 반대하는 입장도 만만치 않습니다. 개정법안은, 별도의 비용과 노력을 투입하여 데이터를 수집한 사업자에게 자신이 원하지 않는 경우 또는 대가가 지급되지 않는 경우에도 해당 데이터에 대한 접근을 허용해야 하는 의무를 부과하는 것이 '헌법' 제10조가 보장하는 '일반적 행동자유권' 및 '헌법' 제23조가 보장하는 '재산권' 등을 침해할 소지가 있다는 것입니다.

물론 '헌법'이 보장하는 '재산권'을 비롯해 데이터 산업의 발전은 반드시 지켜져야 할 가치임을 부정할 수 없습니다. 하지만, 그렇다고 '독점적 행위'까지 허용하는 것은 곤란합니다. 법치주의 국가에서 무엇이 독점인지에 대한 기준은 결국 입법으로 해결할 수밖에 없습니다. 독점을 규제하는 과정에서 '헌법'이 보장하는 재산권 등이 일정 부분 제한될 수도 있지만, 건강한 산업 생태계를 위해서는 불가피하다 하겠습니다. '규제'에 대한 과민반응보다는 '독점'에 대한 성찰이 필요한 대목입니다.

당신이 남긴 '디지털 발자국'에 새겨진 진실

- 빅브라더를 꿈꾸는 빅테크들의 위험천만한 욕망 -

코로나19 팬데믹이 한창일 때 우리는 수없이 가슴 철렁한 상황을 마주했습니다. 확진자가 종교모임, 집회, 클럽 등에 다녀간 일이 뉴스로 나올 때마다 확진자의 동선과 겹치지 않았을까 노심초사 했지요. 이러한 위기 속에서 정부는 역학조사시스템을 강화했습니다. 초기에는 조사관이 확진자의 신용카드 사용 내역과 휴대전화 위치 정보 등을 따로따로 파악해야만 해서 시간이 걸렸지만, 시스템이 점점 견고해지면서 확진자의 모든 정보를 자동으로 취합하고, 10분 이내에 확진자의 모든 동선을 파악하게 되었습니다.

오늘날 우리는 개인의 데이터가 기하급수적으로 기록되는 시대에 살고 있습니다. 데이터를 기반으로 감염병을 관리하는 동안에는 헤아릴 수조차 없을 정도로 개인정보가 관리되었지요. 방역을 위해 주민등록번호, 전화번호, 출입국관리 기록, 휴대폰 위치정보를 제공해야 했고, 식당과 카페, 영화관 등에 갈 때도 기꺼이 스마트폰을 열어 QR코드를 찍었습니다.

그런데 궁금증이 생깁니다. 방역이란 중차대한 목적을 이유로 그동안 수집된 방대한 데이터가 혹시 다른 목적으로 쓰이는 건 아닐까? 지금으로서는 누구도 장담할 수 없습니다.

사실 우리는 이른바 '나의 데이터'인 개인정보를 제공하는 삶에 익숙해져 왔습니다. 펜데믹은 이를 너무나 단기간에 '일상화'되도록 만들었을 뿐이지요. 내가 인식하지 못하는 사이 누군가에 의해 '나의 데이터'가 수집·분석되고 있습니다. 새로운 서비스에 가입할 때마다 별 생각 없이 누르는 개인정보 활용에 관한 동의 버튼, 소셜미디어를 이용할 때 남긴 '디지털 발자국'들에 의해서 말이지요.

빅브라더의 텔레스크린이 된 소셜미디어와 유튜브, 검색엔진

넷플릭스의 다큐멘터리 〈소셜딜레마(The Social Dilemma)〉는 유튜브를 비롯해 페이스북, 트위터, 구글 등에서 일하거나 일했던 사람들이 소셜미디어의 중독성을 경고하는 내용을 담고 있습니다. 다큐멘터리는 또한 기업들이 우리의 데이터를 어떻게 수집하고 이용하는지에 대한 내밀한 진실을 밝힙니다.

유튜브가 끊임없이 추천하는 콘텐츠를 보다 보면 몇 시간이 훌쩍 지나갑니다. 유튜브는 어떻게 오랜 시간 동안 우리의 주의와 흥미를 붙잡아둘 수 있는 걸까요? 답은 알고리즘에 있습니다. 유튜브는 개개인의 데이터를 기록·분석해서 내 취향에 가장 근접한 매력적인 콘텐츠를 추천해주는 겁니다.

"많은 사람들이 구글은 그저 검색엔진이고 페이스북은 친구들과의 사생활을 공유하는 공간이라고 생각하지만, 사실은 본인 자신이 상품이라는 것을 모르고 있다."

다큐멘터리 〈소셜딜레마〉는 지적합니다. 소셜미디어 기업들은 사용자의 관심을 끌기 위해 정보를 수집하고 최대한 오래 머물게 합니다. 그리고 내가 열람한 콘텐츠와 '좋아요'를 누른 게시물, 그리고 콘텐츠에 머문 시간은 모두 데이터가 되어 광고주에게 팔립니다.

문제는 기업이 만든 이 정교한 알고리즘이 개인에게 심각한 해악을 끼칠 수 있다는 점입니다. 계속해서 특정 주제 또는 성향에 치중한 콘텐츠에만 노출되다 보면, 다양한 정보를 접하고 이를 통해서 종합적으로 자신만의 생각을 세울 수 있는 기회가 박탈됩니다. 그러나 앞으로도 소셜미디어 기업들은 이용자를 오래 붙잡아둠으로써 수익을 극대화하기 위해 더욱 고도화된 서비스로 우리를 치밀하게 유혹할 것입니다. 소셜미디어 기업들은 대부분 주식회사 형태로 운영됨에 따라, 수익을 바라는 주주들이 눈을 부릅뜨고 지켜볼 테니까 말입니다.

데이터의 활용과 개인정보 보호는 데이터 시대를 사는 우리 모두의 고민입니다. 거대한 양의 데이터로 개인의 생활을 감시하고 통제할 수 있는 '빅브라더(Big Brother)'가 출현했기 때문입니다.

빅브라더는 인도 태생의 영미권 작가 조지 오웰(George Orwell)의 소설인 〈1984년〉에 등장하는 가공의 인물입니다. 그는 전체주의 국가의 독재자로 '텔레스크린'이라는 시스템을 통해 사회 곳곳과 개인의 사생활을 감시하며 통제합니다. 소설 속 전체주의 국가는 '빅브라더가 항상 당신을 보고 있다'라는 선전문구로 모든 사람이 감시당하고 있음을 상기시키며, 각종 기록과 통계를 조작하여 정치적으로 대중을 세뇌시킵니다. 한마디로 디스토피아적인 세계입니다.

그런데요, 정보통신 기술이 급속도로 발전한 지금의 데이터 시대는 텔레스크린으로 세상을 감시하는 소설에서보다 더욱 집요하게 개인을 들여다볼 수 있습니다. 데이터를 기반으로 감염병이 관리되고 소셜미디어 기업이

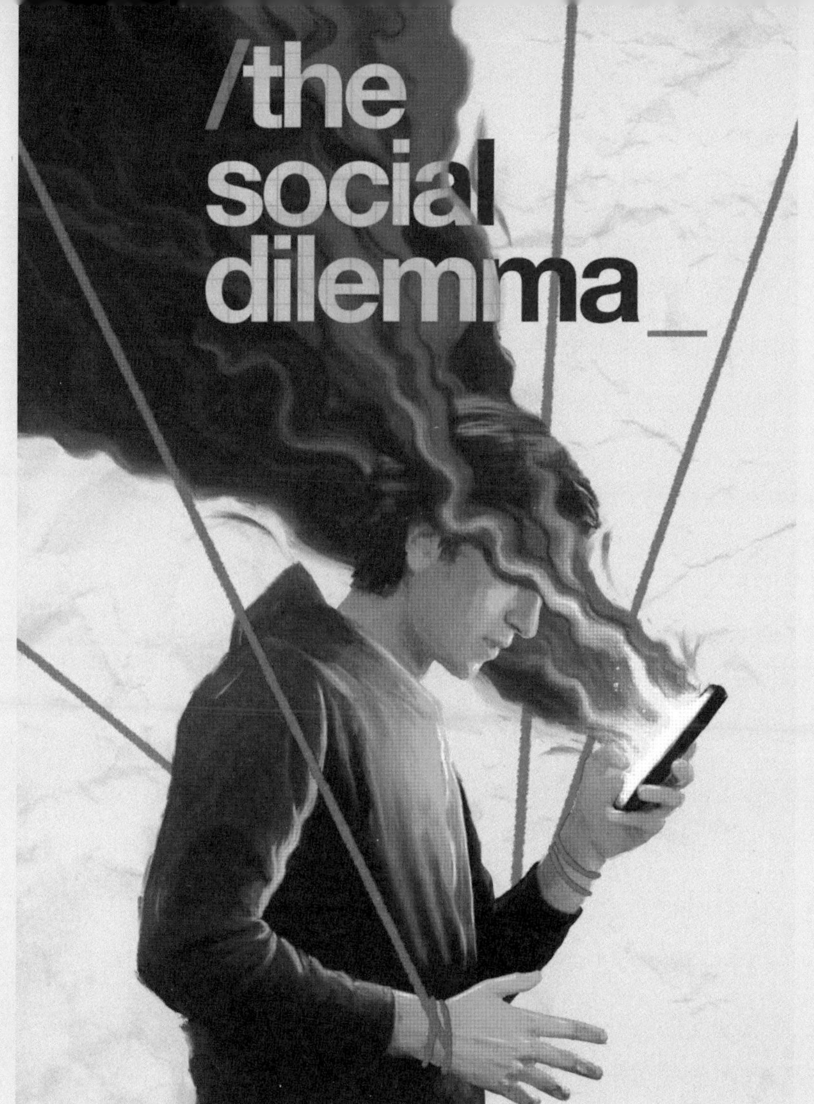

다큐멘터리 <소셜딜레마> 포스터

"많은 사람들이 구글은 그저 검색엔진이고
페이스북은 친구들과의 사생활을
공유하는 공간이라고 생각하지만,
사실은 본인 자신이 상품이라는 것을 모르고 있다."

_ 다큐멘터리 <소셜딜레마> 중에서

제공하는 맞춤형 서비스에 길들여진 지금이야말로 빅브라더의 위협이 언제 나타나도 이상할 게 없습니다.

생각해 봅시다. 사회 전체의 안전을 위한 일이라는 명목으로, 내 모든 데이터가 기록되고 저장되는 것을 그저 당연하게 받아들여야만 할까요? 개인 맞춤형 알고리즘으로 인해 내가 주체적으로 사유하지 못하고, 내 일상의 결정들을 조종당하듯 데이터가 활용되는 것에 정말 문제가 없는 걸까요?

디지털 디스토피아를 만든 주범은 누구인가?

우리는 그동안 엄청난 데이터를 제공하면서도 그 출처를 제대로 확인할 방법이 없었던 게 사실입니다. 내 개인정보가 어디에 저장되고 어떻게 가공되어 어떠한 목적으로 사용되고 있는지 가늠할 수가 없습니다. AI 챗봇 '이루다 사건'은 많은 것을 되돌아보게 하는 계기가 되었습니다.

이루다는 2020년 12월 스캐터랩이란 회사가 출시한 AI 챗봇입니다. 스무살 여대생으로 캐릭터화된 이루다는 서비스가 출시되자마자 10대와 20대의 뜨거운 관심을 받았습니다. 이루다의 인기 요인은 사람과 수다를 떠는 것 같은 현실감에 있었습니다. 그런데 출시 일주일 만에 문제가 생겼습니다. 이루다를 성적 대상으로 취급하며 대화를 시도한 사람들이 있었고, 이루다가 혐오와 차별 발언을 한 것입니다.

제작사가 약 100억 건에 해당하는 실제 연인들이 나눈 대화 데이터를 딥러닝 방식으로 이루다에게 학습시켰는데, 이 데이터에 문제가 있었던 것입니다. 더 큰 문제는, 사용자들이 자신의 데이터가 AI 챗봇 개발에 활용될 것임을 전혀 알 수 없었다는 것입니다. 스캐터랩은 메신저 대화를 분석해 연애에 조언을 해주는 '연애의 과학'이라는 앱을 만들고, 가입할 때 개인정보처리방침에 '신규 서비스 개발'을 포함시킴으로써 이용자의 카카오톡 대화를 수집했습니다. 이렇게 수집한 대화를 이름, 전화번호, 주소 등의 개인정보를 확실히 삭제하거나 암호화하지 않은 채 이루다의 학습에 이용했습니다.

깨알 같은 개인정보처리방침에 '신규 서비스 개발' 목적이 명시되었다고 해서 자신의 사적인 대화가 AI 챗봇 이루다의 개발에 활용될 것이라고 이용자들은 과연 예상할 수 있었을까요? 그것만으로 이용자들이 자신의 개인정보 활용을 동의했다고 볼 수 있을까요? 실제로 개인정보보호위원회는 이용자의 동의 없이 카카오톡 대화를 수집해 서비스 개발에 사용했다고 판단해, 스캐터랩에 과징금 5,500만 원과 과태료 4,780만 원을 각각 부과하기로 결정했습니다. 한편, '연애의 과학' 이용자 250여 명은 2021년 3월에 개인정보 유출에 따른 손해배상을 청구하는 집단소송을 제기했습니다.

최근에는 정부가 주체가 되어 심각한 개인정보 침해가 초래된 일이 벌어지기도 했습니다. 2021년 10월경 법무부가 공항 보안 및 출입국심사 자동화를 위한 인공지능시스템 개발을 목적으로 내·외국인 얼굴사진 등 1억 7,000만 여 건의 데이터를 무단 수집해서 민간 업체에 제공한 사실이 밝혀졌습니다. 실제로 해당 민간 업체는 인공지능 알고리즘 학습에 이 데이터를 활용했습니다. 자신도 모르게 출입국 과정에서 얼굴이 찍히고 인공지능 학습에 활용될 수도 있다는 사실에 사람들은 경악했습니다.

이에 대해 개인정보위원회는 '개인정보보호법' 위반 여부를 심의해 2022년 4월에 결과를 발표했는데요. 의외의 결과가 나왔습니다. 법무부의 위 개인정보 수집 및 이용은 적법하다는 것! 여러분은 납득이 되시나요? '출입국관리법'의 목적이 안전한 국경관리이고, 해당 법에서 얼굴 등 생체정보를 본인 확인을 위해 활용할 수 있다고 규정하는 만큼, 출입국 심사 고도화를 위하여 개인정보인 얼굴 사진을 수집하여 인공지능 알고리즘 학습에 이용한 것은 '출입국관리법'에서 정한 개인정보 수집·이용 목적 범위에 포함된다는 것입니다.

하지만 이 인공지능 식별추적 시스템은 애초에 본인 확인을 넘어 광범위한 1:N 얼굴인식, 이상행동 감지와 위험인물 감지 등을 목표로 하고 있었습니다. 과연 이를 '본인 확인'이라는 목적 범위 내라고 해석할 수 있을까요? 물론 법무부가 민간 업체와 개인정보처리 위탁계약을 체결하면서 위탁사실과 수탁자를 홈페이지에 공개하지 않은 것은 위법하다고 하여 과태료 100만 원을 부과하기는 했지만, 핵심을 벗어나는 행정제재였지요.

개인정보위원회의 판단은 법무부의 인공지능 식별·추적 사업에 사실상 면죄부를 준 것이라는 비판의 목소리가 큽니다. 사전동의를 받거나 법적으로 허용된 개인정보 수집·이용 범위가 정부의 판단에 따라 고무줄처럼 늘었다 줄었다 하는 것은 아닌지 우려됩니다. 국민의 개인정보를 보호하기 위해 제정된 '개인정보보호법'의 존재의의마저 퇴색하게 했다는 비판이 제기되는 이유입니다.

데이터식민지의 노예가 되지 않으려면

유럽에서는 2018년부터 GDPR(General Data Protection Regulation, '일반개인정보보호규정')이라 불리는 강력한 '개인정보보호법'이 시행되고 있습니다. 위반 기업에게는 전 세계에서 발생한 매출액의 4%에 해당하는 금액을 과징금으로 부과합니다. 최근 세계 최대 전자상거래 기업 아마존이 유럽에서 GDPR 적용 이후 최대 규모인 7억4,600만 유로의 과징금을 부과 받았습니다. 고객의 사용 패턴에 따라 광고가 추천되는 '타깃 광고'를 고객의 충분한 동의 없이 운영해왔던 것이지요. 우리나라에서도 개인정보 보호 수준을 GDPR에 가깝게 조정해야 한다는 주장이 제기됩니다. 솜방망이 처벌로는 철저한 개인정보 보호를 기대하기 어렵다는 이유입니다.

그런데요, 법 제도 마련 못지않게 중요한 것이 있습니다. '데이터 주권'에 대한 공감대입니다. '데이터 주권'이란 자신의 데이터가 어디서, 어떻게, 어떤 목적으로 사용될지를 개인 스스로 결정할 수 있는 권리를 말합니다.

거대 플랫폼 기업들이 유튜브 알고리즘이나 쇼핑 관심목록 추천 등 맞춤형 데이터서비스 제공이라는 명목으로 서비스 이용자의 데이터를 무분별하게 활용하면서 경제적인 이득까지 독점하고 있습니다. 이에 대해 서비스 이용자의 데이터를 어디에 어떻게 쓰는지를 투명하게 공개하는 것에서 그치지 말고 이로 인해 해당 기업은 얼마나 이윤을 냈는지를 밝히고, 아울러 해당 수익의 일부를 데이터 제공자에 환원해야 한다는 주장이 제기됩니다. 즉, 기업들이 서비스 이용자의 개인정보를 이용해서 수익을 창출한 만큼 서비스 이용자들에게 그 대가를 지급하는 '데이터 배당제'입니다.

논의만 무성할 뿐 시행 사례를 찾아볼 수 없던 중에 지난 2020년 초 경기도에서 데이터 주권 행사와 관련해 반가운 소식이 들려왔습니다. 경기도는 데이터 주권의 적극적인 실현을 위해 데이터 배당에 나섰는데요. 지역화폐 카드 사용으로 축적된 데이터를 비식별 정보로 가공·분석해 연구소나 기업 등에 판매하고, 그 수익금 일부를 주민에게 직접 돌려주는 방식입니다. 지자체가 주체가 되어 데이터를 거래하는 과정에서 생기는 수익을 도민과 공유했다는 점에서, 중요한 선례를 남긴 것이지요. 지방정부가 솔선수범해서 데이터 주권을 적극적으로 보장한 경우는 전 세계적으로도 매우 드문 사례에 해당하기 때문입니다.

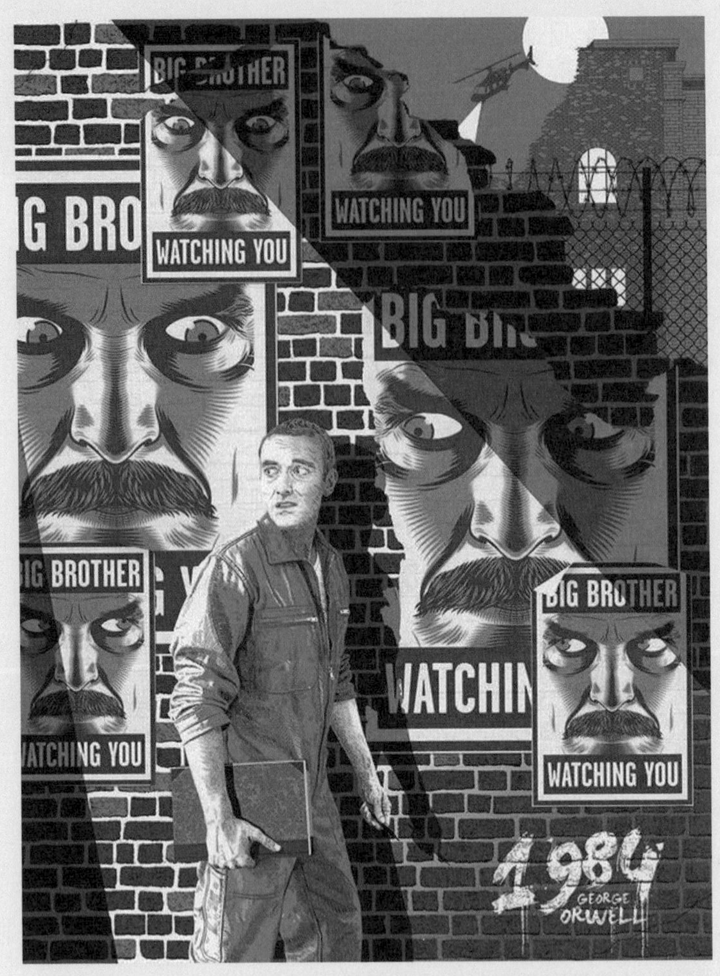

"Big Brother is watching you!"

조지 오웰은 1949년에 30여 년 후의 미래를 상정하고 발표한
소설 <1984>에서 빅브라더의 출현을 경고했다.
소설 속 1984년으로부터 30여 년이 흐른 지금
빅브라더는 소설 속 존재보다
훨씬 가공할만한 존재가 되어 돌아왔다.

"Big Tech is watching you!"

'핀'이 먼저야, '테크'가 우선이야?

- 핀테크와 테크핀의 헤게모니 쟁탈전 -

점심을 먹고 스마트폰에 있는 '카카오페이' 앱을 열어 결제를 한 후 식사를 함께 한 지인들에게 '1/N 정산하기' 기능을 사용해서 더치페이를 합니다. 퇴근길 지하철 안에서 쿠팡으로 쇼핑을 하고 내 은행계좌와 연동된 쿠페이로 바로 결제합니다. '투린이'라서 투자는 어떻게 해야 할지 모르지만, 하기는 해야 할 것 같아서 그동안 커피 값 아껴 모은 돈을 파운트 앱을 열어 로보어드바이저의 추천에 따라 투자합니다. 오늘하루 필자가 스마트폰으로 한 경제행위입니다.

깜박하고 지갑을 두고 출근하는 건 어쩔 수 없다 해도, 스마트폰을 두고 출근하면 지각을 각오하고 집으로 되돌아와야 합니다. 스마트폰이 없으면 '금융 무능력자'가 되기 때문이지요. 이처럼 금융과 IT가 결합하여 새로운 금융서비스를 모바일·인터넷 환경에서 창출할 수 있게 하는 기술을 가리켜 '핀테크(FinTech)'라 부르는데요. 금융(Finance)과 기술(Technology)의 합성어입니다.

혹시 앞에서 소개한 필자의 금융 거래 중에서 은행, 카드사, 증권사와 같은 전통 금융기관을 통한 것은 하나도 없다는 사실을 눈치 채셨나요? 전통적인 '핀테크'는 금융회사가 주체가 되어 기존의 금융 인프라를 그대로 사용하면서 IT 기술 기반의 금융서비스를 고객에게 제공합니다. 은행 영업점을 찾아가지 않고 스마트폰을 이용해 계좌이체, 예·적금 가입, 대출 신청 같은 은행 업무를 처리하는 것이 대표적인 예입니다.

그러나 최근에는 ICT(정보통신기술) 기업이 주도하는 신흥 금융혁신을 '핀테크' 대신 '테크핀'이라고 표현합니다. '테크핀'이란 개념을 처음 사용한 인물은 세계적인 ICT 기업인 알리바바 그룹의 마윈(Ma Yun) 회장입니다. 그는 지난 2016년 연말에 열린 세미나에서 테크핀이라는 용어를 사용하면서 "핀테크는 기존의 금융시스템 기반 위에 ICT를 접목시킨 서비스인 반면에 테크핀은 ICT 바탕 위에 금융시스템을 구축한 서비스"라고 밝혔습니다. 다시 말해 핀테크가 은행, 카드사 같은 금융기관이 기존 금융서비스에 ICT를 도입한 것을 가리킨다면, 테크핀은 ICT 기업이 독자적인 기술을 바탕으로 차별화된 금융서비스를 만들어내는 것을 의미합니다.

스타벅스가 테크핀 기업?!

불과 몇 년 전까지만 해도 상대방의 은행 계좌번호를 몰라도 간편하게 송금할 수 있다는 것을 상상할 수 있었을까요? 테크핀은 이를 가능하게 했습니다. 우리나라의 대표 테크핀 기업을 꼽으라면 단연 카카오 자회사 '카카오페이'일 텐데요. 카카오페이는 국민 대부분이 사용하는 '카카오톡'이라는 막강한 플랫폼 영향력과 이를 통해 확보한 사용자 데이터 및 기술 역량을 근간으로 합니다. 네이버의 자회사 네이버파이낸셜도 카카오페이 못지 않는 테크핀 기업입니다. 네이버쇼핑과 네이버예약 등에서 간편결제에 두루 쓰이는 네이버페이, 스마트스토어 판매자들의 매출 흐름과 판매자 신뢰도 등을 적용한 대안신용평가시스템을 기반으로 한 스마트스토어 사업자 대출서비스 등 다양한 테크핀 사업을 해나가고 있습니다.

이밖에 간편송금 서비스 기업 토스, 로보어드바이저를 통한 모바일 자산관리서비스를 제공하는 에임와 핀트 그리고 파운트, 크라우드펀딩 플랫폼인 와디즈와 텀블벅, P2P금융 플랫폼인 8퍼센트와 렌딧 등이 테크핀 기업으로 분류됩니다. 그리고 세상은 새로운 테크핀의 출현을 주목합니다.

주변에 고마운 마음을 가볍게 전할 때 스타벅스 선불충전카드를 이용해 많이들 선물합니다. 이 선불충전카드를 통해 스타벅스 앱에서 금액을 충전하면 오프라인 매장에서 줄을 서지 않고도 언제든 앱을 통해 주문할 수 있습니다. 충전금이 소진되면 앱에서 신용카드 등으로 금액을 다시 충전해둘 수도 있고요. 스타벅스는 이처럼 선불로 돈을 충전해놓고, 원하는 음료를 사전에 주문할 수 있는 '사이렌 오더' 시스템을 운영합니다. 그러다 보니 우리가 쓰는 스타벅스 앱에는 늘 충전금이 남아있는데요. 2021년 말 국내 기준 아직 사용하지 않은 선불충전금만 3,402억 원이라고 합니다. 즉, 스타벅스가 그만큼의 현금을 보유하고 있는 셈이지요. 같은 시기 기준 국내 대표 테크핀 기업 토스가 1,157억 원, 네이버파이낸셜은 913억 원의 선불충전금 잔액을 보유하고 있는 것과 비교했을 때, 스타벅스는 이보다 훨씬 많은 선불충전금 잔액을 보유하고 있는 것입니다.

월스트리트 저널과 S&P 글로벌 마켓 인텔리전스 조사에 따르면, 미국에서 스타벅스가 선불카드와 모바일 앱으로 보유한 현금 보유량은 2016년 기준 최소 12억 달러(약 1조6,000억 원)로 미국의 웬만한 시중은행들보다 많다고 합니다. 2022년 1월 2일 기준 전 세계적으로 3만4,317개의 매장을 보유하고 있으니, 스타벅스가 사이렌 오더와 선불충전카드로 지구촌 곳곳의 충성고객들로부터 확보한 현금 보유량은 어마어마할 것입니다. 그야말로 글로벌 대형 테크핀 기업이 탄생(!)한 것입니다.

그런데요, 스타벅스와 토스, 네이버파이낸셜 사이에는 큰 차이가 있습니다. 먼저 '선불전자지급수단'에 대한 이해가 필요한데요. 용어는 생소하지만 이미 널리 사용되고 있습니다. 네이버페이, 카카오페이, 쿠페이 등 '○○ 페이'라는 명칭을 많이 들어봤을 텐데요. 스마트폰을 활용해 돈을 미리 충전하고 다양한 업종의 재화나 용역을 결제하는 방식입니다. 이러한 서비스들은 대부분 선불전자지급수단에 해당됩니다. '선불전자지급수단'이란 이전 가능한 금전적 가치(=돈)가 전자적 방식으로 저장(=디지털화)돼 발행된 증표 또는 그 증표에 관한 정보(= ○○페이)를 의미합니다.

토스나 네이버파이낸셜은 '전자금융거래법'에 따라 이러한 선불전자지급수단을 발행 및 관리하는 전지금융업자로 등록되어 있는데요. 금융감독

| 스타벅스 신규 선불충전금 보유 규모 추이 |

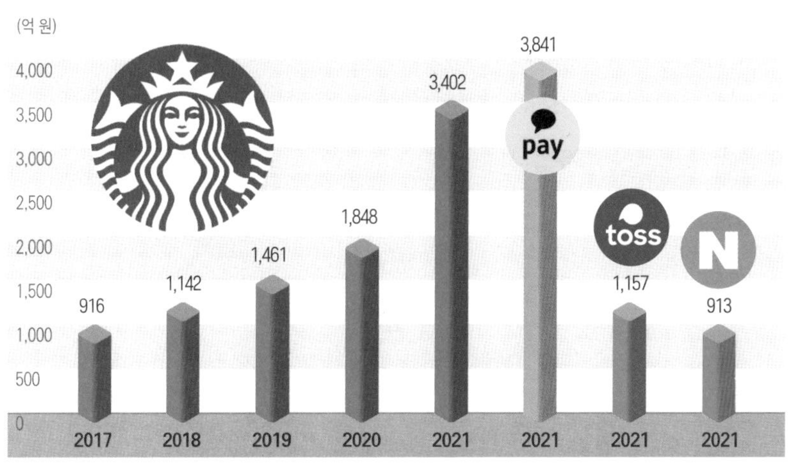

자료 : 강민국 국민의힘 의원실

원이 시행한 '전자금융업자의 이용자 자금 보호 가이드라인'에 따라 토스나 네이버파이낸셜은 선불충전금을 은행 등 외부 금융기관에 맡겨 관리해야 합니다. 분기마다 그 내용을 공시할 의무도 있고요. 반면에 스타벅스의 선불충전금은 네이버페이, 카카오페이와 같이 다양한 업종의 재화나 물품을 구입할 수 있는 것이 아니고, 오직 스타벅스에서만 사용할 수 있기 때문에 '선불전자지급수단'에 해당되지 않습니다. 그 결과, 스타벅스는 '전자금융거래법' 대상에서 제외됨에 따라 각종 규제에서 자유로울 수 있는 것입니다. 그래서 토스나 네이버파이낸셜과 달리 선불충전금을 외부 금융기관에 맡길 필요도, 공시할 의무도 없습니다. 선불충전금은 고객이 언젠가 쓸 돈이라는 점에서 예금과 성격이 비슷하지만, 은행과 달리 운용상 규제를 전혀 받지 않기 때문에 무이자로 돈을 빌린 것이나 다름없고, 스타벅스는 이를 경영에 자유롭게 활용할 수 있습니다.

우리가 스타벅스에 금액을 충전해 쓰면서 받는 다양한 혜택들은 사실 공짜가 아닙니다. '스타벅스'라는 은행에 소비자가 돈을 예치하고 받는 이자와 다름없는 것입니다. 아무튼 스타벅스는 규제의 공백으로 큰 이득을 보는 셈인데요. 하지만 아무리 현금흐름이 좋은 회사라도 소비자에게 미리 받아놓은 돈을 잘못 운용할 경우, 손해는 고스란히 누구의 몫으로 돌아갈지 뻔합니다. 소비자 보호 관점에서 이러한 부분을 규제할 필요성에 대해 목소리가 커지는 이유입니다.

금융업계를 강타한 빅블러 폭풍주의보

'빅블러(big blur)'라는 신조어가 있습니다. '블러(blur)'는 사전적 의미로 흐릿

해지는 현상을 뜻하는 데요. 빅블러는 빠른 변화로 인해 기존에 존재하던 것들의 경계가 모호해지는 현상을 가리킵니다. 이를테면 디지털 기술이 급속도로 발전하면서 산업간 경계가 허물어지는 경우가 여기에 해당합니다. 스타벅스는 대표적인 빅블러 현상을 일으킨 기업이라 할 수 있겠습니다. 한때 커피 프랜차이즈 기업일 뿐이었지만, 사이렌 오더와 선불충전카드를 통해 금융 분야로 진출하면서 갈수록 무엇이 스타벅스의 주 업종인지 희미해지고 있기 때문입니다. KB금융 같은 국내의 대표적인 금융회사에서 '가장 신경 쓰이는 경쟁자' 가운데 하나로 스타벅스를 꼽는 것은 퍽 이례적이면서도 한편으로는 고개를 끄덕이게 합니다.

빅블러 현상은 일찍이 ICT 기업이 금융업에 진출하면서 가속화되었습니다. 앞에서 살펴본 테크핀 기업들이 정보통신기술을 바탕으로 차별화된 금융서비스를 만들어내면서, 은행 등 전통 금융업과의 경계가 점차 사라지고 있는 것입니다. 더욱이 마이데이터(312쪽)와 마이페이먼트(321쪽), 그리고 종합지급결제사업자 제도의 도입으로 ICT 회사들이 신용정보관리, 지급지시뿐 아니라 은행의 예금·대출 업무를 제외한 거의 모든 금융서비스를 제공하는 것이 가능해졌습니다.

그런데요, 카카오페이, 네이버파이낸셜, 토스는 다른 테크핀 기업들과 동일하게 취급하기가 더 이상 어려워졌습니다. 덩치가 너무나 커졌기 때문입니다. 그러다 보니 이들 기업만을 별도로 '빅테크(Big Tech)'라 부릅니다. 카카오와 네이버는 이미 거대 플랫폼 위에서 대규모 고객네트워크를 가지고 모든 것을 팔 수 있는 기반을 갖추고 있습니다. 이로써 다양한 생활밀착형 서비스와 금융을 융합한 이른바 '생활금융'을 제공할 수 있는 것입니다. 우리는 매일 헤아릴 수 없을 만큼 네이버와 카카오 플랫폼을 사용하는데요. 자연스레 이 두 플랫폼이 만들어내는 금융서비스를 활용할 확률도 높아지는 것입니다. 카카오페이와 네이버파이낸셜이 빠르게 성장하는 이유입니다.

결국 기존 은행업계에게는 빅테크들이 매우 두려운 존재가 아닐 수 없습니다. 우리가 평소 은행 지점을 방문하거나 은행 앱을 열어보는 횟수와 네이버 검색이나 카카오톡을 사용하는 횟수를 비교해 볼 때, 고객과의 접점을 찾는 경쟁력에서 빅테크 기업이 압도적으로 우위일 테니까요. 물론 토스는 약간 상황이 다르긴 하겠습니다. 카카오페이 및 네이버파이낸셜은 모회사 플랫폼을 통해 서비스 접근과 함께 쇼핑·예약 등 다른 서비스와 연계가 가능한데요. 토스는 애초 금융에 기반을 둔 플랫폼이기 때문에 다른 서비스와의 연계가 비교적 쉽지 않습니다. 따라서 덩치가 커졌다고 해서 토스를 '빅테크' 범주에 함께 넣는 것이 부적절하다는 시각도 있습니다.

가장 적확한 규제의 퍼즐 맞추기 게임

빅테크들의 성장으로 금융서비스의 혁신성과 편의성이 획기적으로 진화한 것은 부인할 수 없는 사실입니다. 하지만 그만큼 걱정스런 대목도 적지 않습니다. 빅테크에 대한 규제의 목소리가 커지는 이유입니다.

빅테크는 사업 초기 낮은 가격정책을 통해 경쟁 기업들을 도태시키고 시장지배력부터 키운 다음, 대출금리를 급격하게 올리는 방식으로 독점적 지위를 활용한 수익화 전략을 취할 위험성이 있습니다. 그렇게 되면 금융소비자의 부담이 커지는 폐해가 발생합니다. 이를 사후적으로 규제하자니 이미 빅테크가 시장지배력을 확보한 상태에서 원상회복하기가 쉽지 않습니다. 이러한 이유로 미국과 유럽연합 등은 사전적 규제 즉, 플랫폼의 규모

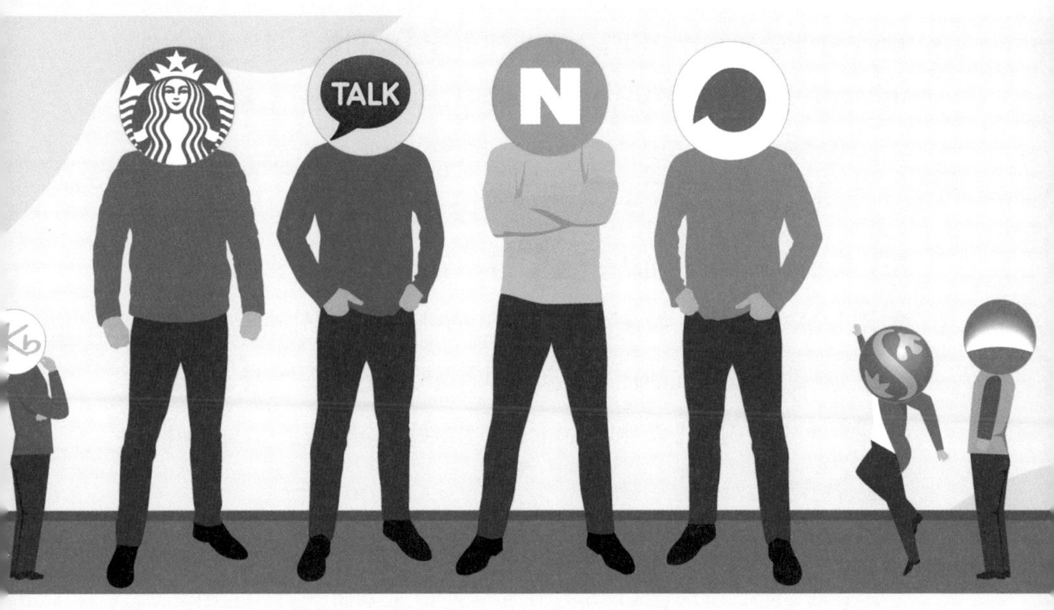

빅블러 시대의 진정한 빅테크는 과연 누가 될 것인가?
테크핀 시대에서 금융회사들은 카카오와 네이버의
시장 침투를 가장 두려워했다면,

**빅블러 시대에서 금융회사들을
얼어붙게 만든 장본인은 다름 아닌
스타벅스다.**

등을 기준으로 규제 대상이 되는 빅테크를 미리 정해 놓고, 해당 사업자의 의무와 금지 사항을 규정하는 방식을 취하고 있습니다.

ICT 기업은 금융업에 진입하면서 금융혁신이라는 명목으로 전통 금융회사보다 낮은 수준의 규제를 적용 받아 왔는데요. 이를 기화로 ICT 기업들 가운데 일부가 플랫폼을 기반으로 빅테크로 성장하면서 금융산업에서의 시장지배력과 영향력이 어마어마해진 것입니다. 그런데도 여전히 전통 금융회사보다 규제 수준은 낮은 상황이지요. 빅테크로서는 이러한 상황을 활용해 고객의 이익보다는 기업의 이윤을 우선하는 알고리즘을 통해 중개수수료가 높은 금융상품을 추천하거나 이해관계사의 금융상품을 우선 노출할 위험성이 있습니다. 고객보다 정보 우위에 있는 것을 활용하여 내부자거래, 시세조종거래 등의 불공정행위를 저지를 위험도 배제할 수 없습니다.

이러한 폐해를 줄이기 위해서는 빅테크와 금융회사 간 규제 격차를 줄일 필요가 있습니다. 이른바 '동일기능-동일규제 원칙'이 적용되어야 하는 이유입니다. 즉, 빅테크가 전통 금융회사와 동일한 기능의 서비스를 제공한다면 전통 금융회사와 동일한 수준의 규제를 받아야 한다는 것입니다. 이러한 논의가 활발해지던 중 2021년 3월에 '금융소비자보호법'(이하 '금소법')이 시행되었습니다. 당시 투자상품, 대출, 보험 등을 비교·추천해주는 빅테크의 서비스에 대해 금융위원회가 '금소법'이 적용된다고 발표하자 카카오와 네이버의 주가는 곤두박질쳤습니다. 금융위원회는 이러한 빅테크의 서비스를 단순한 광고가 아니라 중개행위라고 본 것입니다. 이제 빅테크로서는 '금소법'상 금융상품판매중개업자로 등록해야만 이러한 서비스를 할 수 있게 되었지요. 플랫폼을 통해 각종 금융상품 비교·추천 등의 서비스를 함에 있어서 '금소법'의 엄격한 규제를 받게 된 것입니다.

규제가 있으면 반드시 따라붙는 말이 있습니다. 혁신을 저해한다는 것입니다. 빅테크와 금융회사 간 불공정한 규제 격차를 줄여야 함은 두 말할 필요가 없겠지만, 그 과정에서 금융혁신 또한 훼손하지 말아야 한다는 것이지요. 참 어렵습니다. 아무튼 빅테크 규제가 전반적인 테크핀 스타트업 옥죄기가 되지 않도록 하려면 테크핀과 빅테크를 분리할 필요가 있겠습니다. 이를 통해 일반 테크핀 기업은 금융혁신 아이디어를 유연하게 펼쳐나갈 수 있도록 하는 한편, 그들 또한 서비스 기능 수준에 맞는 감당 가능한 진입·운영상의 규제를 받아야 하겠습니다. 이에 대해 소규모 인·허가 제도인 '스몰 라이선스'를 검토해 볼 만합니다.

게임은 이미 시작되었습니다. 진입장벽으로 작용하거나 혁신을 저해하지 않으면서도 금융소비자를 보호하는 정도의 규제 찾기! 자본시장에서 가장 적확한 규제의 퍼즐을 맞추기란 늘 어렵지만 미룰 수 없는 일입니다.

'내 것인 듯 내 것 아닌 내 것 같은' 데이터의 권리장전

- 마이데이터와 데이터 주권에 대하여 -

우리는 매 순간 디지털 기록을 남깁니다. 스마트폰으로 간편결제를 하면서 소비 기록을, 카카오택시를 부르거나 주변 맛집을 검색하면서 위치와 이동 기록을, 매일 출·퇴근 도로에서 내비게이션을 사용하며 운전에 대한 기록을, 그리고 하루에도 여러 번 사용하는 각종 은행과 신용카드 어플에는 금융 기록을 남깁니다. 그리고 이 모든 기록은 데이터로 축적됩니다.

그런데요, 이때 발생하는 데이터는 누구의 것일까요? 편리함을 대가로 수집에 동의한 데이터를 기업이 활용한다는 것은 알고 있지만, 정보가 누구의 소유인지는 다른 차원의 문제입니다. 지금까지는 나와 관련되어 수집된 정보는 오직 기업이 관리하고 활용했는데요. 노래 가사처럼 '내 것인 듯 내 것 아닌 내 것 같은' 데이터 말입니다.

구글에서 제품 검색을 살짝 해 봤을 뿐인데, 페이스북이나 인스타그램 등 SNS에서 그 제품 광고가 뜨는 경험을 하게 됩니다. 이 경우 '아니, 내가 검색한 기록을 나도 모르게 서로 공유하면서 활용하고 있는 건가?'하는 생각이 듭니다. 문득 억울해집니다. 데이터 경제시대가 왔다고 하는데, 데이터의 제공자인 일반 개인은 해당 데이터가 어떤 경로로 쓰이는지 도통 모르고 있으니 말입니다. 데이터가 기업 중심으로 수집·활용되다보니 개인으로서는 자신이 제공한 데이터의 용처를 파악한다는 게 쉬운 일이 아닙니다. 게다가 이용자가 많은 기업일수록 방대한 고객 데이터를 거의 독점적으로 활용하면서 기업 간 정보 불균형 상태도 심각합니다. 이러니 데이터를 재대로 확보하지 못한 채 시장에 진입하는 기업과 출발선부터가 다를 수밖에요. 결국 데이터를 충분히 확보한 기업은 계속 몸집이 커지고, 그렇지 못한 기업은 경쟁에서 도태되고 맙니다. 데이터 정글의 냉혹한 현실입니다.

데이터의 효용가치를 높이는 묘안

'마이데이터'는 데이터 활용의 차별과 불균형 문제를 바로 잡기 위해 마련된 개념입니다. 정보주체인 개인이 본인의 정보를 적극적으로 관리 및 통제하여 이를 신용관리 및 자산관리 등에 적절하게 활용하는 것을 의미합니다. 이를테면 '나'에 관한 데이터를 보관하고 있는 기업에게 데이터를 달라고 요구할 수도 있고, 다른 기업에 보내달라고도 요청할 수 있습니다. 개개인의 데이터 관련 권한을 기업에게서 서비스 이용자 각자에게 되돌려주자는 취지입니다. 개인 스스로가 각자의 데이터를 통제하면서 원하는 기업을 선택해서 제공하게 되면, 자신의 데이터가 어떻게 활용되는지 확인하기 어렵거나 특정 기업에 데이터가 쏠리는 문제가 줄어들 것입니다.

지난 2013년 미 중앙정보국(CIA) 용역업체 직원 에드워드 스노든(Edward

Snowden)은, '애플, 구글, 페이스북(지금의 메타) 등 글로벌 인터넷 기업들이 통화기록, 이메일, 사진, 메신저 등 이용자 정보를 국가안보국에 넘겼다'고 폭로해 전 세계적으로 화제를 모았던 적이 있습니다. 애플, 구글, 페이스북의 사용량이 압도적으로 많은 유럽에서는 충격이 상당했는데요. 이에 대해 적극적으로 대응해야 한다는 위기의식이 공론화되면서 법안 발의로까지 이어졌습니다. 개인정보에 대한 권리를 정보주체인 각 개인에게 돌려줌과 동시에 개인정보를 활용하는 기업의 책임을 강화하는 것을 주요 골자로 하는 GDPR(General Data Protection Regulation, '일반개인정보보호규정')이 제정된 것입니다. 아울러 GDPR은 개인정보 보호를 강조함으로써 데이터의 경제적 가치가 훼손되는 것을 막기 위한 장치도 함께 마련했습니다. GDPR은 전 세계적으로 데이터 주권 확립과 데이터 활용 촉진의 신호탄이 되었습니다. 마이데이터 개념을 입법화한 것이 바로 GDPR인 것이지요.

우리나라도 GDPR의 영향을 받아 데이터 3법 가운데 하나인 '신용정보의 이용 및 보호에 관한 법률'(이하 '신용정보법')에 마이데이터를 구체화한 '개인신용정보 전송요구권'을 마련했습니다. 이것은 회원가입시에 터치 한 번으로 끝낸 기존의 개인정보 수집·이용 동의와 큰 차이가 있는데요. 기존의 동의는 기업이 개인정보 수집에 앞서서 개인에게 수동적으로 의사를 묻는 것인데 반해 '신용정보법'상 마이데이터는 개인정보의 주체인 개인이 적극적으로 개인정보 범위 및 전송 대상을 선택해서 기업에 요구하는 것입니다. 다시 말해 우리나라에서 법으로 도입한 마이데이터는, 데이터의 주인인 개인이 데이터를 직접 소유하고 통제하는 '개인정보 자기결정권'과 자신의 정보를 필요에 따라 제3자에게 이동 및 활용할 수 있도록 하는 '개인정보 이동권'을 동시에 담고 있습니다.

데이터 3법에는 '가명정보'라는 개념 또한 도입되었는데요(332쪽). 이로

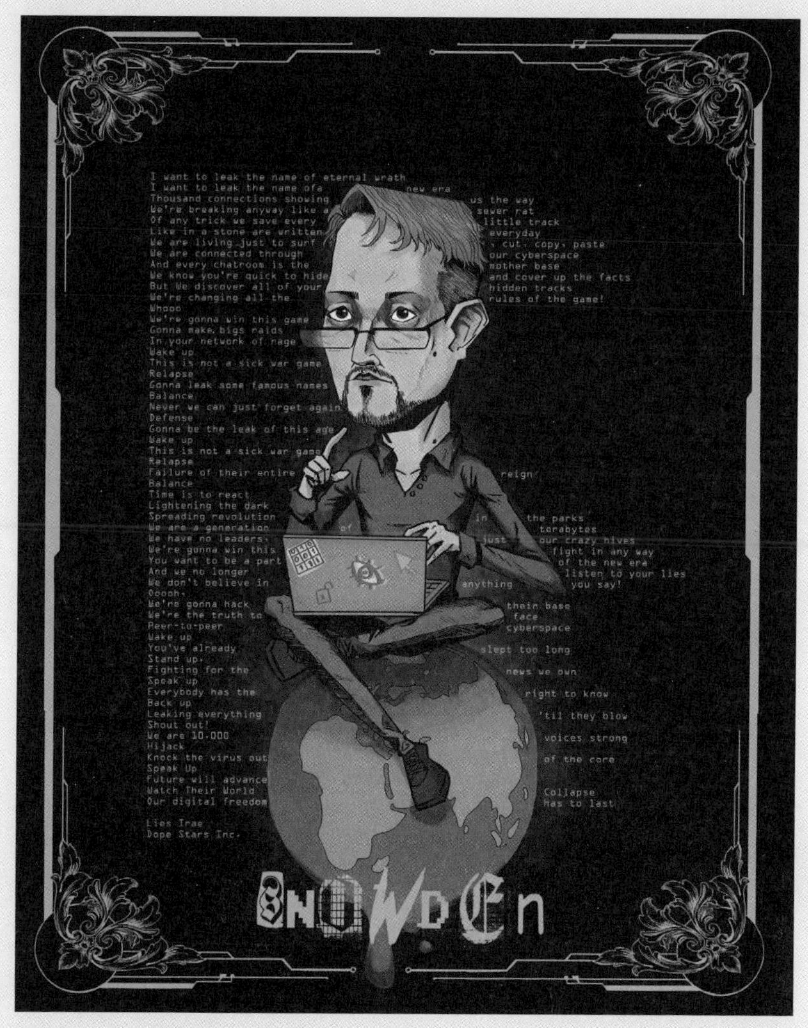

에드워드 스노든의 캐리커처.

'애플, 구글, 페이스북 등 글로벌 인터넷 기업들이
통화기록, 이메일, 사진, 메신저 등 이용자 정보를
미 국가안보국에 넘겼다'는 스노든의 폭로는,
마이데이터의 시대를 열어젖힌 단초가 되었다.

써 예외적인 경우 정보주체의 '동의 없이' 데이터를 사용할 수 있게 되었습니다. 그러나 가명처리 수준을 낮추자니 일반 '개인정보'에 가까워져 일일이 사전동의를 받아야 하고, 가명처리 수준을 높이자니 '익명정보'에 가까워져 정보의 활용가치가 낮아지게 되는 문제점이 있습니다.

'마이데이터'는 이에 대한 해결책이 될 수 있습니다. 정보주체의 적극적인 요청으로 기업이 데이터를 수집·활용한다면, 원본 데이터를 그대로 활용하면서도 정보주체의 동의를 받기 때문에 법적인 문제에서 한결 자유로워질 수 있게 되는 것이지요. 마이데이터의 도입으로 정보주체인 서비스 이용자들과 서비스 제공자인 기업의 이해관계가 서로 충돌하지 않고 데이터의 효용가치를 높일 것으로 기대되는 대목입니다.

'슬기로운 금융생활'로 이끄는 매직

마이데이터는 데이터 3법 중에 '신용정보법'에서만 '개인신용정보 전송 요구권' 개념으로 마련되었을 뿐, 개인정보에 관한 일반법인 '개인정보보호법'에서는 아직 도입되지 않았는데요. 때문에 개인정보 전체가 아닌 개인신용정보에 한하여 전송을 요구할 수 있습니다. 개인신용정보는 개인의 신용도와 신용거래 능력을 파악하기 위해 필요한 정보인데요. 은행(계좌잔액 및 거래내역, 대출잔액·금리 및 상환정보 등), 보험(계약내용, 보험료 납입내역 등), 금융투자(주식 매입금액·보유수량·평가금액 등), 카드(카드결제내역, 현금서비스 내역 등), 통신(통신료 납부내역 등), 공공 분야(국세·관세·지방세 납세증명 등) 등의 정보가 여기에 해당됩니다.

이러한 개인신용정보들은 모두 '금융'이라는 커다란 카테고리 안에 있기 때문에 금융서비스부터 마이데이터가 도입되었다고 해도 무방하겠습니다. 이에 따라 금융서비스 이용자인 개인이 A은행, B카드사, C보험사, D통신사에 제공한 자신의 데이터를 본인이 지정한 A은행에 모두 전송하도록 요구할 수 있고, 이를 요구 받은 각 기업은 A은행에 해당 데이터를 제공해야 합니다. A은행으로서는 B카드사, C보험사, D통신사에 산발적으로 펴져 있는 해당 개인의 원본 데이터를 모두 전송 받아서 분석한 다음 이를 기반으로 그에게 특화된 서비스를 제공할 수 있습니다.

마이데이터가 도입되기 전에는 소비자가 각 금융사에 흩어진 정보를 한 곳에 모아 관리하기가 쉽지 않았습니다. 여러 금융상품을 효율적으로 비교하기가 어려웠을 뿐만 아니라 가장 저렴한 금리로 신용대출을 받기 위해서는 개인이 일일이 해당 은행들을 방문해야만 했지요. 그런데 마이데이터를 이용하면 여러 은행과 보험회사, 카드회사 등에 흩어져 있는 계좌 입·출금 내역, 카드 사용실적, 보험 가입현황 등의 금융데이터를 한 곳에 모아서 일목요연하게 확인할 수 있을 뿐만 아니라 데이터 분석을 통해 맞춤형

| 마이데이터 생태계와 참여 주체 |

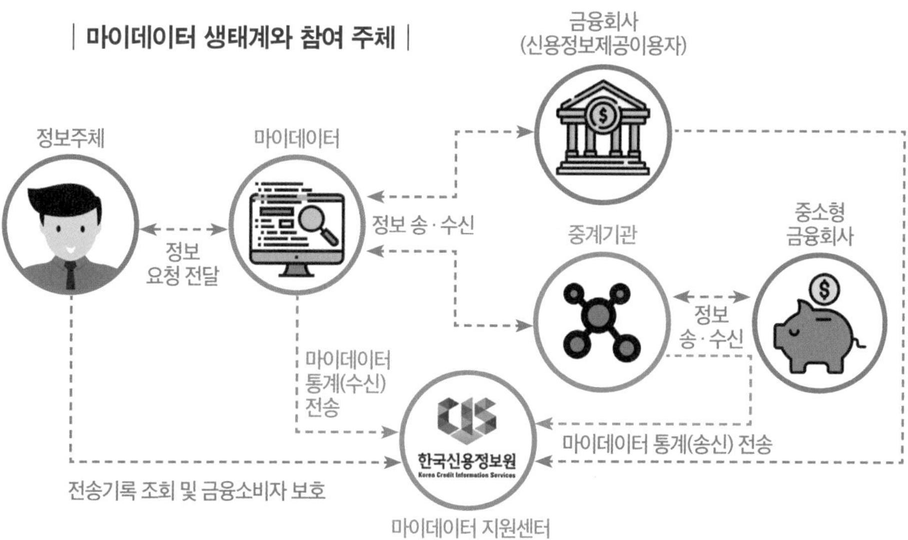

서비스도 제공 받을 수 있습니다.

물론 모든 기업이 분산된 데이터를 모아 받아서 이러한 맞춤형 서비스를 제공할 수 있는 것은 아닙니다. 금융위원회로부터 마이데이터 사업('신용정보법'상 본인신용정보관리업) 허가를 받아야만 가능한데요. 2022년 5월 기준 허가를 받은 금융회사와 핀테크 기업 등은 모두 56개 업체입니다.

마이데이터 시대가 열리면서 우리의 금융생활에도 적지 않은 변화가 찾아올 것으로 보입니다. 먼저 금융기관별로 흩어져 있던 내 신용정보를 통합해 한눈에 쉽게 확인할 수 있습니다. 이로써 까맣게 잊은 채 서비스는 이용하지 않으면서 정기구독료만 자동으로 결제되었던 불필요한 지출을 찾아낼 수 있습니다. 자동이체 내역을 한꺼번에 파악함으로써 계좌 변경 및 해지 절차도 쉽고 간소해졌습니다. 카드결제 및 입·출금 내역 등이 한눈에 보이게 정리되니 가계부 앱을 따로 쓸 필요도 없습니다. 아울러 다양한 맞춤형 금융서비스를 추천 받을 수도 있습니다. 예를 들어 소비 패턴을 분석해서 가장 혜택이 좋은 신용카드를 추천 받거나, 대출액의 최대 한도와 최저 금리를 비교할 수도 있습니다. 그야말로 '디지털 금융비서'가 생기는 것입니다.

특히 금융이력이 거의 없는 사회초년생이나 학생, 주부의 경우 마이데이터로 인해 신용등급이 올라갈 가능성이 높습니다. 이를테면 신용점수는 신용거래를 통해 생성되는데, 금융이력 데이터가 상대적으로 적으면 신용점수가 낮게 평가될 수밖에 없습니다. 하지만 마이데이터를 통해 대안신용평가가 가능해지면서 나의 공공요금 납부, 온라인 쇼핑몰에서 주기적으로 물건을 구입한 이력 등을 종합적으로 평가해 맞춤형 금융서비스를 받는 데 한결 유리해집니다.

마이데이터가 금융에 이어 공공 분야에까지 도입된 점도 주목을 끕니다.

'전자정부법' 개정으로 '공공 마이데이터 전송요구권'이 생긴 것인데요. 이를 통해 행정서비스에 필요한 나의 행정정보를 서류 형태로 발급 받아 제출할 필요 없이, 내가 행정기관에 요구하면 해당 행정정보를 내가 지정한 기관에 바로 보내도록 할 수 있습니다. 예를 들어 지금까지는 영세상인이 정책자금을 지원 받기 위해서는 사업자등록증, 주민등록등·초본, 건강보험자격득실확인서 등 13종의 증빙서류를 각 행정기관에 일일이 다니면서 발급 받아 소상공인진흥공단에 제출해야 했는데요. 공공 분야에서의 마이데이터 도입으로 영세상인이 13종의 증빙서류를 발급하는 각 행정기관에 해당 행정정보를 소상공인진흥공단에 제출하도록 공단 홈페이지에서 일괄 요청을 하면, 요청 받은 행정기관들이 해당 행정정보를 공단에 전송하게 됩니다.

보건의료 분야에서도 마이데이터(마이 헬스웨이)가 추진되고 있습니다. 여러 의료기관에 흩어진 자신의 건강정보를 한 곳에 모아 통합 조회하거나, 원하는 기관에 제공하여 진료 및 건강관리 등 서비스를 받게 함으로써 정보주체인 개인이 자신의 건강정보를 주도적으로 활용하는 것을 말합니다. 이를테면 건강검진, 처방전 등의 데이터를 종합 분석해서 자신에게 맞는 건강식단을 추천 받을 수 있습니다. 다만 보건의료 데이터는 개인의 건강 및 생명과 직결된 민감 정보이기도 하고, 또 아직은 현행법으로 허용하지 않는 원격의료와도 밀접한 관계가 있기 때문에, 도입 과정에 신중을 기하는 만큼 실현되기까지 다소 시간이 걸릴 것으로 보입니다.

마이데이터 위에 잠자는 자의 데이터 주권은 보호되지 않는다

마이데이터가 법으로 제도화된 것에는 매우 큰 의미가 담겨 있습니다. 개인은 이를 활용해서 더욱 삶의 질을 높일 수 있습니다. 기업은 고객에게 최적의 서비스를 제공함으로써 비즈니스를 성장시킬 수 있는 탄탄한 기반을 마련할 수 있습니다.

다만, 마이데이터 자체의 취지를 잊어서는 안 되겠습니다. 정보주체인 개인에게 데이터 주권을 돌려주고, 실질적으로 그 주권을 행사할 수 있도록 하는 것 말입니다. 그러기 위해서는 무엇보다도 마이데이터 사업자의 역할이 중요합니다. 마이데이터 사업자는 사업 초기단계에서부터 데이터 활용을 통한 수익 극대화만을 추구할 게 아니라 서비스 이용자 관점에서 정보주체가 실질적으로 얻을 수 있는 가치에 대해서 함께 숙고해야 합니다. 너무 계몽적인 수사 같지만, 마이데이터 시장이 지속가능한 성장을 이어가려면 대단히 중요한 덕목이 아닐 수 없습니다.

데이터가 집중될수록 개인정보 유출 피해 규모도 커지는 만큼, 개인정보 보호체계 또한 제도적으로 철저하게 갖춰져야 할 것입니다. 개인정보 보호부터 이뤄지지 않은 상태에서 데이터 주권을 이야기하는 건 어불성설이기 때문입니다.

아울러 서비스 이용자이자 정보주체인 우리는 데이터 주권을 실질적으로 행사함으로써 데이터 활용을 통해 디지털 시대에서의 삶의 질이 향상되는 편익을 누려야 하겠습니다. 민법학의 유명한 법언 중에 '법은 권리 위에 잠자는 자를 보호하지 않는다'란 말이 있습니다. 이 말을 고스란히 디지털 환경으로 가져오면, '법은 마이데이터 위에 잠자는 자의 데이터 주권을 보호하지 않는다'가 됩니다. 마이데이터란 스마트한 제도를 향유하기 위한 마지막 퍼즐은 결국 정보주체 자신이라는 얘기입니다.

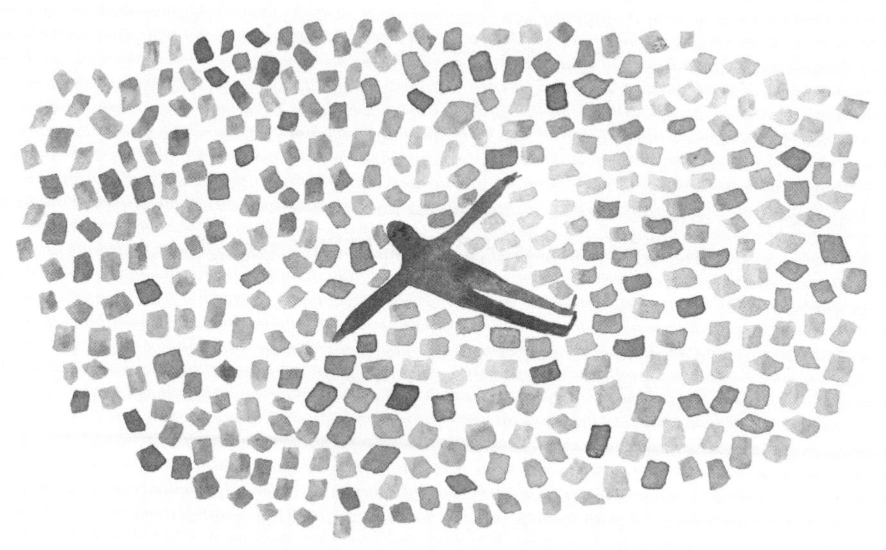

민법학의 유명한 법언 중에

'법은 권리 위에 잠자는 자를 보호하지 않는다'란 말이 있다.

이 말을 고스란히 디지털 환경으로 가져오면,

'법은 마이데이터 위에 잠자는 자의
데이터 주권을 보호하지 않는다'가 된다.

마이데이터란 스마트한 제도를 향유하기 위한
마지막 퍼즐은 결국 정보주체 자신이다.

혁신을 추앙하라?
혁신에서 해방하라!

- 오픈 뱅킹과 마이페이먼트, 그리고 디지털 금융 전환 -

은행에 가지 않고 예금을 조회하고 송금도 하는 '인터넷 뱅킹'이 첫선을 보였을 때, 사람들은 크게 놀라며 금융의 '혁신'을 이야기했습니다. 이후 '모바일 뱅킹'이 등장하자 사람들은 다시 한 번 '혁신'이란 단어를 입에 올렸지요. 그리고 얼마 지나지 않아 '오픈 뱅킹'이 나왔습니다. 이번에도 사람들은 '혁신'을 말했을까요? 그런데 혁신도 너무 자주하면 시큰둥해지는가 봅니다. 오픈 뱅킹은 인터넷 · 모바일 뱅킹이 나왔을 때만큼 반응이 뜨겁지 않았으니 말입니다.

물론 오픈 뱅킹도 '혁신'이라 하기에 부족함이 없습니다. 많은 전문가들은 오픈 뱅킹이 디지털 금융으로의 전환을 한층 더 빠르게 촉진시키는 계기가 될 것이라 말합니다. 하지만 무엇이든 마냥 좋을 수만은 없습니다. 얻는 게 있으면 잃는 것도 있는 법이지요. 오픈 뱅킹을 비롯한 디지털 금융 전환으로 불거지는 문제 또한 그렇습니다.

오픈 뱅킹은, 쉽게 말해 조회나 이체 등 은행의 핵심 금융 기능을 표준화

해서 다른 금융회사에 '개방(오픈)'하는 은행권 공동 인프라를 가리킵니다. 이를테면 '공동결제시스템'이라 할 수 있겠습니다. 오픈 뱅킹의 등장으로 '앱' 하나만 있으면 모든 은행의 출금과 이체, 조회가 가능합니다. 이용자가 은행별로 일일이 앱을 설치할 필요 없이 1개 은행 혹은 핀테크 기업의 앱에 자신의 모든 은행계좌를 등록해 결제·송금·이체 서비스를 받을 수 있습니다.

오픈 뱅킹은 금융업계에서 다양한 변화를 이끌고 있습니다. 기존 핀테크 회사들은, 출금·이체·조회 같은 서비스를 이용하려면 은행과 제휴를 맺고 수수료를 지급해야 했습니다. 이제 오픈 뱅킹을 통해 별도의 제휴 없이 은행을 포함한 모든 금융회사의 서비스를 활용하면서 수수료 비용을 파격적으로 줄일 수 있습니다.

예를 들어 '가계부 관리' 앱서비스를 제공하는 핀테크 기업은 이용자가 카드결제를 하면 자동으로 가계부에 입력되어야 하기에, 카드사의 잔액 및 거래내역조회 서비스와 연동이 필요했습니다. 각 카드사마다 일일이 제휴를 맺고 건건이 수수료를 지급하려니 부담이 이만저만 아닙니다. 결국 일부 카드사하고만 연계할 수밖에 없었는데요. 이제 오픈 뱅킹으로 훨씬 낮은 수수료로 거의 모든 카드사에 대한 서비스를 연동할 수 있게 된 것입니다.

금융회사들 또한 오픈 뱅킹 덕에 새로운 서비스를 더 많이 할 수 있습니다. 각 은행별 계좌 구분 없이 원하는 계좌만 선택 관리할 수 있는 기능을 모바일 뱅킹 앱에 추가하는 것은 기본입니다. 카드사는 결제대금이 부족할 경우 기존에 연동된 은행 계좌뿐만 아니라 다른 계좌로부터 금액을 자동으로 보충할 수 있는 서비스를 출시할 수도 있습니다.

흥미로운 건 한 은행 앱에서 여러 은행서비스를 이용할 수 있다 보니, 시중은행들은 고객들이 다른 은행이나 핀테크 앱으로 빠져나가지 않도록 잡아두는 것이 중요해졌습니다. 당행 앱에 타행 앱을 연계하면, 주거래 고객이 타행 앱을 들어가지 않아도 되기 때문입니다. 반대로 오픈 뱅킹서비스로 인해 주거래 고객을 타행에 뺏길 수 있는 위험이 커진 것입니다.

금융회사들로서는 주거래 고객 확보를 위해 차별화된 서비스 개발은 물론 보다 공격적인 영업을 해야만 하는 상황에 놓였습니다. 시중은행들에게 오픈 뱅킹서비스는 위기이자 기회인 셈이지요. 한편, 금융서비스 이용자인 일반인 입장에서는, 금리나 수수료, 자산관리 등 서비스 혜택에 따라 어떤 은행을 이용할지 결정할 수 있는 금융서비스 선택권이 넓어진 측면이 있습니다.

오픈 뱅킹? 금융 혁신 맞습니다!

오픈 뱅킹 이야기를 하다 보니 문득 떠오르는 게 있습니다. 앞에서 다룬 마이데이터(309쪽)입니다. 둘은 다소 헷갈리는 개념이지만 분명히 차이가 있습니다. 오픈 뱅킹은 각 은행의 서비스를 타 은행, 카드사, 증권사 등 금융회사 및 핀테크 기업이 활용할 수 있도록 연결(오픈)합니다. 다만 그 범위가 잔액·거래내역·실명·송금인·수취에 대한 각 조회 및 입·출금에 한정됩니다.

마이데이터는 은행, 보험, 금융투자, 카드, 통신, 공공 분야 등에 고루 퍼져있는 개인신용정보를 정보주체인 서비스 이용자가 하나로 모아서 관리하고 이를 통해 자신에게 딱 맞는 서비스를 추천 받는 시스템입니다. 오픈 뱅킹보다 활용 범위가 넓고, 무엇보다 정보주체인 서비스 이용자에게 초점이 맞춰져 있습니다.

이 둘은 차이점이 있지만 연계점도 존재합니다. 즉 오픈 뱅킹과 마이데이터를 연계할 경우, 마이데이터 앱에서 나의 다양한 데이터를 결합해서 맞춤 상품을 추천해 줄 뿐만 아니라 자금이체까지 원스톱으로 이뤄집니다. 예를 들어 지금까지는 다양한 자동차보험을 비교해서 나의 상황과 맞는지 일일이 따져본 다음 자동차보험 가입시 보험사 앱(상품가입) 및 은행 앱(자금이체)을 별도로 접속했는데요. 오픈 뱅킹과 마이데이터를 연계할 경우, 마이데이터 앱 접속만으로 나에게 딱 맞는 자동차보험을 자동으로 추천 받아 가입하고 자금이체까지 동시에 가능해집니다.

혹시 오픈 뱅킹과 다른 서비스와의 확장도 가능할지 궁금합니다. 이를테면 요즘 뉴스 보도에 자주 등장하는 '마이페이먼트(My Payment)'와의 연계 가능성도 생각해 볼 수 있겠습니다. 이해를 돕기 위해 마이페이먼트가 무엇인지부터 간략히 살펴보겠습니다.

마이페이먼트는 이용자의 자금을 보유하지 않고 금융기관에 이체지시만을 전달함으로써 결제가 이뤄지도록 하는 '지급지시 서비스업'을 뜻합니다. 현재 카카오페이, 토스, 네이버페이 등이 비슷한 서비스를 제공하고 있기는 한데요. 이 경우 먼저 해당 페이서비스에 은행계좌부터 연결해야 합니다. 이후 결제 또는 송금 시, 연결된 은행계좌에서 페이서비스에 특정된 금액이 충전되고, 그 충전된 금액이 상대방의 은행계좌 또는 페이서비스에 보내집니다. 즉, 중간에 페이서비스를 거쳐서 결제 또는 송금이 되는 구조입니다.

반면, 마이페이먼트는 중간에서 '10만 원을 송금해줘!'라는 메시지만 전달하면, 내 은행계좌에서 상대방 은행계좌로 바로 10만 원이 송금됩니다. 지급지시전달 서비스업 자격을 취득한 마이페이먼트 사업자가 이 중간 메시지 전달 역할을 합니다. 은행 체크카드와 비슷해 보이지만, 특정 은행계좌에 묶인 체크카드와 달리 마이페이먼트는 특정 은행계좌가 아닌 금융

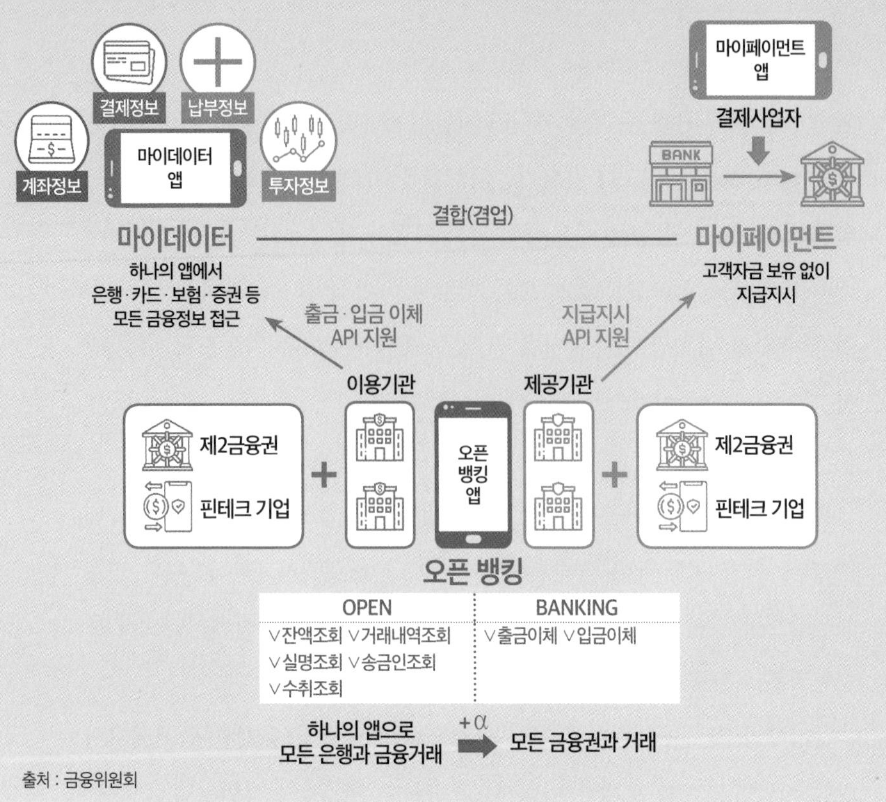

소비자 본인의 모든 계좌를 활용할 수 있습니다.

다시 앞으로 돌아가, 마이페이먼트와 오픈 뱅킹의 연계를 살펴보겠습니다. 둘이 결합할 경우 마이페이먼트 사업자가 개별 금융회사와 접속하지 않더라도 오픈 뱅킹을 통해 모든 금융권과 지급지시서비스가 가능해집니다. 마이페이먼트 사업자는 개별 금융회사와의 제휴가 없어도 되니 각 금융회사마다 수수료를 지급할 필요가 없어 비용을 절감할 수 있습니다. 그만큼 거래실적에 따른 포인트 리워드 등 이용자에게 돌아갈 혜택도 늘어날 수 있지요.

사실 카드회사로서는 마이페이먼트가 썩 반갑지 않을 수 있습니다. 주 수입원인 수수료 이익이 줄기 때문입니다. 은행 입장에서는 IT 기술과 데이터로 무장한 빅테크나 테크핀 기업과의 정면승부가 불가피해졌습니다. 시쳇말로 이제는 '계급장 떼고' 오로지 서비스의 질로 경쟁해야 하는 시대가 온 것입니다.

그런데요, 마이페이먼트는 현재진행형 단계는 아닙니다. 마이페이먼트가 도입되기 위해서는 '전자금융거래법' 개정이 먼저 이뤄져야 하기 때문이지요. 금융위원회(이하 '금융위')는 2020년 7월에 마이페이먼트 도입 등을 골자로 하는 '4차 산업혁명 시대의 디지털 금융 종합혁신방안'을 발표한 바 있습니다. 아울러 해당 내용을 골자로 한 '전자금융거래법' 개정안이 국회에 발의된 상태입니다. 하지만 금융업계와 빅테크·테크핀 기업들 사이에 이해관계가 엇갈리면서 해당 법의 국회 통과가 지연되고 있습니다.

오픈 뱅킹과 마이페이먼트, 득과 실을 꼼꼼히 따져보니

오픈 뱅킹과 마이페이먼트가 디지털 금융으로의 전환을 앞당기는 '혁신'인 것만은 분명합니다. 그런데요, 혁신에도 이해관계가 따르는 법입니다. 모든 사람들을 만족시키는 혁신은 실제로 존재하지 않지요. 누군가에게 이로우면, 누군가에게는 탐탁지 않을 수 있기 마련입니다. 마이페이먼트 관련 입법의 국회 통과 과정에서 금융업계와 핀테크 기업들이 서로 갈등하는 모습을 보이는 것도 같은 이유입니다.

이제 오픈 뱅킹과 마이페이먼트의 득실을 산업 간의 이해관계 말고 서비스 이용자인 금융소비자 입장에서 살펴보겠습니다. 앞에서도 짧게 언급했듯이 금융소비자에게는 서비스의 질이 향상되고 선택권도 넓어진 만큼

이로운 점이 분명히 있습니다. 하지만 다시 생각해보겠습니다. 갈수록 결제와 송금이 쉽고 간편해지는 게 마냥 좋은 일일까요? 계좌에서 돈이 쉽게 빠져나가는 것이 과연 좋기만 한 걸까요?

출발지에서 도착지까지 지하철과 버스를 갈아타고 가는 것과 초고속 스포츠카로 한 번에 빠르게 이동하는 것을 비교해 보겠습니다. 전자는 시간이 걸리고 번거롭지만 그 과정에서 생각할 시간이 있습니다. 생각이 바뀌면 되돌아 올 수 있지요. 후자는 정신없이 내달리니 생각할 겨를이 없습니다. 아차! 싶었을 때는 이미 도착해 있습니다.

PC나 모바일로 어떤 제품의 구입 또는 서비스를 결제하는 것도 마찬가지입니다. 데이터 시대에서 우리를 겨냥한 타깃 마케팅은 갈수록 송곳처럼 날카로워집니다. 타깃 마케팅의 정확도가 높아짐과 동시에 결제서비스가 빠르고 간편해질수록 계획적이고 현명한 소비가 어려워지는 것은 당연한 일입니다. 그만큼 '지름신의 강림'이 빈번해지는 이유입니다. 이 경우 신중한 소비를 하지 못하는 개인만 탓하는 것은 바람직하지 않습니다. 지름신의 강림을 조장한 시스템의 변화도 반드시 함께 체크해봐야 합니다.

마이페이먼트 등을 포함하는 '전자금융거래법' 개정안(이하 '법 개정안')에는 서비스 이용자의 거래 지시나 동의가 없거나, 그에 따라 처리되지 않은 비대면 거래로 인해 이용자에게 손해가 발생한 경우에는, 은행 등 금융회사 또는 카카오페이 같은 전자금융업자가 이용자의 손해를 배상할 책임이 있다는 규정을 마련했습니다. 그런데 민사소송의 일반 원칙상 손해가 발생했다고 주장하는 이용자에게 입증책임이 있는 탓에, 손해가 있더라도 입증을 못하면 배상을 받을 수 없는 한계가 있습니다. 이에 대해 법 개정안은, 해당 비대면 거래가 금융회사 등이 관리·운영하는 영역 외에서 발생한 사실 등에 대한 입증책임을 금융회사가 지는 것으로 명시하여 이용자를 더

처음에는 쓸 것 같아서 구독결제를 하지만,
나중에는 해당 구독서비스를 잘 사용하지도 않고 심지어
결제한 것조차 잊고 사는 경우가 허다하다.
자신도 모르게 눈 먼 돈이 계속 결제되는 것이다.
넷플릭스가 이용자들이 처음 결제하도록 만드는
그 허들만 넘게 하는 데 집중하는 이유가 여기에 있다.

욱 두텁게 보호할 예정입니다.

아울러 소비자가 잘못 결제하거나 변심 등으로 결제 취소를 원할 때에도 간편하게 취소할 수 있어야만 합니다. 사실 수많은 업체들이 결제는 '간편'하게 하면서도 결제 취소는 '복잡'하게 설계하여 문제를 일으킨 경우가 적지 않습니다. 현행 '전자상거래법'상 소비자는 온라인 동영상 등의 디지털 콘텐츠를 구매하고 이를 시청하지 않은 경우 구매한 날로부터 7일 이내에 언제든지 그 구매를 취소하고 구매금액 전액을 환불 받을 수 있습니다.

하지만 구글과 넷플릭스는 '유튜브 프리미엄'과 '넷플릭스' 구독서비스를 판매하면서 계약 체결 이후에는 철회가 불가하며 다음 달 서비스에 대해 가능하다고 안내합니다. 그러니까, 내가 넷플릭스를 구독결제하여 6월 1일에 자동결제가 된 상태에서 넷플릭스를 이용하지 않던 중 6월 5일에 구독을 철회하면 6월 1일에 결제된 금액은 돌려받을 수 없고, 7월부터 자동결제가 되지 않는 식입니다. 사용하지 않고도 금액을 내는 이용자 입장에서는 억울합니다. 법에서 명시한 이용자의 권리 행사를 방해한 것이 명백합니다. 이러한 이유로 2022년 2월에 공정거래위원회는 구글과 넷플릭스 등 온라인 동영상서비스 제공(OTT) 사업자들에 시정명령 및 과태료를 부과했지만, 솜방망이 처벌이란 비판을 피할 수 없습니다.

사실 이러한 문제는 구독서비스에서 훨씬 심각합니다. 지속적으로 이용하는 서비스라는 전제 하에, 이용자에게는 계속 결제하는 번거로움을 덜어주고, 비용이 저렴한 장점이 있습니다. 그러나 처음에는 쓸 것 같아서 구독결제를 하지만, 나중에는 해당 구독서비스를 잘 사용하지도 않고 심지어 결제한 것조차 잊고 사는 경우가 허다합니다. 자신도 모르게 눈 먼 돈이 계속 결제되는 것이지요. 구독서비스 회사가 이용자들이 처음 결제하도록 만드는 그 허들만 넘게 하는 데 집중하는 이유가 여기에 있습니다.

상황이 이러하니 정부에서도 방관만 하고 있을 수는 없었던 모양입니다. 정기결제를 이용하는 신용카드 회원 등에게 유료전환 7일 전에 결제 관련 사항을 문자 등으로 고지하고, 사용여부·사용회차 등을 고려한 공정한 환불 기준을 마련토록 하는 내용을 골자로 하는, '여신전문금융업법 시행령'과 '감독규정'을 개정한 것이지요(2021년 11월 18일부터 시행). '첫 달 무료'라는 마케팅에 낚여서 두 번째 달부터 나도 모르게 결제되는 것을 뒤늦게 발견하는 일을 줄이기 위한 조치입니다.

하지만 이것만으로는 부족합니다. 첫 달 무료에서 다음 달 유료로 넘어가는 과정에서 이를 미리 안내하는 허들을 만들어 두었다고 하더라도 구독서비스 유료결제를 시작한 이후부터는 허들이 없으니까요. 결국 초반에 반짝 사용하고 말았음에도 불구하고 이용자가 완전히 잊고 있는 상태에서 정기결제만 이뤄지는 경우가 태반입니다. 따라서 매달 정기결제 전에 '내가 이 구독서비스를 앞으로 과연 쓸까?' 다시 한 번 생각하도록 해서 결제를 선택할 수 있게 하는 장치가 반드시 필요합니다. 이를 골자로 하는 '정보통신망 이용촉진 및 정보보호 등에 관한 법률' 일부 개정안이 국회에 발의되어 있는 상태인데요. 해당 법의 개정이 서비스 이용자에게는 꼭 필요하겠지만, 구독서비스를 제공하는 업체로서는 달갑지 않습니다. 그래서 일까요, 법 개정안의 국회 통과 여부는 미지수입니다.

누구를 위한 혁신일까요?

2012년, 필름의 대명사 코닥이 파산신청을 했습니다. 132년 역사의 코닥도 과거에는 지금의 애플처럼 혁신의 아이콘이었다는데요. 코닥의 파산을 두

혁신으로 중무장한 빅테크들의 기세를 과연 누가 꺾을 수 있을까!
그들은 머지않아 은행업을 포함한 거의 모든 전통산업을 접수할 것이다.
그때 우리는 이렇게 반문할 것이다.

"그들의 혁신은 누구를 위한 것이었을까?"

고 사람들은 디지털 카메라의 등장을 원인으로 꼽았습니다. 하지만 세계 최초의 디지털 카메라 또한 코닥이 만들었다는 아이러니한 사실을 알고 있는 사람은 드뭅니다. 코닥은 당시 호황인 필름사업에 집중하느라 그들이 개발한 디지털 카메라를 등한시했습니다. 미래를 예측하고 준비하는 대신 필름 명가라는 명성에 취해 있다 결국 시장에서 도태되고 만 것이지요.

오늘날 은행들도 이와 비슷한 상황에 처해 있다고 볼 수 있습니다. 1994년 빌 게이츠(Bill Gates)는 이런 말을 했습니다. "은행업은 필요하지만 은행은 아니다(Banking is necessary, banks are not)." 그로부터 수십 년이 흘렀고, 빌 게이츠의 예언은 현실이 되었습니다. 혁신으로 중무장한 빅테크들의 기세를 누가 꺾을 수 있을까요? 그들은 머지않아 은행업을 접수할 것입니다. 그런데요, 역사 속으로 사라진 코닥 필름을 반면교사하지 않고 빌 게이츠의 명언을 새기지 않는 모든 것은 혁신의 이름으로 사라지는 것일까요?

이렇게 반문해 볼 수 있겠습니다. 그들의 혁신은 누구를 위함일까요? 디지털의 진화는 경이롭지만, 그것이 나의 권리를 서서히 좀먹는 것이라면? 사람들은 한때 인터넷·모바일 뱅킹에 경이를 표했지만, 지금은 거칠 것 없는 디지털 금융 전환이 내 돈을 갉아먹는 건 아닌지 두렵습니다. 이를 바라보는 시선이 '경이'에서 '경계'로 바뀌고 있는 이유입니다.

오픈 뱅킹과 마이페이먼트, 그리고 그 둘의 조합은 '혁신'임이 분명합니다. 다만 '혁신'은 추앙의 대상이 아니라 나의 삶을 이롭게 하는 수단이어야 한다는 생각만이 우리를 '혁신'이란 굴레에서 해방시킬 것입니다.

'가명' 그리고 '익명'의 경제학

- 데이터 3법으로 본 가명정보의 효용성 -

많은 미래학자와 경제학자들이 데이터를 '21세기 디지털 시대의 원유'라고 말합니다. 원유를 어떻게 가공하느냐에 따라 만들어낼 수 있는 제품의 종류가 무궁무진하듯, 데이터 역시 어떻게 활용하느냐에 따라 과거에는 미처 발견하지 못했던 수많은 새로운 가치들을 창출해낼 수 있습니다.

데이터는 기업 등 민간영역은 물론 공공영역에서도 활용됩니다. 우리의 개인정보가 어떻게 이용되고 가치를 만들어 내는지 심야버스인 '올빼미버스'의 사례를 통해 살펴보겠습니다.

서울에는 늦은 밤에도 대중교통을 이용하려는 사람들이 많습니다. 특히 수도권과 서울을 오가는 사람들의 수가 어마어마하지요. 버스나 지하철은 막차 시간이 있어서 그걸 놓치면 난감해집니다. 늦은 밤 택시를 타려고 해도 고질적인 승차 거부로 인해 발만 동동 구르기 일쑤입니다. 심야버스를 운영하면 해결될 테지만 그리 간단치 않습니다. 자정이 넘어서면 이용률이 적은 탓에 수익성이 낮아서 버스를 운영하기가 쉽지 않지요. 최소 비용으로 최대한 많은 사람이 이용할 수 있는 심야버스 노선 구축이 서울시의 오랜 고민이었습니다. 이때 해결책이 된 것이 바로 '데이터'입니다.

서울시는 올빼미 버스 운영을 위해 KT와 MOU를 맺었습니다. KT는 심야에 전화를 이용하는 사람들의 통화량 데이터 약 30억 건을 분석해 유동인구가 많은 지역을 파악했고, 서울시는 해당 지역을 중심으로 최적의 버스노선을 확정할 수 있었지요. 개인정보 데이터를 활용해 많은 시민들이 만족할 수 있는 혁신적인 교통정책이 마련된 것입니다. 데이터가 시민의 삶에 도움이 된 좋은 사례라고 할 수 있습니다.

진통 끝에 개정된 데이터 법의 핵심은 '가명정보'

디지털 세상에서 데이터는 양날의 검이라 할 수 있습니다. 데이터는 올빼미 버스 사례처럼 많은 사람들에게 편익을 제공하는 수단임을 부정할 수 없습니다. 그런데 다른 한편으로는, '데이터의 원소'라 할 수 있는 개인정보를 수집하고 활용하는 과정에서 개인의 정보인권을 침해하는 소지가 있습니다. 지난 2020년 8월부터 시행된 '데이터 3법'은, 디지털 세상에서 이해관계가 첨예하게 얽힌 문제들을 해결하기 위해 개정된 법률입니다. 데이터 3법은 '개인정보보호법', '정보통신망 이용촉진 및 정보보호 등에 관한 법률' '신용정보의 이용 및 보호에 관한 법률' 등 3가지 법률을 가리키는데요. 데이터 3법은 개인정보를 보호하면서도 동시에 빅데이터 활용을 통해 신산업이 발달할 수 있도록 데이터 환경 전반을 다룹니다.

개인정보보호법은 개인정보 보호를 위한 전제 수단으로 '사전동의'를 명시하고 있습니다. 즉, 개인정보를 이용하기 위해서는 사전동의를 받아야 하고, 동의를 받은 범위 내에서만 정보를 활용할 수 있습니다. 이는 개인정보 보호 측면에서는 유리하지만, 데이터의 활용 측면에서는 제약으로 작용합니다. 글로벌 경제가 이른바 '데이터 경제'로 재편되는 상황에서 우리나라의 디지털 비즈니스 환경이 부정적으로 비춰지는 요인이 될 수 있습니다. 이런 문제점을 해결하기 위해 정치권을 비롯한 이해관계 집단 사이에서 빚어진 대립과 갈등으로 오랜 진통 끝에 비로소 데이터 3법이 개정된 것입니다.

개정된 데이터 3법(이하 '개정법')의 주요 골자 가운데 가장 눈여겨봐야 할 부분은 '가명정보'입니다. 개정법에서는 개인과 관련된 정보를 개인정보, 익명정보, 가명정보로 나누고 각 항목마다 보호 및 활용 범위를 보다 구체화했는데요. 특히 데이터 가운데 누구인지 특정하기 어려운 정보를 가명정보로 규정해서 이것을 활용할 수 있도록 한 것이 개정법의 핵심이라 할 수 있습니다.

기존 법에서는 가명정보도 개인정보에 해당되기 때문에 반드시 정보주체의 동의를 받아야만 활용이 가능했습니다. 그러나 개정법에서는 개인정보가 가명처리되면 통계작성, 연구, 공익적 기록보존 목적 등 예외적인 경우에 한해 '동의 없이' 데이터를 사용할 수 있습니다. 기존 법에서는 개인정보라 할 수 없는 익명정보만 '동의 없이' 활용할 수 있었던 것을 가명정보로까지 활용 폭을 확장한 것입니다. 가명정보는 익명정보와 비교하여 개인의 성향이 좀 더 구체적으로 반영된 데이터이기 때문에 데이터의 활용 측면에서 가치가 높습니다.

가명정보가 데이터로 활용되면 개인에게도 이로운 점이 여럿 있습니다. 무엇보다 개인에게 최적화된 맞춤형 서비스를 받을 수 있습니다. 예를 들어 금융회사가 다양한 가명정보를 분석해 소비자의 저축 패턴을 파악하고

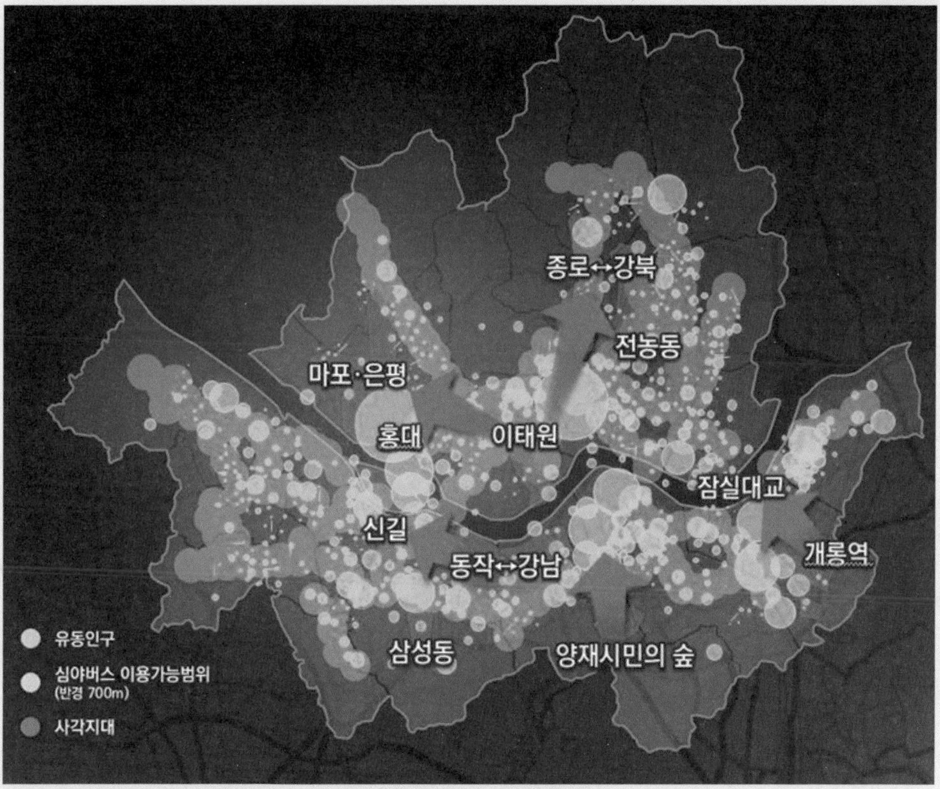

빅데이터를 활용한 서울시 유동인구 분석 및 심야버스 이용가능범위 및 사각지대 분포도(위)와 이를 기반으로 구축한 올빼미 버스 노선도(아래).

개인에게 딱 맞는 맞춤형 보험 상품을 개발할 수 있게 됩니다.

하지만 가명정보의 활용은 아무래도 개인보다는 기업에게 돌아가는 혜택이 많습니다. 이를테면 카드사는 연령대별, 성별, 시간대별 카드 매출 정보 등 카드 회원정보를 분석해서 카드사의 가맹점들에게 소상공인 마케팅에 필요한 상권분석서비스를 제공할 수 있습니다. 아울러 기업 간 가명정보의 결합 및 분석도 가능해집니다. 즉, 카드사가 통신사로부터 요일이나 시간대별로 해당 상권을 방문한 통신 이용자 정보까지 받아서 기존 정보와 함께 분석한다면 위 상권분석서비스의 질은 훨씬 높아질 것입니다. 물론 카드사는 위 상권분석서비스를 통해서 새로운 부를 창출할 것이고, 통신사 또한 통신 이용자 정보를 카드사에게 제공해주는 대가로 수익을 창출할 수 있습니다. 이 과정에서 가명처리가 되었다는 전제 하에서 개인정보주체의 동의는 필요하지 않습니다.

가명정보의 활용은 공익적으로도 이로운 점이 있습니다. 그 중 하나가 보건의료 데이터를 유용하게 활용할 수 있다는 점입니다. 우리나라는 건강

| 개인정보 vs. 가명정보 vs. 익명정보 |

	개념	예시	활용 가능 범위
개인정보	특정 개인에 관한 정보, 개인을 알아볼 수 있게 하는 정보.	홍길동 / 남성 / 1990년 2월 21일생 / 서울 관악구 신림동 거주 / 2022년 6월 신용카드 사용금액 150만 원 → 홍길동 특정됨.	사전적, 구체적 동의를 받은 범위 내에서만 활용 가능.
가명정보	추가 정보 없이는 특정 개인을 알아볼 수 없는 정보.	홍○○ / 남성 / 1990년 ○○월 ○○일생 / 서울 관악구 신림동 거주 / 2022년 6월 신용카드 사용금액 150만 원 → 이름과 생년월일 정보를 추가해야 홍길동 특정됨.	개인정보 범위에 포함되지만, 아래 목적에 한하여 사전동의 없이 활용 가능. (1) 통계 작성(상업적 목적 포함) (2) 연구(상업적 목적 포함) (3) 공익적 기록 보존 등
익명정보	복원이 불가능할 정도로 더 이상 개인을 알아볼 수 없게 조치한 정보.	○○○ / 남성 / 30대 초반 / 서울 거주 / 2022년 6월 신용카드 사용금액 150만 원 이상	개인정보가 아니므로 제한 없이 자유롭게 활용.

보험 빅데이터만 6조 건에 달합니다. 가명처리한 개인의 인적사항, 발병 원인, 약 처방 자료 등을 분석하면 신약 개발에 도움이 될 뿐 아니라, 국민 보건에 있어서 만성질환 관리가 수월해질 수 있습니다.

지금 당장 데이터를 공부하지 않으면 안 되는 이유

앞에서 데이터는 양날의 검과 같다고 했던가요? 그렇습니다. 가명정보를 데이터로 활용하면 경제적인 측면에서 이로운 점이 많지만, 그 못지않게 걱정스런 부분도 상존합니다. 이를테면 아무리 가명처리되었다 하더라도 개인정보를 동의 없이 활용하는 것은 헌법이 보장하는 프라이버시권(사생활 보호)을 침해할 소지가 있습니다. 보건의료 데이터를 예로 들면, 질병 기록은 개인정보 중에서도 내밀하고 민감한 영역에 해당합니다. 여러 시민단체는 이 데이터를 동의 없이 이용하는 것이야말로 보건상 편익을 빌미로 헌법이 보장하는 사생활 침해를 정당화하는 것이라고 주장합니다.

한 개인의 가명처리된 정보에 다른 정보를 결합하여 특정할 위험도 있습니다. 이를테면 '종로에 사는 30대 미혼 변호사 박모 씨'라는 정보와 '근처 편의점에서 가장 많은 매출을 올려준 고객'이란 정보가 결합하면 정황상 누구인지 특정이 가능할 수 있습니다. 만약 이 정보가 보험사에 공유된다면 박모 씨는 병원에 다닌 기록이 없음에도 불구하고 편의점에서 판매하는 수많은 인스턴트 식품을 다량 구입해온 것을 이유로 '잠재적 성인병 환자'로 분류되어 보험 가입이 까다로워지거나 비싼 보험료를 내야 할 수도 있습니다.

아울러 '가명정보를 동의 없이 활용할 수 있는 범위'가 아님에도 불구하고 개인정보가 영리 또는 부정한 목적으로 이용될 수도 있습니다. 실제로 지난 미국 대통령 선거 때 데이터 분석회사 애널리티카가 페이스북 사용자 수천 명의 데이터를 불법으로 다운로드해 당시 대선주자였던 트럼프의 선거운동에 이용한 사실이 있었습니다.

이처럼 데이터 3법 개정으로 가명정보가 악용될 위험 또한 적지 않습니다. 그렇다면 안전장치는 마련된 걸까요? 관련 법 조항을 살펴보겠습니다.

개정된 '개인정보보호법'에 따르면, 가명정보 처리시 원래의 상태로 복원하기 위한 추가 정보를 별도로 분리하여 보관 · 관리하는 등 안전조치의무를 이행해야 합니다. 아울러 가명정보 재식별, 즉 추가 정보와의 결합을 통해 가명정보의 당사자인 개인이 누구인지 특정하는 행위를 금지하고, 위반할 경우 전체 매출액의 100분의 3 이하에 해당하는 금액을 과징금으로 부과할 수 있습니다. 그리고 5년 이하의 징역 또는 5,000만 원 이하의 벌금형에 처할 수도 있습니다. 기업 간 가명정보의 결합 및 분석은 개인정보보호위원회 등이 지정한 전문기관에서만 가능하고, 만약 가명정보를 반출해야 하는 경우 전문기관의 승인을 얻은 경우에만 가능합니다.

이러한 법적인 안전장치에도 불구하고 개정법에 포함된 가명정보의 활용범위, 가명처리 방법, 정보 결합 방법과 절차 등은 보는 시각에 따라 해석이 달라지는 애매한 지점이 있다는 비판이 제기됩니다. 그러다 보니 기업 입장에서는 가명정보에 대한 법적 근거가 마련되었음에도 불구하고 선뜻 가명정보를 사업에 활용하기를 주저합니다. 가명정보에 관한 상세한 설명과 구체적인 사례들을 정리한 가이드라인이 금융, 보건의료, 교육 등 분야별로 마련되어 있지만 이를 제대로 인지하고 활용하는 기업은 그리 많지 않습니다.

하지만, 데이터 경제시대에 데이터의 생태계를 제대로 알기 위해 노력하지 않는 것은, 경제주체가 이윤을 포기하는 것과 다르지 않다는 말씀을 드리고 싶습니다. 데이터가 곧 자원이자 자산인 세상이기 때문입니다.

박○○ 이○○ 김○○ 최○○ 강○○ 조○○ 정○○……
사람의 이름 석 자만 잔뜩 모아도 돈이 되는 시대다.

개정 '데이터 3법'의 주요 골자 중 하나는
'가명정보'를 어디까지 이용할 수 있는지다.

**'가명'과 '익명'의 개념이 데이터의 경제적 가치를 가르는
중요한 잣대가 될 거라곤 그 누구도 상상하지 못했다.**

디지털 권리장전

초판 1쇄 발행 | 2022년 8월 16일
초판 3쇄 발행 | 2022년 10월 31일

지은이 | 최재윤
펴낸이 | 이원범
기획 · 편집 | 어바웃어북 기획편집실
마케팅 | 안오영
표지 · 본문 디자인 | 강선욱

펴낸곳 | 어바웃어북 about a book
출판등록 | 2010년 12월 24일 제2010-000377호
주소 | 서울시 강서구 마곡중앙로 161-8(마곡동, 두산더랜드파크) C동 1002호
전화 | (편집팀) 070-4232-6071 (영업팀) 070-4233-6070
팩스 | 02-335-6078

ISBN | 979-11-92229-10-2 03320

| 어바웃어북의 경제·경영 스테디셀러 |

영원불멸할 것인가, 먼지처럼 사라질 것인가

달러의 부활

| 폴 볼커, 교텐 토요오 지음 | 안근모 옮김 | 584쪽 | 33,000원 |

'세계의 경제대통령'이자 달러의 운명을 바꾼 역사상 가장 위대한 중앙은행장 폴 볼커!
인플레이션 괴물을 물리친 '인플레 파이터'로써 케네디, 닉슨, 카터, 레이건, 오바마 등 역대 미국 대통령들이 가장 신임했던 이코노미스트! 전 세계가 인플레이션을 잡기 위해 무서운 속도로 금리를 올리는 시대에, 이 책은 통화의 미래를 가장 적확하게 통찰한다!

위기를 조장하는 이코노미스트들의 위험한 선택

샤워실의 바보들

| 안근모 지음 | 324쪽 | 16,000원 |

중앙은행은 시장을 지배하는 神이기를 자처했고, 시장은 그러한 신의 계시를 맹목적으로 따랐다. 그 결과 시장은 거품과 붕괴, 인플레이션과 디플레이션이 끝없이 반 복되고 있다. 국내 유일의 '중앙은행 관찰자(central bank watcher)'로 불리는 저자는 정부와 중앙은행에 대한 비판적인 시각을 견지하며 금융위기 이후 주요국의 재정과 통화 정책을 한편의 다큐멘터리처럼 생생하게 재현했다.

한국의 자본시장은 어떻게 반복되는가

시장의 기억

| 이태호 지음 | 392쪽 | 18,000원 |

시장은 놀라울 정도로 반복된다. 그렇다면 과거의 타임라인에서 현재 우리에게 필요한 좌표를 찾아낼 수 있지 않을까. 이 책은 일제강점기 쌀 선물시장의 흥망부터 코로나19로 촉발된 팬데믹 시대에 이르기까지 지난 100년 동안 한국 자본시장이 겪은 사건들을 추적하며 시장의 기억에 새겨진 경제위기의 패턴을 되짚는다. 우리는 잊었지만 시장은 기억하는 역사 속 생존 전략은 무엇일까?